教育部人文社会科学重点研究基地
兰州大学西北少数民族研究中心

铸牢中华民族共同体意识在西藏的实践研究

吴春宝\任雪\鲜敢◎编著

西藏人民出版社

图书在版编目（CIP）数据

铸牢中华民族共同体意识在西藏的实践研究 / 吴春宝，任雪，鲜敢编著 . -- 拉萨：西藏人民出版社，2023.11

ISBN 978-7-223-07506-0

Ⅰ . ①铸… Ⅱ . ①吴… ②任… ③鲜… Ⅲ . ①中华民族 - 民族意识 - 研究 - 西藏 Ⅳ . ① C955.2

中国国家版本馆 CIP 数据核字 (2023) 第 145970 号

铸牢中华民族共同体意识在西藏的实践研究

编　　著	吴春宝　任雪　鲜敢
责任编辑	罗布扎西
责任印制	拉姆曲珍
封面设计	格　次
出版发行	西藏人民出版社（拉萨市林廓北路20号）
印　　刷	西藏山水印务技术有限公司
开　　本	787 × 1092　1/16
印　　张	13
字　　数	210千
版　　次	2024年4月第1版
印　　次	2024年4月第1次印刷
印　　数	01-3,000
书　　号	ISBN 978-7-223-07506-0
定　　价	52.00元

前言

“治国必治边，治边先稳藏。”西藏自古以来就是伟大祖国不可分割的一部分。党和国家历来都高度重视西藏工作。特别是党的十八大以来，西藏工作面临的形势和任务发生深刻变化。我们党深化对西藏工作的规律性认识，总结党领导人民治藏稳藏兴藏的成功经验，形成了新时代党的治藏方略。在全面贯彻新时代党的治藏方略的过程中，西藏工作面临着社会主义基本矛盾和西藏特殊矛盾等多重矛盾叠加的挑战，铸牢中华民族共同体意识工作的重要性日益凸显。因此，铸牢中华民族共同体意识成为全面贯彻新时代党的治藏方略重要内容。基于此，本书以西藏为研究对象，遵循“是什么，为什么，怎么办”的逻辑思路，主要采用文献分析法、实证分析法、统计分析法、规范分析法等研究方法，深入探讨铸牢中华民族共同体意识的理论意涵、现实实践及基本路径。本书主体分为五章，主要研究内容如下：

第一，西藏开展铸牢中华民族共同体意识的理论依据。主要从三个部分研究：一是基于国族理论研究。梳理出原生性、建构性与象征性三大共同体理论研究的基本路径。二是基于不同学科角度的理论研究。梳理出社会学与政治学关于共同体理论的异同。在深入分析马克思主义共同体理论的基础上，从政策与学理两个层面揭示出中华民族共同体意识的特征与内涵。三是基于文献综述的研究。梳理国内“铸牢中华民族共同体意识”的相关文献，运用多层次的研究视角与综合化的研究方法呈现当前研究成果。

第二，西藏开展铸牢中华民族共同体意识工作的现实分析。主要分为三个部分：一是西藏开展铸牢中华民族共同体意识工作的必要性研究。从西藏的民族工作、民族团结、社会主义现代化建设三个维度分析当前西藏开展铸牢中华民族共同体意识工作的必要性，阐释其理论、历史、现实的必然性。二是西藏开展铸牢中华民族共同体意识工作的实践性研究。一方面，从历史维度，总结西藏民主改革以来党在西藏开展铸牢中华民族共同体意识工作的历史性实践，阐明中华民族共同体意识的历史根基和思想基础。另一方面，从教育、经济、文化、民生四个维度梳理、总结提炼当下西藏开展铸牢中华民族共同体意识工作的生动实践与经验启示。

第三，西藏开展铸牢中华民族共同体意识工作的路径分析。主要分为五个部分：一是坚持党的领导，为西藏开展铸牢中华民族共同体意识工作提供制度保障；二是实现共同富裕，为西藏开展铸牢中华民族共同体意识工作奠定物质基础；三是系牢文化纽带，为西藏开展铸牢中华民族共同体意识工作夯实价值共识；四是加强立德树人，为西藏开展铸牢中华民族共同体意识工作激发内生动力；五是创新社会治理，为西藏开展铸牢中华民族共同体意识工作稳固社会结构。

总之，本书聚焦于西藏开展铸牢中华民族共同体意识工作的研究，尝试实现两大超越：一是超越民族学视野。借助多学科视角，剖析西藏开展铸牢中华民族共同体意识工作的理论意涵、历史逻辑与现实实践，深挖西藏开展铸牢中华民族共同体意识工作背后的多重支配关系和内在逻辑。二是超越西方理论范式的束缚。坚持在中国话语体系下叙述中国故事，立足西藏开展铸牢中华民族共同体意识工作的生动实践，深化铸牢中华民族共同体意识的理论研究，提炼符合西藏实际区情的铸牢中华民族共同体意识的实践路径。

目　录

第一章 导 论

铸牢中华民族共同体意识，是习近平总书记在充分概括总结党的民族工作经验，并结合中国国情与发展实际的基础上，提出的一项重大原创性论断，是对马克思主义民族理论的继承与发展，也是新时代党的民族工作的主线。当前，西藏自治区在体制、机制、政策等层面均开展了卓有成效的实践，各族干部群众已经形成了对铸牢中华民族共同体意识的思想共识。同时，国内学界对铸牢中华民族共同体意识的理论研究也在走向深入，形成了令人振奋的理论建树。本研究在铸牢中华民族共同体意识的历史源流、理论依据、重大意义、丰富内涵、关键环节、实践经验、对策优化等领域继续开展研究工作，为铸牢中华民族共同体意识这一伟大工程，提供必要的理论支撑和智力支持。

一、研究背景与价值

作为国家统一的根基、民族团结的源泉与凝聚中华民族精神的灵魂，铸牢中华民族共同体意识意义重大。立足当下，铸牢中华民族共同体意识，既是新时代推进中华民族共同体建设的重要内容，也是实现我国民族工作奋发有为的必然要求。由此，铸牢中华民族共同体意识是我党在新时代民族工作领域的重大理论创新，是党推动马克思主义民族理论中国化的伟大创举，也是我国民族政策发展史上的壮举，更是中国共产党新一代领导集体智慧和英明决策的集中体现。这对当前我国民族工作的全面开展和创新性实施，发挥了重要的引领性作用。

党的十八大以来，习近平总书记在不同场合多次强调“铸牢中华民族共同体意识”。2014 年，在中央民族工作会议上，习近平总书记首次提出了“中华民族共同体意识”的理论命题，并对中华民族共同体意识的内涵以及要义，做了全面而深刻阐释。2017 年，习近平在党的十九大报告中指出："全面贯彻党的民族政策，深化民族团结进步教育，铸牢中华民族共同体意识，加强各民族交往交流交融，促进各民族像石榴籽一样紧紧抱在一起，共同团结奋斗、共同繁荣发展。"同年，中国共产党把铸牢中华民族共同体意识写入党章。党的二十大报告指出，要"以铸牢中华民族共同体意识为主线，坚定不移走中国特色解决民族问题的正确道路"。由此，党和国家已经将铸牢中华民族共同体意识提升至优先工作议程。2020 年，党的十九届五中全会通过的《中共中央关于制定国民经济和社会发展第十四个五年规划和二〇三五年远景目标的建议》提出："坚持和完善民族区域自治制度，全面贯彻党的民族政策，铸牢中华民族共同体意识，促进各民族共同团结奋斗、共同繁荣发展。"[①] 同年，习近平总书记在中央第七次西藏工作座谈会上强调，要"深刻认识到中华民族是命运共同体，促进各民族交往交流交融"[②]；在第三次中央新疆工作座谈会上强调，要"以铸牢中华民族共同体意识为主线，不断巩固各民族大团结"[③]。2021 年，习近平总书记在中央民族工作会议上指出："做好新时代党的民族工作，要把铸牢中华民族共同体意识作为党的民族工作的主线。铸牢中华民族共同体意识，就是要引导各族人民牢固树立休戚与共、荣辱与共、生死与共、命运与共的共同体理念。"[④] 同时强调"铸牢中华民族共同体意识是新时代党的民族工作的'纲'，所有工作要向此聚焦"。

综上，以习近平同志为核心的党中央站在中华民族的整体高度上系统阐述了中华民族共同体的形成历史，"铸牢中华民族共同体意识"的重要论述深刻揭示了多元一体的中华民族从自在走向自觉的历史必然性，开辟了马克思主义民族理论中国化的新境界，是习近平新时代中国特色社会主义思想的重要内容，是将马克思主义基本原理同中国实际相结合的重大理论成果，是我党开展新时代民族工作的重大理论创新。因此，党的十八大以来，中国共产党关于铸牢中华民族共同体意识的相关论述，为创新新时代党的民族工作提供了根本依据，也为推进新时代党的民族工作

---

① 中国政府网：《中共中央关于制定国民经济和社会发展第十四个五年规划和二〇三五年远景目标的建议》，http://www.gov.cn/zhengce/2020-11/03/content_5556991.htm，2020 年 11 月 3 日。

② 中国政府网：《习近平在中央第七次西藏工作座谈会上强调：全面贯彻新时代党的治藏方略 建设团结富裕文明和谐美丽的社会主义现代化新西藏》，http://www.gov.cn/xinwen/2020-08/29/content_5538394.htm，2020 年 8 月 29 日。

③ 中国政府网：《习近平在第三次中央新疆工作座谈会上发表重要讲话》，http://www.gov.cn/xinwen/2020-09/26/content_5547383.htm?gov，2020 年 9 月 26 日。

④ 中国政府网：《习近平出席中央民族工作会议并发表重要讲话》，http://www.gov.cn/xinwen/2021-08/28/content_5633940.htm，2021 年 8 月 28 日。

指明了前进方向。

“治国必治边，治边先稳藏。”边疆地区的稳定发展关系到整个国家的安全稳定。西藏位于我国的西南边陲，是我国通往南亚的西南大门，极具国际战略意义，是地缘政治的关键节点。当前国家对西藏的定位是“重要的国家安全屏障，重要的生态安全屏障、重要的战略资源储备基地、重要的中华民族特色文化保护地”[①]。因此，西藏地区的稳定发展对国家统一、民族团结有着重要的现实政治意义。党中央历来高度重视西藏工作，自改革开放以来，先后召开了七次西藏工作座谈会。新中国成立后，党团结带领西藏各族人民，和平解放西藏，实行民主改革，建立社会主义制度，自此，西藏社会经济全面发展进入历史新篇章。自我国实行改革开放政策之后，西藏得到全方位的政策性支持，积极改革创新，在社会经济发展中取得了一系列的巨大成就。特别是党的十八大以来，西藏的发展驶入快车道，经济社会发展水平不断提高，人民生活得到极大改善，基本生活保障得到充分满足。党和国家领导人在西藏经济社会跨越式发展中，不断总结党深入开展西藏工作的成功经验，并形成了新时代党的“治藏方略”，即通过全面落实中央对西藏以及其他四省涉藏州县制定的体现区域差异性的政策，推动西藏以及其他四省涉藏州县经济社会高质量发展。但是，在全面落实党的治藏方略的过程中，我们应该清醒地认识到，随着国内外形势的变化，党的西藏工作极具复杂性。西藏作为反分裂斗争的前沿阵地，长期以来工作面临多重叠加的矛盾，其中基本矛盾和特殊矛盾是当前制约西藏高质量发展的关键点。除了社会主义社会基本矛盾外，西藏还存在着各族人民同以达赖集团为代表的分裂势力之间的特殊矛盾，这一特殊矛盾如果不能得到有效化解，将对国家政治稳定和民族团结工作产生重大负面影响。故而，牢固树立中华民族共同体意识，既是全面贯彻新时代党的治藏方略的重要内容，也是有效抵御达赖集团分裂势力的强大思想武器，同时也是促进西藏高质量发展，实现长治久安，维护民族团结大局，巩固人心防线的重要举措。因此，新时代西藏开展铸牢中华民族共同体意识工作具有重大的战略价值与现实意义。

① 米玛：《大美西藏风光好》，《西藏日报》2015 年 9 月 2 日第 5 版。

二、研究的目标与意义

（一）研究目标

1. 理论创新方面

理论创新是社会发展进步的不竭动力。铸牢中华民族共同体意识是党和国家民族政策理论的创新性发展，是新时代推动民族工作长足长效发展的重要抓手。其理论创新需要紧紧围绕"中华民族共同体意识的铸牢"这一中心，拓展并检验铸牢中华民族共同体意识的理论内涵与意义。

本书将以多学科思维审视中华民族，从历史共同体、命运共同体、利益共同体等层面进行研究拓展，多元阐述西藏开展铸牢中华民族共同体意识工作的认知体系，试图厘清新时代中华民族共同体意识的演进、理论内涵与外延。

2. 实践应用方面

现代思想理论创新是为思想实践应用服务的，是理论方法创新的着眼点与落脚点。本书考察梳理西藏开展铸牢中华民族共同体意识工作现状、应用概况与挑战，以获取铸牢中华民族共同体意识的对策启示；阐释铸牢中华民族共同体意识的理论依据渊源，分析其特征结构与运行机制；探讨铸牢中华民族共同体意识的实践路径，进而提出实践应用策略。

可见，本书针对中华民族共同体意识研究存在某种程度上虚化的现状，通过机理分析、内涵研究，将中华民族共同体意识具体转化为多维意识，从意识能动性的角度揭示其在"治边稳藏"方面的实践功用，实现方法理论与实践应用有机结合。

3. 服务决策方面

学术课题研究应涵盖"理论创新"和"成果转化"两大阶段，服务决策正是将学术研究实现从理论生产到成果转化的落地之举，实现研究成果的转化应用，进而构建起完善的学术理论再生产体系。

本书立足西藏区情，挖掘铸牢中华民族共同体意识的可利用资源，提出切实可行的政策建议，将建言献策与学术研究紧密结合以更好地服务相关公共决策。另外，研究成果转化为"决策"，为西藏经济社会发展提供具有可行性与可操作性的政策建议，进一步促进学术研究在公共政策领域的转化落地，形成政策共识的学术基础。

（二）研究意义

习近平总书记关于铸牢中华民族共同体意识的重要论述，为西藏当前全面开启社会主义现代化新征程指明了前进方向，同时也为确保西藏实现长治久安提供了根本遵循，更为西藏各族人民同心合力建设社会主义现代化新西藏提供了行动依据。因此，铸牢中华民族共同体意识对西藏的社会主义事业建设具有重要的现实意义。

1. 铸牢中华民族共同体意识有利于维护各民族根本利益

“中华民族一家亲，同心共筑中国梦。”从世界百年未有之大变局和中华民族伟大复兴战略全局来看，铸牢中华民族共同体意识是维护西藏长治久安的根本法宝。历史一再证明，“分裂是祸，团结是福”。自西藏和平解放以来，特别是进入社会主义建设新时代以来，在党中央的全面正确领导下，西藏各族人民同心同德，众志成城，民族团结进步事业稳健发展，不仅一次次粉碎了达赖集团以及西方反动势力肆意对国家统一和民族团结的破坏与颠覆，而且推动西藏经济社会各项事业取得了跨越式发展，同时西藏自身抵抗外部风险的能力也日益增强。以实现脱贫攻坚全面胜利为例，通过精准施策、精准帮扶，西藏打赢脱贫攻坚战，各族人民实现了“两不愁”“三保障”[①]。截至 2019 年底，全区 62.8 万建档立卡贫困人口已全部脱贫，74 个贫困县区全部摘帽，历史性消除了绝对贫困问题，目前已脱贫人口年人均可支配收入突破 1 万元，脱贫成果得到进一步巩固[②]。由此可见，铸牢中华民族共同体意识，对维护好、发展好各民族的共同利益具有重要作用，同时对促进西藏长治久安具有重要意义。

2. 铸牢中华民族共同体意识有利于推进中华民族伟大复兴

我国是一个具有悠久历史的统一的多民族国家。多元一体格局是中华民族的基本结构。由 56 个民族构成的中华民族在历史演进中，不仅共同创造了光辉璀璨的中华文明，而且共同缔造了伟大的社会主义新中国。各民族在彼此交往交流交融中肝胆相照，同呼吸共命运，推动了中华民族共同体建设。习近平总书记强调，“多民族是我国的一大特色，也是我国发展的一大有利因素。”[③]新时代新征程，中华民族伟大复兴的篇章需要 56 个民族共同开创。西藏地方社会经济的发展同样也离不

---

① “两不愁”即不愁吃、不愁穿，“三保障”即义务教育、基本医疗、住房安全有保障。

② 国务院新闻办公室：《西藏和平解放与繁荣发展白皮书》（全文），http://www.scio.gov.cn/zfbps/32832/Document/1704531/1704531.htm，2021 年 5 月 21 日。

③ 习近平：《多民族是我国的一大特色也是我国发展的一大有利因素》，http://www.gxmzb.net/content/2019-07/31/content_2745.htm，2019 年 7 月 31 日。

开各民族的深入参与和广泛支持。各民族在交往交流交融的过程中，推动了西藏地区各项事业蓬勃发展。基于此，西藏开展铸牢中华民族共同体意识工作的生动实践，不仅有利于探索出具有西藏实际区情的铸牢中华民族共同体意识模式，而且也有利于促进中华民族的凝聚力、向心力的形成，对“两个一百年”目标任务的完成具有极大的推动作用。

3. 铸牢中华民族共同体意识有利于促进民族关系更加平等和谐

“民族团结是各族人民的生命线。”民族团结进步工作关乎社会主义现代化建设与民族复兴伟业。在中华民族大家庭中，各个民族之间建立平等、和谐、稳定、团结的民族关系不仅是维护国家政治安全与社会稳定的压舱石，同时也是增强国家综合国力的重要精神支撑。在全面建成小康社会的新历史征程中，习近平总书记强调，“全面实现小康，少数民族一个都不能少，一个都不能掉队，要以时不我待的担当精神，创新工作思路，加大扶持力度，因地制宜，精准发力，确保如期啃下少数民族脱贫这块‘硬骨头’，确保各族群众如期实现全面小康。”[①] 中国共产党已经探索出了一条成功解决民族问题的正确道路。在此过程中，铸牢中华民族共同体意识，促进各民族间相互交往交流交融，建设各民族共有精神家园，对加强和巩固各民族平等团结和谐的民族关系具有决定性作用。

铸牢中华民族共同体意识有利于党的民族工作的创新性开展。2021 年，习近平总书记在中央民族工作会议上强调：“我国民族关系总体和谐的实践证明，我国民族工作做得是成功的，中国特色解决民族问题的道路是正确的。同时也要看到，我国民族工作也面临着一些新的阶段性特征，如改革开放和社会主义市场经济带来的机遇和挑战并存，民族地区经济加快发展势头和发展水平低并存，国家对民族地区支持力度持续加大和民族地区基本公共服务能力建设仍然薄弱并存，各民族交往交流交融趋势增强和涉及民族因素的矛盾纠纷上升并存，反对民族分裂、宗教极端、暴力恐怖斗争成效显著和局部地区暴力恐怖活动活跃多发并存。”[②] 在机遇与挑战并存的新时代背景下，积极铸牢中华民族共同体意识，坚持以人为本，促进西藏经济社会高质量发展，是破除当下党的西藏工作的各种制约瓶颈的钥匙，同时也是基于目前西藏经济社会各方面发展现状而提出的新目标、新任务、新要求。因此，积极

① 人民网：《招招务实，习近平精准把脉少数民族整族脱贫》，http://politics.people.com.cn/n1/2020/0521/c1001-31718456.html，2020 年 5 月 21 日。

② 中国政府网：《习近平出席中央民族工作会议并发表重要讲话》，http://www.gov.cn/xinwen/2021-08/28/content_5633940.htm，2021 年 8 月 28 日。

铸牢西藏各族人民群众的中华民族共同体意识，增强“五个认同”，树牢马克思主义“五观”，对开创西藏工作新局面，助推西藏经济社会高质量发展大有裨益。

三、相关研究状况

（一）文献研究现状

中华民族共同体意识是国家统一之基、民族团结之本、精神力量之魂。铸牢中华民族共同体意识是维护各民族根本利益的必然要求，是实现中华民族伟大复兴的必然要求，是巩固和发展平等团结互助和谐社会主义民族关系的必然要求，是党的民族工作开创新局面的必然要求。[①] 铸牢中华民族共同体意识是新时代民族工作思想的主旋律，也是新时代民族工作在宏观层面的重大部署。[②] 通过梳理文献发现，当前学术界主要从理论内涵、时代价值、主要问题、路径选择等方面进行研究，也从不同视角对“铸牢中华民族共同体意识”进行了理论探讨。

图 1–1 “铸牢中华民族共同体意识”文献数量走势图

通过图 1–1 得知，以“铸牢中华民族共同体意识”为关键词进行文献筛选，发现相关文献最早在 2017 年发表，共有 9 篇。在随后的几年时间里，文献发表数量逐年攀升，并在 2022 年达到最大峰值，共有 1736 篇文献被发表。预计 2023 年发表的相关文章将超过 2000 篇。

---

① 国家民族事务委员会：《铸牢中华民族共同体意识，是国家统一之基、民族团结之本、精神力量之魂》，https://www.neac.gov.cn/seac/c103070/202103/1144386.shtml，2023 年 5 月 25 日。

② 平维彬：《历史、当下与未来：铸牢中华民族共同体意识的三重向度》，《贵州民族研究》2019 年第 9 期。

1. 中华民族共同体意识的理论内涵

当前国内学界对于中华民族共同体意识的内涵解释主要集中在两方面：一是将中华民族共同体意识看作一种认同意识；二是将中华民族共同体意识看成一种民族观。

（1）中华民族共同体意识是一种认同意识

马克思历史唯物主义认为，社会意识是社会存在在人脑中的反映。中华民族共同体意识作为意识的一种类型也不例外，它是“中华民族共同体”这一客观存在的实体在人脑中形成的主观印象，是人们在社会化实践的过程中形成的对中华民族共同体的认知、情感、态度、评价和认同等一系列心理活动的总和。① 沈桂萍认为，中华民族共同体意识就是各民族共建中华民族、共享中华文化意识，培育中华民族共同体意识就是在不同社会成员之间建构共享的历史文化记忆和共享的现实文化形式，从中凝练出全体社会成员共同遵循的价值共识。②

2015 年在会见基层民族团结优秀代表时，习近平总书记强调：“我国 56 个民族都是中华民族大家庭的平等一员，共同构成了你中有我、我中有你、谁也离不开谁的中华民族命运共同体。”③2019 年，在全国民族团结进步表彰大会上，习近平总书记明确指出：“我们伟大的祖国，幅员辽阔，文明悠久，中华民族多元一体是先人们留给我们的丰厚遗产，也是我国发展的巨大优势”；“我们辽阔的疆域是各民族共同开拓的”；“我们悠久的历史是各民族共同书写的”；“我们伟大的精神是各民族共同培育的”。“一部中国史，就是一部各民族交融汇聚成多元一体中华民族的历史，就是各民族共同缔造、发展、巩固统一的伟大祖国的历史。”④ 这些论述充分说明了中华各民族密不可分的关系。中华各族儿女“共同开拓了辽阔的疆域、共同书写了悠久的历史、共同创造了灿烂的文化、共同培育了伟大的精神”，这“四个共同”是习近平总书记对中华民族共同体意识内涵的深刻阐述。2021 年，习近平总书记在参加十三届全国人大四次会议内蒙古代表团审议时则深刻指出：“要围绕共同团结奋斗、共同繁荣发展，牢记汉族离不开少数民族、少数民族离不开汉族、

① 青觉、赵超：《中华民族共同体意识的形成机理、功能与嬗变——一个系统论的分析框架》，《民族教育研究》2018 年第 4 期。

② 沈桂萍：《培育中华民族共同体意识构建国家认同的文化纽带》，《西北民族大学学报（哲学社会科学版）》2015 年第 3 期。

③《中华民族一家亲 同心共筑中国梦》，《人民日报》2015 年 10 月 1 日第 1 版。

④ 习近平：《在全国民族团结进步表彰大会上的讲话》，《人民日报》2019 年 9 月 28 日第 2 版。

各少数民族之间也相互离不开，在促进民族团结方面把工作做细做实，增强各族群众对伟大祖国、中华民族、中华文化、中国共产党、中国特色社会主义的认同。”①

作为一种认同意识，学者们主要从以下三个方面解读中华民族共同体意识。首先，中华民族共同体意识是一种国家认同。虎有泽等认为中华民族共同体意识应该是一种国家认同感的表现形式，从国家层面去理解中华民族共同体意识的丰富内涵，有助于增强公民的国家认同感和国家自豪感，自觉维护国家的统一。②袁明旭等关注边境地区中华民族共同体意识的培育，强调对边民进行国家认同意识塑造与强化的重要性。③高永久等将国家认同作为铸牢中华民族共同体意识的纽带。④其次，中华民族共同体意识是一种民族认同。高承海认为中华民族共同体意识的本质是各民族成员对共有身份——“中华民族”的认同意识。⑤李秀敏等认为中华民族共同体意识是一个具有强大的凝聚力和强烈民族归属感的整体意识等。⑥最后，中华民族共同体意识是一种文化认同。中华民族共同体意识的形成是以中华文化认同为核心，由民族认同拓展为构筑各民族共有精神家园的圈层化迭代过程。⑦邹广文认为中华民族共同体的文化认同表达着中华民族共同体文化构建的价值聚合方式，彰显了其在中华民族共同体“五个认同”中的基础性地位。⑧詹小美等认为文化认同是民族成员对中华文化理想、价值、创造力的高度确信，是中华民族共同体最深层次的认同，文化认同的实现助力于文化的情感交往、规范交流和目标交融。⑨刘吉昌等认为增强中华各民族的文化认同对于凝聚中国力量具有重大意义。⑩

（2）中华民族共同体意识是一种民族观

民族观是人们对民族、民族关系和民族问题的根本看法。⑪马克思主义民族观

---

①《完整准确全面贯彻新发展理念 铸牢中华民族共同体意识》，《人民日报》2021年3月6日第1版。

②虎有泽、云中：《国家认同视域下中华民族共同体意识》，《贵州民族研究》2018年11期。

③袁明旭、邹荣：《中华民族共同体意识培育与边民国家认同意识再造》，《云南师范大学学报（哲学社会科学版）》2020年第5期。

④高永久、邢艺谖：《国家治理现代化与铸牢中华民族共同体意识的关系——基于国家认同的研究视角》，《中南民族大学学报》（人文社会科学版）2022年第2期。

⑤高承海：《中华民族共同体意识：内涵、意义与铸牢策略》，《西南民族大学学报（人文社会科学版）》2019年第12期。

⑥李秀敏、刘春延：《中华民族共同体意识的形成与培育》，《江苏大学学报（社会科学版）》2018年第2期。

⑦方堃、明珠：《多民族文化共生与铸牢中华民族共同体意识》，《河南师范大学学报（哲学社会科学版）》2020年第5期。

⑧邹广文：《论中华民族共同体的文化叙事结构》，《哲学研究》2021年第11期。

⑨詹小美、刘悦：《铸牢中华民族共同体意识文化探赜》，《青海社会科学》2021年第2期。

⑩刘吉昌、金炳镐：《构筑各民族共有精神家园 培养中华民族共同体意识》，《西南民族大学学报（人文社会科学版）》2017年11期。

⑪詹小美、李征：《民族观教育与铸牢中华民族共同体意识》，《思想理论教育》2019年第1期。

以历史唯物主义的基本立场为指引，坚持各民族一律平等，充分肯定各民族在推动人类社会发展进程中的历史作用。“铸牢中华民族共同体意识”这一重要论述，是以习近平同志为核心的党中央在坚持马克思主义民族观，站在新的历史高度，准确把握我国国情的基础上提出的，是马克思主义民族理论中国化的最新成果。① 不同的学者对于铸牢中华民族共同体意识与民族的关系有着不同的看法。龙金菊等认为民族作为一种社会群体的存在形式，是共同体意识得以形成并传播的主要载体，铸牢中华民族共同体意识是事关和谐民族关系构建的重要问题。② 董慧等认为中华民族共同体意识是各民族对中华民族共同体的意识反映。③

2019 年，习近平总书记在全国民族团结进步表彰大会上的重要讲话，深刻总结了新中国成立 70 年特别是党的十八大以来我国民族团结进步事业取得的辉煌成就和宝贵经验，全面分析了当前民族工作面临的形势，明确提出了新时代推动民族团结进步事业的总体要求和工作重点。④ 这一系列重要表述构成了一套完整、全面、系统而又有机统一的民族观。“多元一体”，习近平用这 4 个字概括民族观的深刻内涵。⑤ “多元”兼容是中华文明绵延至今、历久弥新的根源，“一体”是历史的潮流和各族人民共同的心理自觉。中国有 56 个民族，在国家发展过程中，各族人民要树立“多元一体”的民族观，促进民族团结与进步。

2. 铸牢中华民族共同体意识的时代价值

我国是统一的多民族国家，在漫漫历史长河中形成了多元一体的中华民族。中华民族共同体意识与平等、团结、互助、和谐的社会主义民族关系在各民族的交往交流交融广泛拓展中得到不断巩固与发展。当今世界正经历百年未有之大变局，我国正处于实现中华民族伟大复兴的关键时期，铸牢中华民族共同体意识至关重要，具有很强的时代价值。通过相关文献梳理，当前学者认为铸牢中华民族共同体意识有利于践行时代思想，坚守意识形态前沿阵地；有利于加强民族团结，维护国家安全与稳定；有利于增进民族认同，促进国家繁荣发展。

---

① 商爱玲、朱涛：《铸牢中华民族共同体意识的价值底蕴和思想方略》，《重庆社会科学》2019 年第 10 期。

② 龙金菊、高鹏怀：《民族心态秩序构建：铸牢中华民族共同体意识的社会心理路径》，《西南民族大学学报（人文社会科学版）》2019 年第 12 期。

③ 董慧、王晓珍：《中华民族共同体意识的基本内涵、现实挑战及铸牢路径》，《中南民族大学学报（人文社会科学版）》2021 年第 4 期。

④ 国家民族事务委员会：《“多元一体”——习近平的民族观》，https://www.neac.gov.cn/seac/xwzx/201909/1137194.shtml，2019 年 9 月 29 日。

⑤ 国家民族事务委员会：《“多元一体”——习近平的民族观》，https://www.neac.gov.cn/seac/xwzx/201909/1137194.shtml，2019 年 9 月 29 日。

（1）践行时代思想，坚守意识形态前沿阵地

当前，正处于世界百年未有之大变局和中华民族伟大复兴战略全局的交织期，我国全面开启了建设社会主义现代化强国的新征程。铸牢中华民族共同体意识，是践行习近平新时代中国特色社会主义思想，坚守意识形态前沿阵地的必然要求。①

一方面，就中国共产党而言，随着 2017 年铸牢中华民族共同体意识被写入党章，其便成为全党全国各族人民的根本遵循。在 2021 年中央民族工作会议上，习近平总书记再次强调，以铸牢中华民族共同体意识为主线，推动新时代党的民族工作高质量发展。新时代中国共产党高度重视铸牢中华民族共同体意识。王伟等从四个方面论述铸牢中华民族共同体意识的重要意义：从思想引领来看，新时代中国共产党铸牢中华民族共同体意识是对马克思主义民族理论的创新与发展；从实践导向价值来看，它推进了中华民族的现代化，凝聚民族国家共识；从精神塑造价值来看，它提升了中华民族的文化自信，助力实现伟大的中国梦；从话语建构价值来看，它丰富了中华民族的理论话语体系，提高了国际话语权。②

另一方面，就高校而言，高校铸牢中华民族共同体意识，是其坚守意识形态前沿阵地、加强爱国主义教育、战胜潜在风险的必然要求，更是围绕“立德树人”目标，为新时代中国特色社会主义建设培养合格接班人的社会需求。③现有文献着重关注民族高校。杨胜才认为铸牢中华民族共同体意识，对于民族院校而言具有坚守创办初心、践行特殊使命、培育时代新人、擦亮示范窗口、坚守前沿阵地的价值意蕴。④邓光玉认为民族院校作为铸牢中华民族共同体意识的重要阵地，在厚育各民族学生中华民族共同体情感、铸牢中华民族共同体意识上发挥着不可替代的作用。⑤

（2）加强民族团结，维护国家安全与稳定

在国家发展过程中，边疆少数民族地区的少数分裂主义分子，企图利用少数民

① 张伦阳、王伟：《“两个大局”视角下高校铸牢中华民族共同体意识的价值意蕴与实现路径》，《西南民族大学学报（人文社会科学版）》2021 年第 7 期。

② 王伟、张伦阳：《新时代中国共产党铸牢中华民族共同体意识研究：逻辑缘起、价值意蕴和实践路径》，《中央民族大学学报（哲学社会科学版）》2021 年第 6 期。

③ 张伦阳、王伟：《“两个大局”视角下高校铸牢中华民族共同体意识的价值意蕴与实现路径》，《西南民族大学学报（人文社会科学版）》2021 年第 7 期。

④ 杨胜才：《民族院校铸牢中华民族共同体意识的价值意蕴、方法路径与保障体系》，《中南民族大学学报（人文社会科学版）》2020 年第 5 期。

⑤ 邓光玉：《民族院校铸牢中华民族共同体意识的实践逻辑——以西北民族大学为例》，《西北民族研究》2020 年第 4 期。

族的信仰问题，挑拨边疆少数民族地区与国家之间的关系。铸牢中华民族共同体意识是历史必然、时代所需，为新时代维护祖国统一、加强民族团结等工作提供了有力的思想指引和行动指南。

一方面，铸牢中华民族共同体意识有利于加强民族团结。铸牢中华民族共同体意识为民族交往交流交融提供功能目标、理论支撑与实践指引。[①]中华民族共同体意识有利于各民族“心往一处想”“力往一处使”，共同逐梦与圆梦。[②]同时，我国的民族高校紧紧围绕着铸牢中华民族共同体意识的工作主线，推进民族团结进步事业高质量发展，把铸牢中华民族共同体意识教育贯穿于办学治学理学全过程，贯穿于为国家培养高质量人才的各环节中。[③]

另一方面，铸牢中华民族共同体意识有利于维护国家安全与稳定。扎西等认为铸牢中华民族共同体意识有利于做好民族工作，更好地服务我国的国家安全。[④]宋月红认为铸牢中华民族共同体意识有利于推进新时代西藏长治久安和高质量发展，[⑤]铸牢中华民族共同体意识适应了新时代西藏长治久安和高质量发展的必然要求。[⑥]曾燕等认为铸牢中华民族共同体意识是维护祖国统一、加强民族团结的主要手段，是解决各民族问题的正确道路，是思想意识统一的根本前提，[⑦]顺应了历史发展的趋势，满足了各民族人民群众伟大爱国主义精神的情感需求，是符合国家根本利益的重要举措。

（3）增进民族认同，促进国家繁荣发展

中华民族伟大复兴中国梦的实现，需要集体主义精神的支撑和各民族的共同参与。铸牢中华民族共同体意识作为意识形态工作的重要内容，激发了各族人民对中华民族共同体的深层次认同，从而拉近各民族间的关系，将个体情感升华为集体一致的情感认同，引导各民族为实现中华民族伟大复兴中国梦这一共同目标共同努

---

① 郝亚明：《中华民族共同体意识视角下的民族交往交流交融研究》，《西南民族大学学报（人文社会科学版）》2019 年第 3 期。

② 卢成观、李文勇：《中华民族共同体意识的理论根基、现实价值及路径选择》，《理论导刊》2020 年第 3 期。

③ 吴桃：《“石榴籽大团结金课”：以民族高校铸牢中华民族共同体意识教育课程为标杆》，《民族学刊》2021 年第 10 期。

④ 扎西、刘玉、靳勇强：《新时代铸牢中华民族共同体意识的时代价值和路径探析》，《西藏研究》2018 年第 3 期。

⑤ 宋月红：《铸牢中华民族共同体意识推进新时代西藏长治久安和高质量发展》，《西藏民族大学学报（哲学社会科学版）》2021 年第 6 期。

⑥ 次旦扎西、周国起：《论西藏铸牢中华民族共同体意识的重大意义、存在挑战及实践路径》，《中央民族大学学报（哲学社会科学版）》2021 年第 3 期。

⑦ 曾燕、赵丹：《边疆少数民族地区铸牢中华民族共同体意识研究》，《西藏大学学报（社会科学版）》2021 年第 2 期。

力。[1]青觉等认为，中华民族共同体意识对中华民族共同体成员具有凝聚力和团结力的作用，中华民族共同体意识强调通过塑造相似或相同的情感、规范和目标，使共同体成员和民族群体之间产生相互认同、亲和、吸引的心理状态，以形成强大的黏合力，减少民族成员彼此的摩擦和矛盾，由内而外自发、自觉地形成强大的凝聚力。[2]付文军认为铸牢中华民族共同体意识能够增强各族群众对伟大祖国、中华民族、中华文化、中国共产党和中国特色社会主义的认同，从而开辟各民族“共同团结奋斗、共同繁荣发展”的新境界。[3]朱军从秩序视角出发，认为铸牢中华民族共同体意识是秉持先进理念的政治主体与社会大众上下互动，在这个过程中两者共同建构政治社会秩序与集体认同。[4]铸牢中华民族共同体意识，对于民族认同的增强具有重要意义。增强各民族的共同体意识，不仅有利于增强民族凝聚力，而且也有利于促进国家的繁荣发展。

3. 铸牢中华民族共同体意识过程中存在的问题

在 2021 年召开的中央民族工作会议上，习近平总书记从实现中华民族伟大复兴的战略高度，全面阐述了铸牢中华民族共同体意识的历史必然性、极端重要性和现实针对性，强调以铸牢中华民族共同体意识为主线，创新推进新时代党的民族工作高质量发展。铸牢中华民族共同体意识作为习近平总书记提出的重大原创性论断，为实现中华民族的伟大复兴凝聚了共识和力量。当前，我国的民族工作已经取得了巨大成就。但在铸牢中华民族共同体意识的过程中还存在着一些困难与挑战。通过梳理文献发现，当前国内学界对这方面研究主要集中在铸牢中华民族共同体意识的主体层面和传播路径层面。

（1）主体层面：边疆少数民族地区与民族院校

其一，边疆少数民族地区。少数民族地区是指我国地理位置偏远，以少数民族为主并聚居的边境地区、偏远山区，这一区域大部分边境线与他国毗邻，而该地区的经济发展、政治稳定对国家发展又具有一定的重要意义。[5]铸牢中华民族共同体

---

① 陈永典、于丽娜：《铸牢中华民族共同体意识视域下集体主义精神的伦理价值研究》，《民族论坛》2022 年第 1 期。

② 青觉、赵超：《中华民族共同体意识的形成机理、功能与嬗变——一个系统论的分析框架》，《民族教育研究》2018 年第 4 期。

③ 付文军：《铸牢中华民族共同体意识的五重底蕴》，《青海社会科学》2021 年第 2 期。

④ 朱军：《铸牢中华民族共同体意识的历史演进与治理意蕴——基于秩序视角的分析》，《云南社会科学》2021 年第 5 期。

⑤ 曾燕、赵丹：《边疆少数民族地区铸牢中华民族共同体意识研究》，《西藏大学学报（社会科学版）》2021 年第 2 期。

意识是边疆少数民族地区实现稳定发展的重要工作要求。

在铸牢中华民族共同体意识的过程中，边疆少数民族地区面临着一系列的困难。从现实角度来看，在边境、民族等综合因素影响下，地理位置毗邻他国、生产生活依靠草原等实际情况构成了边境牧区地缘、文化和经济方面的特殊区位特征，影响到边境牧区各民族铸牢中华民族共同体意识的安全、稳定与发展维度。① 次旦扎西等认为西藏地区在铸牢中华民族共同体意识时必须要警醒面对与达赖集团进行反分裂斗争特殊矛盾的挑战。② 张明进等认为在铸牢中华民族共同体意识中存在主体弱化、环境复杂、载体不多、权威不足等短板和弱项。③ 从文化角度来看，高永久等认为各民族群众有其自身特有的民族文化传统，如社会习惯、精神准则、心理价值等，不同的民族文化传统有特殊的表现形式和载体，其承载的民族文化传统特色也不尽相同，多民族聚居的特殊环境对于边境牧区的社会治理与可持续发展的要求更高。④ 次旦扎西等认为必须要密切关注信息时代人们思想多元化的挑战。⑤

其二，民族院校。民族院校与民族地区的稳定局势存在重要关联，具有"民族团结和各民族共同繁荣的重要象征意义"。⑥ 民族院校在中华民族共同体意识教育方面也面临着一系列新挑战、新问题。在意识形态教育层面，徐可峰认为当前民族地区学校场域铸牢中华民族共同体意识工作主要存在三个问题：意识形态教育形式化、意识生态建设表面化、意识心态修养被动化。⑦ 而且在铸牢中华民族共同体意识的过程中面临着内部价值观多元的文化冲击的风险和外部分裂势力渗透和干扰的挑战。在民族高校课程设置层面，高鑫认为民族地区高职院校思政课存在教学体系不完善、教师专业素质不高、铸牢中华民族共同体意识教学效果欠佳等问题。⑧

① 高永久、赵子昕：《边境牧区各民族铸牢中华民族共同体意识的问题聚焦与路径优化》，《贵州民族研究》2021 年第 4 期。

② 次旦扎西、周国起：《论西藏铸牢中华民族共同体意识的重大意义、存在挑战及实践路径》，《中央民族大学学报（哲学社会科学版）》2021 年第 3 期。

③ 张明进、李玉雄：《民族地区乡村铸牢中华民族共同体意识的实现路径——基于广西木寨村的个案分析》，《北方民族大学学报（哲学社会科学版）》2022 年第 2 期。

④ 高永久、赵子昕：《边境牧区各民族铸牢中华民族共同体意识的问题聚焦与路径优化》，《贵州民族研究》2021 年第 4 期。

⑤ 次旦扎西、周国起：《论西藏铸牢中华民族共同体意识的重大意义、存在挑战及实践路径》，《中央民族大学学报（哲学社会科学版）》2021 年第 3 期。

⑥ 付娜：《民族大学（学院）的特有功能研究》，博士学位论文，中央民族大学，2010 年。

⑦ 许可峰：《民族地区学校场域铸牢中华民族共同体意识：路径、问题与改进》，《西北师大学报（社会科学版）》2021 年第 5 期。

⑧ 高鑫：《民族地区高职院校铸牢中华民族共同体意识思政课实践思考》，《民族学刊》2021 年第 9 期。

许风顺等认为高校在铸牢中华民族共同体意识教育内容的系统性、针对性方面有待加强，以及师资队伍力量也需要进一步提升。[①] 普丽春等认为民族地区义务教育阶段存在课程实施不太理想、教育载体形式不够丰富、教育经费紧缺 [②] 等问题。罗正鹏等从人才培养的视角论述新时代铸牢中华民族共同体意识面临的挑战。民族高校在人才培养时面临“两个大局”，外部环境与国家安全局势和极少数意志不坚定的师生，容易成为影响国家发展的不稳定因素。[③]

（2）传播路径层面：传播手段与传播过程

铸牢中华民族共同体意识的过程存在着传播路径层面的困难。一方面，传播路径及其手段亟需完善。王林平等认为铸牢中华民族共同体意识的传播面临技术差异化、内容碎片化、环境复杂化以及传播方式去中心化的挑战。[④] 普丽春等认为现阶段民族地区新兴教育传播平台建设有待加强，尤其是对微信公众号、微博、短视频等新媒体传播方式匮乏，不能够充分满足民族文化传承发展的需要。[⑤] 另外，传统的传播方式也会对铸牢中华民族共同体意识形成一定的制约。例如，报纸的宣传和报道方式线性单调，缺乏个性化和互动性；广播宣传难以记忆和保存，缺乏直观生动的视觉形象，缺乏互动性。[⑥] 另一方面，传播过程中面临着一些挑战。一些国外敌对势力、境外分裂势力通过多种新媒体手段对高校大学生进行意识形态渗透。许风顺等指出一些敌对势力通过影视作品、非法 NGO 组织等，利用现代传媒和文化输出，大肆宣扬西方民主、社会主义宪政民主等观念，在境内培养代言势力，想通过网络渗透、金钱诱导、利益拉拢等策反和拉拢大学生。[⑦]

4. 铸牢中华民族共同体意识的路径选择

在铸牢中华民族共同体意识过程中存在着不同方面的问题。通过梳理文献发现，针对这些问题，国内学界主要从制度建设、文化实践、心理认同、法治保障、

① 许风顺、黄丛钰、周圣良：《精准育人视域下高校铸牢中华民族共同体意识路径研究》，《西藏民族大学学报（哲学社会科学版）》2022 年第 3 期。

② 普丽春、肖李、赵伦娜：《民族地区义务教育铸牢中华民族共同体意识的实践与反思》，《贵州民族研究》2022 年第 4 期。

③ 罗正鹏、杨柄：《新时代民族院校铸牢中华民族共同体意识路径探析——基于人才培养视角》，《民族教育研究》2022 年第 4 期。

④ 王林平、高宇：《移动互联时代铸牢中华民族共同体意识的传播挑战及其应对之策》，《内蒙古社会科学》2022 年第 4 期。

⑤ 普丽春、肖李、赵伦娜：《民族地区义务教育铸牢中华民族共同体意识的实践与反思》，《贵州民族研究》2022 年第 4 期。

⑥ 王芹、刘社欣、唐元松：《铸牢中华民族共同体意识的公共传播实践策略》，《贵州民族研究》2022 年第 5 期。

⑦ 许风顺、黄丛钰、周圣良：《精准育人视域下高校铸牢中华民族共同体意识路径研究》，《西藏民族大学学报（哲学社会科学版）》2022 年第 3 期。

传播路径等方面进行路径选择。

（1）注重制度建设，建立长效机制

铸牢中华民族共同体意识是新时代民族工作的“纲”，有效开展铸牢中华民族共同体意识工作离不开机制建设。在 2021 年中央民族工作会议上，习近平总书记明确指出：“铸牢中华民族共同体意识是新时代党的民族工作的‘纲’，所有工作要向此聚焦。”同时强调：“要引导各族人民牢固树立休戚与共、荣辱与共、生死与共、命运与共的共同体理念。”①

从宏观视角看铸牢中华民族共同体意识的制度建设。陈辉提出要科学建构并完善适合中国国情、具有时代特征、符合实践规律的铸牢中华民族共同体意识工作的领导机制、动力机制、保障机制和评估机制，②促进新时代铸牢中华民族共同体意识的理论和实践创新发展。马冬梅认为铸牢中华民族共同体意识，实现中华民族伟大复兴的中国梦，必须坚持和依靠中国特色社会主义制度。通过发挥和增强党的领导制度、社会主义基本经济制度、社会主义先进文化制度、统筹城乡的民生保障制度、中国特色社会主义法治体系的优势，健全体制机制，把制度优势最大限度地转化为国家治理效能，为铸牢中华民族共同体意识提供坚实的制度保障。③

从微观视角看铸牢中华民族共同体意识的机制构建。王国宁等关注城市社区的常态化机制构建，提出要健全以社区党建为引领的组织领导机制，形成以文化浸润为抓手的宣传教育机制，建立以情感治理为衔接的协同互动机制，建立以制度设计为支撑的动力保障机制，建立以“增进共同性”为导向的评估激励机制。④吴保华关注新疆高校铸牢中华民族共同体意识。在机制建设过程中，着重构建顶层推动的长效机制，同时健全宣传教育的长效机制，完善民族团结进步教育的长效机制，形成各方协同、共同培育促进各民族大学生交往交流交融长效机制。⑤苏晓轶认为，在高校铸牢中华民族共同体意识的过程中，要加强组织引领，夯实思政引导机制，创新团学熏陶形式，推进社会践行反哺育人，打造适应新时代需求的铸牢中华民族

---

① 中国教育新闻网：《以铸牢中华民族共同体意识为主线 推动新时代党的民族工作高质量发展》，https://baijiahao.baidu.com/s?id=1709387853517613770&wfr=spider&for=pc，2021 年 8 月 29 日。

② 陈辉：《新时代铸牢中华民族共同体意识机制构建》，《中南民族大学学报（人文社会科学版）》2021 年第 10 期。

③ 马冬梅：《铸牢中华民族共同体意识的制度保障研究》，《西南民族大学学报（人文社会科学版）》2020 年第 5 期。

④ 王国宁、孟凡丽：《城市社区铸牢中华民族共同体意识常态化机制构建》，《中南民族大学学报（人文社会科学版）》2022 年第 7 期。

⑤ 吴保华：《新疆高校铸牢中华民族共同体意识 促进各民族大学生交往交流交融长效机制路径探析》，《新疆社科论坛》2022 年第 3 期。

共同体意识教育常态化机制，最终形成“认知—价值观—践行—行为准则”知行合一的良性教育循环。[①]

（2）开展文化实践，增进文化自信与文化认同

历史悠久的中华文化，不仅是中华各民族文化的精华，也是中华民族共同体的精神标识。当前,铸牢中华民族共同体意识是我国民族工作的重要遵循。在新时代，要想铸牢中华民族共同体意识，增强国家认同、文化认同和中华民族共同体认同，增进各民族之间的情感交流，必须建构有效的文化发展路径，以此夯实中华民族共同体意识的文化之基。通过梳理当前文献，发现大部分学者关注的文化路径集中在以下几个方面：

首先，通过增强文化自信、塑造文化认同来铸牢中华民族共同体意识。孟凡东等认为在新时代的历史方位上，铸牢中华民族共同体意识要建构有效的中华民族共同体意识的文化发展路径，要牢牢掌握马克思主义文化领导权，要坚定中国特色社会主义文化自信，要共同建设中华民族共有精神家园。[②]青觉等提出“文化润疆”，新疆地区持续建立和通畅的中华文化润泽机制，从人心维度不断夯实新疆特色文化与中华文化母体、新疆各民族与中华民族共同体之间深层联系，从而为新疆社会的稳定与发展提供内在文化支撑和持续性精神动力。[③]张前等提出文化目标、载体、方法以文化内聚力、影响力、认同力的提升，通过价值表达的利益性诠释、主体说服的情感性共鸣、动力激发的心理性契合，链接铸牢中华民族共同体意识的文化路径。[④]宫丽认为需要立足中国社会各民族、地域、群体等具体客观实际，增强中华文化的吸引力、民族精神的感召力和社会主义核心价值观的凝聚力。[⑤]

其次，通过各种文化实践来铸牢中华民族共同体意识。中华优秀传统文化凝聚着中华民族文化的价值共识，是我国各族人民共同创造的中华民族文化精髓。柴文斌认为要通过弘扬中华优秀传统文化，以此来铸牢中华民族共同体意识。[⑥]马英杰认为可以通过改善民生、发展文化事业和文化产业、创建少数民族文化发展的社

① 苏晓轶：《高校铸牢中华民族共同体意识教育常态化机制构建研究》，《北方民族大学学报（哲学社会科学版）》2021 年第 5 期。

② 孟凡东、王占斌：《新时代铸牢中华民族共同体意识文化建设路径探析》，《江苏大学学报（社会科学版）》2019 年第 4 期。

③ 青觉、吴鹏：《文化润疆：新时代新疆地区铸牢中华民族共同体意识的理念、话语与实践逻辑》，《中国边疆史地研究》2021 年第 1 期。

④ 张前、张晓红：《铸牢中华民族共同体意识的文化实践》，《贵州社会科学》2019 年第 11 期。

⑤ 宫丽：《铸牢中华民族共同体意识的文化路径》，《中南民族大学学报（人文社会科学版）》2019 年第 4 期。

⑥ 柴文斌：《弘扬中华优秀传统文化 铸牢中华民族共同体意识》，《河北省社会主义学院学报》2019 年第 2 期。

会环境等三方面促进民族团结，铸牢中华民族共同体意识。① 方堃等从营造互惠均衡的环境、强化各民族文化的交互作用、完善社会共生的制度界面、创新共生的进化模式、累积多民族文化齐生的能量场等五个维度建构多民族文化共生的共同体意识。②

最后，部分学者将铸牢中华民族共同体意识看作是一种文化寻“根”的实践活动,以“根文化”为载体,铸牢中华民族共同体意识。于波等认为中华民族拥有“集体认知”“集体记忆”“集体想象”，新时代中国特色社会主义文化认同在“流”的指向上清晰地指向“该往哪里去”的集体归属，推进铸牢中华民族共同体意识的理论自觉。③ 高萍认为，“根文化”是中华民族特有的一种文化现象。要以中华优秀传统文化教育为载体深化“根文化”观念，以科学研究和文化交流为平台挖掘“根文化”内涵，以重大活动和历史事件为契机强化“根文化”记忆，以文化保护和旅游开发为抓手打造“根文化”品牌，以时代精神和科技创新为引领推进“根文化”传播，以此为铸牢中华民族共同体意识助力。④

（3）建立民族心态秩序与信任，加强民族心理认同

民族心理是指一个民族在长期的共同生活中形成的独特的民族个性、民族精神和民族气质，通过本民族的风俗习惯、宗教文化、思想观念、价值取向等表现出来。民族心理主要体现为具有民族性格的物态文化、精神文化和行为文化。⑤2021 年，习近平总书记在中央民族工作会议上的讲话中提出，铸牢中华民族共同体意识要正确把握四对关系：即共同性和差异性的关系、中华民族共同体意识和各民族意识的关系、中华文化和各民族文化的关系、物质和精神的关系。铸牢中华民族共同体意识要尊重和包容差异性，但民族工作的方向是增进共同性。要增进共同性就必须考虑影响铸牢中华民族共同体意识的因素。不仅要考虑中华民族与各民族的物质利益关系，也要考虑各民族的精神心理因素。

一方面，从心理层面推进铸牢中华民族共同体意识。肖玲聪等关注藏民族心理

---

① 马英杰：《铸牢中华民族共同体意识：作为民族团结的少数民族文化发展》，《云南民族大学学报（哲学社会科学版）》2018 年第 5 期。

② 方堃、明珠：《多民族文化共生与铸牢中华民族共同体意识》，《河南师范大学学报（哲学社会科学版）》2020 年第 5 期。

③ 于波、王员：《中国特色社会主义文化：“铸牢中华民族共同体意识”的灵魂》，《河海大学学报（哲学社会科学版）》2019 年第 1 期。

④ 高萍：《从“根文化”看铸牢中华民族共同体意识》，《西北民族大学学报（哲学社会科学版）》2020 年第 3 期。

⑤ 李静、张智渊：《民族心理研究的理论与实践》，《甘肃社会科学》2014 年第 5 期。

认同机制的建设，认为西藏开展铸牢中华民族共同体意识工作要树立正确的中华民族历史观，推广普及国家通用语言文字，增强藏民族成员的“五个认同”，促进藏汉各民族交往交流交融。[①]龙金菊从民族心态秩序建构来促进铸牢中华民族共同体意识。民族心态秩序是民族在既有价值规范体系下较为稳定的群体心理状态，是民族情感的集中反映，以合理的情感唤醒构建积极的民族心态秩序，促使铸牢中华民族共同体意识这一宏观价值导向实现。[②]李雅宁等认为要积极探索民族信任铸牢中华民族共同体意识的认知、情感、意志和行为路径，以期能有效促进中华民族共同体意识的构建。[③]管健等提出要建立一个个体、群体、社会情境三域综合模式，形成铸牢中华民族共同体意识的心理助推策略。[④]

另一方面，从实践层面促进民族心理认同，进一步铸牢中华民族共同体意识。袁同凯认为在中华民族多元一体格局中树立教育大局观，改善办学条件，推进民族地区教育向内涵发展转变，是办好民族地区老百姓满意的教育，培育铸牢中华民族共同体意识的可行路径。[⑤]谢清松等通过关注扶贫脱贫工作，他们认为新时代扶贫脱贫在物质、思想和社会等方面取得的成就，夯实了我国各民族铸牢中华民族共同体意识的物质基础、思想基础和社会基础，推动我国各民族铸牢中华民族共同体意识。[⑥]李烨鑫认为铸牢中华民族共同体意识要充分利用公共文化服务体系等存量治理设施，并对这些设施进行适当调适，使其形成新的功能，[⑦]增强人们对共同体的认同感。李亮认为铸牢中华民族共同体意识，要有一定的经济基础。应从推进各区域各民族各阶层之间共享发展成果、促进基本公共服务均等化、推动少数民族参与国家建设、构建国内国际双循环相互促进的开放格局等方面进一步夯实铸牢中华民族共同体意识的经济基础。[⑧]

---

① 肖玲聪、崔海亮：《从藏民族心理认同机制看铸牢中华民族共同体意识的路径》，《西藏民族大学学报（哲学社会科学版）》2022 年第 3 期。

② 龙金菊、高鹏怀：《民族心态秩序构建：铸牢中华民族共同体意识的社会心理路径》，《西南民族大学学报（人文社会科学版）》2019 年第 12 期。

③ 李雅宁、杨伊生：《民族信任铸牢中华民族共同体意识的心理路径》，《西南民族大学学报（人文社会科学版）》2022 年第 9 期。

④ 管健、杭宁：《铸牢中华民族共同体意识的心理助推策略研究——个体、群体、社会情境三域综合模式》，《西南民族大学学报（人文社会科学版）》2022 年第 11 期。

⑤ 袁同凯、朱筱煦：《发展民族地区教育事业 铸牢中华民族共同体意识》，《西北师大学报（社会科学版）》2020 年第 1 期。

⑥ 谢清松、李祯妮：《扶贫脱贫与铸牢中华民族共同体意识》，《黑龙江民族丛刊》2021 年第 6 期。

⑦ 李烨鑫：《公共文化服务与铸牢中华民族共同体意识》，《民族学刊》2022 年第 10 期。

⑧ 李亮：《全面推进铸牢中华民族共同体意识的经济实践》，《中南民族大学学报（人文社会科学版）》2022 年第 5 期。

（4）增强法治建设，提供法治保障

铸牢中华民族共同体意识的实质内涵是在坚持民族平等的基础上，保障各民族合法权益，维护和巩固民族团结，最终实现共同富裕，而这一目标的达成离不开法治的保障。铸牢中华民族共同体意识离不开法制建设。《中华人民共和国宪法》在国家立法层面首先将维护民族团结作为公民的基本义务规定下来。与此同时，《中华人民共和国反分裂国家法》《中华人民共和国反恐怖主义法》等一些部门法中也体现着维护民族团结的要求。现有文献研究中，关于法治建设的论述主要集中在以下两个方面：

一方面，培养法治人才，为铸牢中华民族共同体意识的法治路径提供保障。虎有泽等提出加强民族地区法治人才的培养。通过"引进来"与"走出去"，为民族地区的法治建设提供法治人才。同时，他提出要依法治理民族事务，确保法治方式的坚持；以法治教育提升法治保障。① 宋才发提出，加强党政领导机关法治思维能力建设，全面实施宪法是铸牢中华民族共同体意识的法治保障。②

另一方面，加强立法，完善法治体系。叶强认为要提高民族政策法制化水平，实现地方民族团结立法向"铸牢中华民族共同体意识"立法转变。③ 托玛斯·阿布都赛买提从民族团结法制体系建设角度，立足新的时代需求，进一步探索各民族共性生成、巩固与发展的规范法治进路。④ 边巴拉姆等聚焦西藏地区，认为要通过完善立法、加强民族事务治理法治化、提升社会普法力度等途径，为铸牢中华民族共同体意识提供法治保障。⑤ 新时代中华民族共同体法治建设要融入国家治理现代化进程，坚持和完善中华民族共同体法治建设的理念和制度设计。⑥

（5）借助"新媒体"力量，实现中华民族共同体意识有效传播

在铸牢中华民族共同体意识的过程中，不能忽视"传播"在其中发挥的作用。当前，我国移动互联网与智媒技术发展迅猛，举国上下媒体融合理论实践逐步深入，以"全程媒体、全息媒体、全员媒体、全效媒体"为特征的全媒体信息传播场域逐

① 虎有泽、程荣：《新时代铸牢中华民族共同体意识的法治建构》，《西南民族大学学报（人文社会科学版）》2022 年第 11 期。
② 宋才发：《铸牢中华民族共同体意识的法治内涵及路径研究》，《广西民族研究》2021 年第 4 期。
③ 叶强：《铸牢中华民族共同体意识的地方立法路径及完善》，《中南民族大学学报（人文社会科学版）》2020 年第 5 期。
④ 托玛斯·阿布都赛买提：《铸牢中华民族共同体意识法治建设的规范进路——基于对民族团结法制体系的思考》，《民族论坛》2021 年第 4 期。
⑤ 边巴拉姆、嘎松泽珍：《铸牢中华民族共同体意识法治保障的西藏实践与完善路径》，《中国藏学》2022 年第 3 期。
⑥ 韩克芳：《中华民族共同体法治建设：价值、基础与路径》，《统一战线学研究》2020 年第 5 期。

渐形成，在给社会舆论生态和公众思想意识的影响带来机遇的同时，也带来前所未有的挑战。① 在此背景下，借助新媒体实现铸牢中华民族共同体意识的有效传播，对推动新时代党的民族工作高质量发展，具有重要的理论意义和实践价值。

就传播方式而言，赵琛等认为铸牢中华民族共同体意识的传播学路径包括建立畅通的信息传播机制，发挥传播的良性控制能力；加强传播技术与共同体意识的有效连接，在仪式中实现价值符号的共享和再生，铸牢民族共识。② 李巨星认为可以大力推动铸牢中华民族共同体意识的多元传播手段设计，实施分层化精准传播。③ 段鹏提出可以打造以社交媒体为毛细网络的同心圆式区域旗舰媒体平台，进一步提升国际传播能力。④

就传播主体而言，李然提出未来应从“多元一体”逻辑关系符号化、民族团结进步教育优化、少数民族发展现代化、中外关系合理化、新媒体运用科学化等方面着眼，进一步培育与铸牢少数民族大学生中华民族共同体意识。⑤ 全球化促进了信息技术等新科技的广泛传播和应用。郭锦鹏认为高校要充分利用信息技术，融合传统媒体和新媒体，构建“信息技术 + 科学知识 + 中华民族共同体意识培育”的教育教学新模式。⑥

就传播效果而言，2019 年 1 月 25 日，习近平总书记在十九届中央政治局第十二次集体学习时指出，我们要把握国际传播领域移动化、社交化、可视化的趋势，在构建对外传播话语体系上下功夫，在乐于接受和易于理解上下功夫，让更多国外受众听得懂、听得进、听得明白，不断提升对外传播效果。王秋香认为运用全媒体做好“思政课程”与“课程思政”相结合，达到全员全过程全方位育人，⑦ 铸牢中华民族共同体意识。王冬丽等提出传统媒体也要积极借鉴、主动学习、巧妙借力新媒体，形成铸牢中华民族共同体意识大众传播的合力，有效建构中华民族

① 李巨星：《铸牢中华民族共同体意识的全媒体精准传播》，《中南民族大学学报（人文社会科学版）》2023 年第 4 期。

② 赵琛、李明德：《从“传递观”到“仪式观”：铸牢中华民族共同体意识的传播学路径》，《青海社会科学》2022 年第 2 期。

③ 李巨星：《铸牢中华民族共同体意识的全媒体精准传播》，《中南民族大学学报（人文社会科学版）》2023 年第 4 期。

④ 段鹏：《中华民族共同体意识传播中主流媒体融合发展的实践进路——以新疆为例》，《现代传播（中国传媒大学学报）》2020 年第 7 期。

⑤ 李然：《新媒体时代下铸牢少数民族大学生中华民族共同体意识的路径探析》，《新闻传播》2019 年第 7 期。

⑥ 郭锦鹏：《铸牢少数民族大学生中华民族共同体意识路径研究——以全球化时代为视域》，《黑龙江民族丛刊》2019 年第 5 期。

⑦ 王秋香：《全媒体视域下铸牢大学生中华民族共同体意识探析》，《广西青年干部学院学报》2020 年第 1 期。

认同感。[①]

（二）研究述评

目前学者围绕理论内涵、时代价值、问题以及路径选择等方面对“铸牢中华民族共同体意识”进行了较为全面的研究，取得了较为丰富的成果。学者们从不同的角度和学科对铸牢中华民族共同体意识进行了深入探讨。同时，结合时事不断提出新的研究主题。

虽然学者们围绕“铸牢中华民族共同体意识”取得了显著的研究成效，但是仍有需要进一步克服的研究局限：一是理论与实践的结合有待加强。当前的研究主体大多聚焦于民族高校、少数民族地区和大学生群体，而较少研究具体民族或具体地域，某种意义上不利于“中华民族共同体意识”在具体少数民族自治区或少数民族聚居地的深入推进。同时，在铸牢中华民族共同体意识的路径选择层面，学者们提出的路径大多停留在宏观层面，仍需找好切入点，提出可行的对策。二是研究方法的科学性有待提高。现有文献更多停留在理论层面，深度考察、调研访谈、田野调查等实证研究不足，缺少对不同地区和不同群体的深度调研。

未来对“铸牢中华民族共同体意识”的研究，需要在研究视野、研究内容、方法创新等方面进行推进。一方面，开阔研究视野、丰富研究内容。鼓励多学科参与研究，通过多学科、多视角、多维度地共同参与，发挥优势，实现研究视野的开阔。同时，研究对象不宜局限在民族地区和少数民族，可以在城市地区、东部地区、不同社会群体乃至海外华侨华人中开展铸牢中华民族共同体意识的研究，使研究内容更加丰富。另一方面，要不断促进研究方法的创新。利用科学技术的发展，充分运用大数据分析法、比较研究法等，避免研究的片面化。

民族团结是我国各族人民的生命线，中华民族共同体意识是民族团结之本。[②]中华民族是一个休戚与共的命运共同体，各民族紧密相依、荣辱与共。在中华民族这个大家庭中，各民族只有像石榴籽一样紧紧相拥，手足相亲，守望相助，才能顺利实现中华民族复兴的中国梦，才能让民族团结进步之花长盛不衰。通过制度建设、文化实践、建立民族心态秩序与信任、法治建设等，使各族人民同心同德、同心同向。各民族大团结的中国一定前路坦然，前途无量，必然能实现第二个百年奋斗目标和

① 王冬丽、梁越：《融媒体视域中铸牢中华民族共同体意识的路径思考》，《西藏发展论坛》2020年第5期。
②《铸牢中华民族共同体意识》，《人民日报》2021年7月22日。

中华民族的伟大复兴。

四、研究对象、思路与方法

（一）研究对象

中华民族共同体意识是本课题研究的核心对象，在梳理中华民族共同体意识的思想理论基础上，深入研究“治边稳藏”战略背景下，推进西藏长治久安和高质量发展实践过程中，铸牢中华民族共同体意识所具有的理论与现实意义，探索建立我国边疆民族地区铸牢中华民族共同体意识的途径。

一是中华民族共同体意识的分析研究，侧重于整体性分析把握，特别是在共同性的维度上进一步突破，同时兼顾内部的各种关系，包括民族关系、地区关系等。从理论上科学把握中华民族共同体意识的内涵、铸牢中华民族共同体意识的理论价值和现实意义，从实践上把握西藏开展铸牢中华民族共同体意识工作的现状和存在的问题。

二是西藏开展铸牢中华民族共同体意识工作的路径研究，侧重于中国共产党与中华民族、西藏基本矛盾与特殊矛盾、边疆民族地区等相关范畴的关系把握，特别是从中国共产党与中华民族共同体之间的联系思考、西藏特殊区情与民族团结之间的关系等进行深入的研究，构建出符合西藏实际区情的铸牢中华民族共同体意识实践体系。

（二）研究思路

本书以铸牢中华民族共同体意识对“治边稳藏”的战略意义为出发点，通过挖掘、整理国内外可利用的理论资源，全面论证中华民族共同体意识的深刻内涵及外延。继而着眼于当前西藏开展铸牢中华民族共同体意识工作所面临的现实问题，对西藏各民族群体形成中华民族共同体意识的状况进行评估。最后，从党的领导、共同富裕、文化纽带、教育实践以及社会治理等层面，创新符合“中国特色、西藏特点”的中华民族共同体意识培育路径。（技术路线图如下图 1–2 所示）

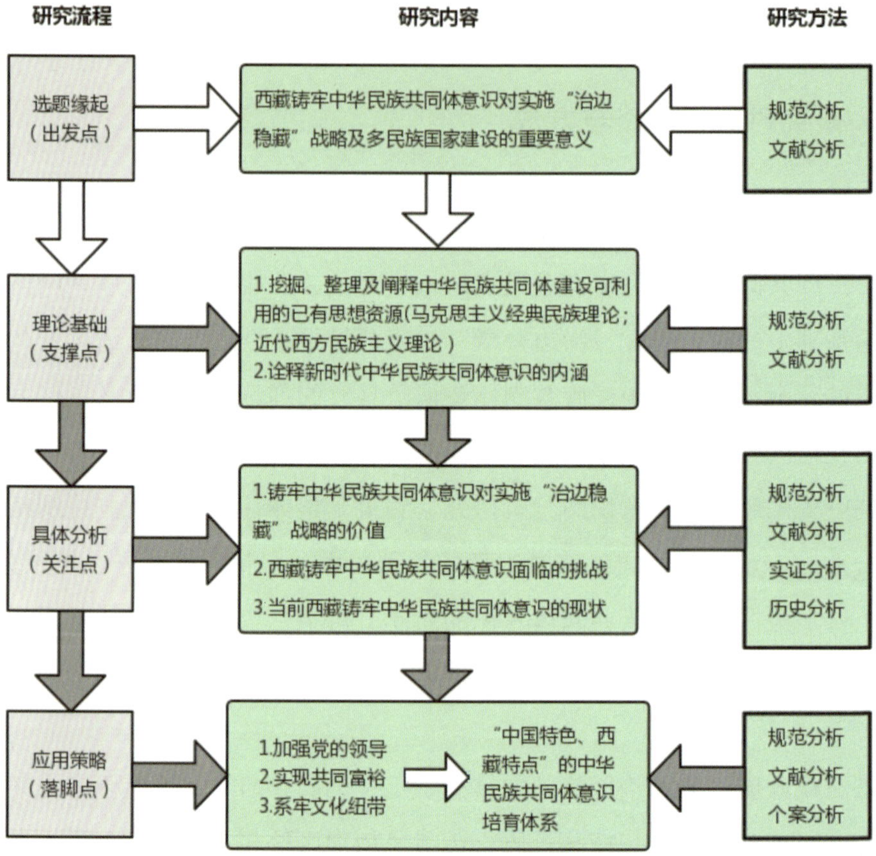

图 1–2　研究技术路线图

由上图可以看出，本课题的主要研究思路框架如下：

1. 研究背景及导论（出发点）

"人心是最大的政治"。促进我国边疆民族地区稳定发展的关键是要做好"人心政治"工作，这事关我国社会主义现代化建设。基于此，铸牢中华民族共同体意识具有重大的现实意义。从根本上说，铸牢中华民族共同体意识对维护西藏地区的稳定发展，增强各民族的"五个认同"，助力中华民族伟大复兴中国梦的实现，发挥着重要作用。因此，对该内容的学理分析是本课题研究的背景和出发点。

2. 西藏开展铸牢中华民族共同体意识工作的理论依据（支撑点）

（1）"中华民族共同体"的理论内涵；

（2）"铸牢中华民族共同体意识"的理论基础。

3. 西藏开展铸牢中华民族共同体意识工作的必要性（切入点）

（1）铸牢中华民族共同体意识是新时代推进西藏民族工作高质量发展的必然

要求；

（2）铸牢中华民族共同体意识是西藏推进民族团结进步事业的必然要求；

（3）铸牢中华民族共同体意识是建设社会主义现代化新西藏的必然要求。

4. 西藏开展铸牢中华民族共同体意识工作的现状（关注点）

（1）西藏开展铸牢中华民族共同体意识工作的主要历程与启示；

（2）西藏开展铸牢中华民族共同体意识工作的生动实践。

5. 西藏开展铸牢中华民族共同体意识工作面临的挑战（着眼点）

（1）外部挑战：西方敌对势力的渗透与破坏；

（2）自身挑战：西藏发展不充分不均衡问题；

（3）话语挑战：西方话语对中国特色民族理论话语的冲击。

6. 西藏开展铸牢中华民族共同体意识工作的路径（落脚点）

（1）坚持党的领导：为西藏开展铸牢中华民族共同体意识工作奠定政治基石；

（2）实现共同富裕：为西藏开展铸牢中华民族共同体意识工作提供物质基础；

（3）系牢文化纽带：为西藏开展铸牢中华民族共同体意识工作凝聚价值共识；

（4）加强立德树人：为西藏开展铸牢中华民族共同体意识工作激发内生动力；

（5）创新社会治理：为西藏开展铸牢中华民族共同体意识工作建立稳定社会。

（三）研究方法

1. 文献分析法

回顾和整理国内外学术界的研究成果，为本研究主题做好文献储备。围绕课题的研究需要，通过中国知网平台检索和整理相关资料，遵循课题的研究进展补充文献资料，包括中华民族共同体、中华民族共同体意识、民族共同体理论、民族团结理论以及党的治藏方略、“五个认同”、民族、西藏民族工作等重要术语和概念。通过分析文献，形成对研究对象的总体印象，夯实开展系统研究的理论基础。此外，为掌握西藏开展铸牢中华民族共同体意识工作的实践现状，通过纸质媒体新闻报道、网络文献、西藏各级政府职能部门文件、国家统计局公开资料等广泛收集最新数据和资料，以此提升课题研究的完整性和系统性。

2. 实证分析法

在西藏各地深入开展问卷调查、个案分析工作，获取一手资料。一是问卷调查。群众关注度、认知度与参与度是评估西藏开展铸牢中华民族共同体意识工作开展情况的重要标准，通过对西藏部分城乡群众进行问卷调查，收集他们对当地铸牢中华民族共同体意识工作现状的看法、对中华民族共同体意识的理解以及对西藏民族工作等重要议题的看法，增进课题研究的客观性、全面性和可靠性。二是实地访谈。围绕课题研究需求对西藏城乡居民与在各层次落地铸牢中华民族共同体意识工作的工作者进行座谈、个别访谈和电话访谈，搜集西藏各地区、各级政府及其职能部门开展该工作的具体措施和现实困境，增进课题研究的灵活性、适应性和深入性。

3. 统计分析法

对调研问卷结果进行数据统计和分析处理，客观地呈现研究对象的真实状况，为现状把握和探讨发展路径提供支撑。2021 年 9–12 月，课题组对西藏大学、西藏民族大学、西藏藏医药大学、西藏农牧学院、拉萨师范专科高等学校等 6 所高校在校 2000 名大学生进行了实地调查访谈。此次问卷调查，共发放问卷 2000 份，实际回收问卷 1621 份，问卷有效率为 81.05%。此次问卷共涉及大一至大四的年级，通过问卷调查数据分析，探究西藏高校铸牢中华民族共同体教育质量提升存在的症结，进而提出相应政策，为进一步增强西藏高校铸牢中华民族共同体意识教育的时效性和有效性提供了新思路。

4. 规范分析法

侧重对相关概念的学理性分析。梳理西方民族共同体、马克思主义民族共同体和中华民族共同体相关概念，与相关领域学者增强学术交流，力求辨析西方民族共同体概念对中华民族共同体概念建构的启示作用与理论局限性。通过运用马克思主义民族共同体概念建构中国特色马克思主义民族理论体系与中华民族共同体意识概念体系，进而认识中华民族共同体意识概念的理论源流与发展潜力，提升课题研究的科学性与学理性。

第二章 西藏开展铸牢中华民族共同体意识工作的理论依据

铸牢中华民族共同体意识是习近平新时代中国特色社会主义思想的重要内容，是党民族理论的最新成果，是马克思主义民族理论与中国实际结合的新发展，为新时代做好民族工作提供了根本遵循和理论指导。从“中华民族共同体”的理论内涵和“铸牢中华民族共同体意识”的理论基础两个维度入手，对相关概念及理论进行学理分析有助于理解铸牢中华民族共同体意识的科学内涵，深刻认识其必然性、科学性和优越性。

一、“中华民族共同体意识”的理论内涵

党的二十大报告强调：“从现在起，中国共产党的中心任务就是团结带领全国各族人民全面建成社会主义现代化强国、实现第二个百年奋斗目标，以中国式现代化全面推进中华民族伟大复兴。”[①] 不断推进中华民族共同体建设，是实现中华民族伟大复兴的应有之义。在长时期的历史过程中，中华民族共同体发展出丰富的内涵，正确理解中华民族共同体的政策内涵和学术内涵，对促进民族工作高质量发展、推进中华民族共同体建设、铸牢中华民族共同体意识具有十分重要的意义。

（一）“中华民族共同体意识”的政策内涵

中华人民共和国成立三十年前的一段时间，中华民族面临着内忧外患的局面。中国共产党的成立为陷入困境的中华民族提供了坚实的力量。在中国共产党的领导

① 习近平：《高举中国特色社会主义伟大旗帜 为全面建设社会主义现代化国家而团结奋斗——在中国共产党第二十次全国代表大会上的报告》，《人民日报》2022 年 10 月 26 日第 1 版。

下，经过北伐战争、土地革命战争、抗日战争和解放战争、抗美援朝战争，经过土地改革、社会主义改造、社会主义建设和改革开放，中国各族人民的政治、经济、文化生活越来越趋于一致，中华民族进入了一个新的发展阶段。在中华民族成长与发展的过程中，中国共产党都在领导中国人民共同建设中华民族共同体。从共产党的成立，到中华人民共和国的成立，再到社会主义发展的新阶段，中华民族共同体一直在不断建设与完善。

1.1921—1949 年 ："生死与共的中华民族命运共同体"

1921 年，中国共产党成立。在中国共产党的起步阶段，特别强调中华民族的建设，正如在党的一大通过的《党章》中提到的 ："凡承认本党党纲和政策，并愿成为忠实的党员者，经党员一人介绍，不分性别，不分国籍，都可以接收为党员。"① 这体现了中华各民族一律平等的共同体意识。但是在大革命时期，人民群众还不能全面地认识中华民族共同体的概念和内涵，刚刚萌芽的中国共产党对中华民族共同体的建设也并未完全付诸实践。在明确认识到党的力量比较薄弱之后，中国共产党选择建立革命统一战线，这成为推动中华民族伟大复兴的强大力量，中华民族观念得到了中国人民的普遍认可。② 在农村革命根据地建设时期，在马克思主义的指引下，中国共产党深入农村并逐步扩大其影响力，不断加强中华民族共同体意识建设。在中国共产党的教育引导下，农民逐渐认同中国共产党的政治主张，同时也提升了对中华民族的认同感和凝聚力。

中国共产党最初使用的"中华民族"，主要是指生活在"中国本土"的汉族群体。直到全面抗战前夕，"中国共产党所讲的'中华民族'，在多数情况下主要指的是汉族，而非中国各民族的共同称谓"的状况才得以根本改变。③1937 年，中国共产党发布《我们对于民族统一纲领的意见》指出，中华民族真正被赋予多民族共同体内涵，特指为中国范围内所有民族的统称。自此，"中华民族"作为身份标志逐步得到全国各族人民的认同。在 1938 年 9 月 29 日至 11 月 6 日召开的中共六届六中全会上，毛泽东指出"我们的抗日民族统一战线，不但是国内各个党派各个阶级的，而且是国内各个民族的……当前的第十三个任务，就在于团结各民族为一体，共同

① 邓钢：《中国共产党中华民族共同体建设的历史经验及思想政治教育意义》，重庆：西南政法大学，2018 年。

② 王建东、杨文军：《中国共产党成立 100 年来中华民族共同体建设的历史进程与经验启示》，《辽宁省社会主义学院学报》2021 年第 4 期。

③ 郑大华：《民主革命时期中共的"中华民族"观念》，《史学月刊》2014 年第 2 期。

对付日寇”，强调要用中华民族“团结各民族为一体”。1939年，毛泽东同志在《中国革命和中国共产党》一文中对中华民族的悠久历史、生活空间以及结构特性等问题进行详细阐释，成为这一时期中国共产党中华民族观的集中表达。他指出，中国是一个多数民族结合而成的拥有广大人口的国家，汉人以及蒙人、回人、藏人、维吾尔人、苗人、彝人等数十种少数民族都拥有长久历史，都是中华民族的组成部分。① 在随后编印的供红军战士使用的《抗日战士政治课本》中又强调：“中华民族是代表中国境内各民族之总称，是生死存亡利害一致的。”② 这表明中国共产党已经具备了比较成熟的中华民族观和中华民族共同体意识。在“中华民族”的号召下，几乎每个阶级、阶层和民族都加入抗日行列之中，“社会动员之广泛，民族觉醒之深刻，战斗意志之顽强，必胜信念之坚定，都达到了空前的高度。”③ “中华民族”的整体感情得到进一步的凝结和升华。

中华民族作为一个荣辱与共的命运共同体，各族人民是其实现发展与复兴的力量源泉。各族人民在历史上共同创造了伟大的中华文明，共同战胜艰难险阻，共同面对民族生死存亡。

2.1949—2012年：“携手前进的中华民族政治经济共同体”

中华人民共和国的成立，标志着中华民族民族国家构建的基本完成。④ 中国共产党在取得执政地位并建立起社会主义制度后，为了改善历史遗留下来的民族不平等问题和民族隔阂问题，实行了民族区域自治制度。坚持各民族平等、民族团结和各民族共同发展，同时开展民族识别等工作。中华民族在统一的国家形态下，对于新中国的建设和美好生活充满信心。这一时期的中华民族共同体更大意义上属于中华民族政治经济共同体。

在《共同纲领》和“五四宪法”中有明确规定，各民族一律平等、禁止任何民族歧视和压迫以及破坏民族团结的行为。在改革开放后，党和国家持续加大对边疆少数民族地区的投入和支持力度，这一区域的经济社会得到全面发展，社会主义新型民族关系得以不断巩固。在中华民族大家庭中各民族实现共同繁荣发展，“五十六

---

① 中央统战部：《民族问题文献汇编（一九二一·七——一九四九·九）》，北京：中共中央党校出版社，1991年，第626页。

② 中央统战部：《民族问题文献汇编（一九二一·七——一九四九·九）》，北京：中共中央党校出版社，1991年，第808页。

③ 习近平：《在纪念中国人民抗日战争暨世界反法西斯战争胜利75周年座谈会上的讲话》，《人民日报》2020年9月4日第2版。

④ 周平：《民族国家认同构建的逻辑》，《政治学研究》2017年第2期。

个民族是一家”的中华民族共同体意识不断深入人心，携手共进的中华民族经济共同体更为巩固。1992 年，江泽民同志强调 ：“推动各民族发展进步和共同繁荣不仅是个经济问题，而且是个政治问题。”[①]2005 年，胡锦涛同志又指出，要“坚持把加快少数民族和民族地区经济社会发展作为解决我国民族问题的根本途径”，[②] 清晰表明此时党和国家民族工作的着力点就是发展经济。这一时期，党中央不断加大对民族地区的财政支持力度，开展对口支援工作，实行金融优惠政策等多措并举扶持少数民族地区经济发展，同时，在西部大开发战略推进过程中制定实施专项计划，为民族地区的经济发展制定了更加清晰的目标。

在国家扶持、发达省区支援、少数民族地区各族群众自力更生“三位一体”共同机制下，不仅少数民族和少数民族地区经济社会获得了长足发展，而且汉族和少数民族、少数民族之间也愈发形成了携手共进的中华民族经济共同体。[③] 各民族相互帮助、相互依存、共同进步，在经济层面上相互促进，形成谁也离不开谁、互利共赢的发展格局,各民族之间的交往交流交融也日益加深。通过推动民族地区发展，巩固中华民族政治经济共同体，建设统一的社会主义大市场，实现中华民族整体的繁荣富强和高质量发展，夯实实现中华民族伟大复兴中国梦的根基。

3.2012 年以来 ：“夯基铸魂的中华民族文化共同体”

文化共同体即基于共同或者相似的价值观念和文化心理定式而形成的社会群体，是一种特定文化观念和精神追求反映在组织层面上的有机统一体。[④]“文化”在这一共同体中具有起承转合的核心地位。习近平总书记十分重视文化及文化认同在中华民族共同体建设中的核心地位与作用。

2014 年 5 月，习近平总书记在第二次中央新疆工作座谈会上的讲话中首次公开使用“中华民族共同体”的表述 ：“要高举各民族大团结的旗帜，在各民族中牢固树立国家意识、公民意识、中华民族共同体意识，最大限度团结依靠各族群众，使每个民族、每个公民都为实现中华民族伟大复兴的中国梦贡献力量，共享祖国繁荣发展的成果。”[⑤] 在同年 9 月召开的中央民族工作会议上，习近平总书记的讲话中

①《江泽民文选》（第 1 卷），北京：人民出版社，2006 年，182 页。
②《胡锦涛文选》（第 1 卷），北京：人民出版社，2016 年，315 页。
③ 洪美云、艾比 · 沙拉木：《中国共产党建构中华民族共同体的历史演进与经验总结》，《云南行政学院学报》2022 年第 6 期。
④ 陆军、李永强、次仁旺姆：《中华民族共同体建设的历史逻辑：从政治共同体、经济共同体到文化共同体》，《西藏发展论坛》2023 年第 1 期。
⑤《习近平在第二次中央新疆工作座谈会上发表重要讲话》，《人民日报》2014 年 5 月 30 日第 1 版。

首次将“中华民族共同体”作为一个独立概念使用：“坚持打牢中华民族共同体的思想基础。这是国家统一之基、民族团结之本、精神力量之魂。”“加强中华民族大团结，长远和根本的是增强文化认同，建设各民族共有精神家园，积极培养中华民族共同体意识。文化认同是最深层次的认同，是民族团结之根、民族和睦之魂。文化认同问题解决了，对伟大祖国、对中华民族、对中国特色社会主义道路的认同才能巩固。”“各民族共同开发了祖国的锦绣河山、广袤疆域，共同创造了悠久的中国历史、灿烂的中华文化。”“中华民族和各民族的关系，形象地说就是一个大家庭和家庭成员的关系，各民族的关系是一个大家庭里不同成员的关系。”[①] 党的十八大以来，习近平总书记在科学把握我国基本国情的基础上，高度重视民族工作，明确指出：“各民族在分布上的交错杂居、文化上的兼收并蓄、经济上的相互依存、情感上的相互亲近，形成了你中有我、我中有你，谁也离不开谁的多元一体格局。”[②]

2019 年 9 月，在全国民族团结进步表彰大会上，习近平总书记再次解释了“中华民族共同体”的内涵，即“我们辽阔的疆域是各民族共同开拓的”“我们悠久的历史是各民族共同书写的”“我们灿烂的文化是各民族共同创造的”“我们伟大的精神是各民族共同培育的”“各民族交融汇聚成多元一体的中华民族”。[③] 这一内涵对各民族在历史长河中共创中华民族的历史功绩，彰显了中华民族共同体建设的重要性。2021 年 8 月，在中央民族工作会议上，习近平总书记进一步阐明铸牢中华民族共同体意识就是“引导各族人民牢固树立休戚与共、荣辱与共、生死与共、命运与共的共同体理念”。[④] 他强调各个民族是休戚与共的命运共同体，是不可分离的一家人。

中华民族共同体内涵丰富。首先，中华民族共同体以“多元一体”为核心。这表现为多民族的大一统和各民族的多元一体。“中华民族共同体”这一概念既尊重“多元”，又强调“一体”，不能脱离二者之间的内在关系去论述。其次，中华民族共同体以爱国主义精神为纽带。在我国的历史进程中，爱国主义是团结各族人民共同抵御外敌侵略的力量，始终激励中华儿女奋起抗战、抵御外敌侵略、维护祖国利益。在抗日战争时期，爱国主义团结各族人民，共同抗击外敌。中华儿女对本民族

①《中央民族工作会议暨国务院第六次全国民族团结进步表彰大会在北京举行》，《人民日报》2014 年 9 月 30 日。
②《中央民族工作会议暨国务院第六次全国民族团结进步表彰大会在北京举行》，《人民日报》2014 年 9 月 30 日。
③ 习近平：《在全国民族团结进步表彰大会上的讲话》，《人民日报》2019 年 9 月 28 日第 2 版。
④《以铸牢中华民族共同体意识为主线 推动新时代党的民族工作高质量发展》，《人民日报》2021 年 8 月 29 日第 1 版。

的热爱和认同，是中华民族共同体的思想动因和精神纽带。[①]进入新发展阶段，仍要发扬爱国主义精神。最后，中华民族共同体要求牢固树立正确的国家观、民族观、文化观。2020 年 8 月，在中央第七次西藏工作座谈会上，习近平总书记指出："要深入开展党史、新中国史、改革开放史、社会主义发展史教育，深入开展西藏地方和祖国关系史教育，引导各族群众树立正确的国家观、历史观、民族观、文化观、宗教观。"[②]正确树立"五观"是构建中华民族共同体的关键。

中华民族文化共同体建设是对前期命运共同体和政治经济共同体建设的接续推进，三者之间并非非此即彼的关系，而是在同步发展、一体建构中，更好地服务于构筑中华民族共有家园，传承中华优秀传统文化血脉，促进文化交流交融，巩固中华民族共同体。

（二）"中华民族共同体意识"的学理内涵

中华民族、中华民族共同体、中华民族共同体意识关联密切。中华民族共同体以中华民族为基础，而中华民族共同体意识又是以中华民族共同体为基础。从中华民族概念逐渐衍生出的中华民族共同体概念是对中华民族概念的新发展。从"中华民族"到"中华民族是一个"，再到"中华民族多元一体格局"，这些都是中华民族共同体在不同背景、不同阶段展示出的不同内涵与特征。

1. 中华民族

中华民族起源于中华大地的多个区域，在演进中区域间相互影响和融合，这是中华民族起源的基本特征。"华夏"与"四夷"的意识最早出现于春秋战国，并开始强调"华夏"与"四夷"的区别，尤其是文化差异。此后自秦汉、隋唐到清朝末期的发展过程中具有核心凝聚力的汉族不断吸收其他民族成分，各民族不断融合形成互补性和依赖性的相互关系，中华民族一体化趋势和特征越来越强。随着多元发展的各民族不断交融，中华民族实体逐步强大和稳定。然而，具有现代意义的"民族"一词，直到近代才开始被人论及。

近代以来，帝国主义发起对晚清中国的殖民侵略，在面临亡国灭种的民族危机下，中华民族主体意识被激发和唤醒。在封建王朝衰落、列强侵略、民族主义盛行的背景下，1902 年梁启超在西方民族主义思潮的影响下率先使用"中华民族"

---

① 何化利：《探析"中华民族共同体"的主要内容及意义》，《中国社会科学报》2020 年 7 月 28 日。

②《全面贯彻新时代党的治藏方略，建设团结富裕文明和谐美丽的社会主义现代化新西藏》，《人民日报》2020 年 8 月 30 日第 1 版。

一词，其后“中华民族”的内涵不断演进发展。他在《论中国学术思想变迁之大势》中写道：“齐，海国也。上古时代，我中华民族之有海权思想者厥惟齐。故于其间产出两种观念焉：一曰国家观，二曰世界观。”[①] 但在这篇文章中他并没有对中华民族的内涵做出解释。面对当前的民族关系，没有必要一味“排满”，应该在确保汉民族主体地位的同时，将满、蒙、回、藏等民族融合并紧密联系在一起，从而形成强大的中华民族。[②]1905 年梁启超在《历史上中国民族之观察》中明确表示：“今日之中华民族，即普通俗称所谓汉族者。”[③] 梁启超对于汉族与满、蒙、藏、回等民族之间的不同非常明确，但他又认为汉族在形成之初就不是单一的民族，是多民族的融合，中华民族的形成过程也是这样。但梁启超所提中华民族的概念并不成熟。

辛亥革命之后，孙中山先生对中华民族概念的解释变为“五族共和”。他承认了中华民族是历经多民族的长时间发展而形成。在 1912 年 1 月 1 日发表的《中华民国临时大总统宣言书》中，孙中山先生明确表示“国家之本，在于人民。合汉、满、蒙、回、藏诸地为一国，即合汉、满、蒙、回、藏诸族为一人。是曰民族之统一”[④]。

不管是孙中山还是梁启超，中华民族的概念随着时间的推移发生了变化。梁启超在清末提出的中华民族的概念是为了挽救国家分裂的局面，以期达到政治上的统一。在面对第一次世界大战后中国遭遇不平等的待遇时，梁启超明确了只有实现各民族的平等与统一，才是真正的中华民族。中华民族包括中国境内的所有民族。

2.“中华民族是一个”

关于中华民族的概念阐释还有另一种解释，认为“中华民族是一个”。“中华民族是一个”的提出者是古史辨运动的领袖人物顾颉刚。他在 1934 年创办了“禹贡学会”，并发行了《禹贡》半月刊。在《发刊词》上顾颉刚表达了对日本使用“中国本部”一词的不满，他认为“中国本部”具有很强的政治目的，否认了中国诸多的边疆领土。顾颉刚于 1939 年 2 月在《益世报·边疆周刊》上发表了《中华民族是一个》的文章，明确提出中国只存在一个“中华民族”，以历史事实论证中国各族经过数千年的演进与混合，早已没有纯粹血统的民族，而且自古以来中国人只有文化的观念而没有种族的观念，到秦始皇统一时，就开始有“中华民族是一个”的

---

① 梁启超：《饮冰室合集：文集之七》，北京：中华书局，1989 年，第 21 页。

② 许政、祁进玉：《中华民族共同体的建设及其发展历程》，《贵州民族研究》2022 年第 1 期。

③ 梁启超：《饮冰室合集：文集之四十一》，北京：中华书局，1989 年，第 2 页。

④ 孙中山：《中华民国临时大总统宣言书》，《民国报》1912 年第 4 期。

意识了。因此，“我们对内没有什么民族之分，对外只有一个中华民族”，“凡是中国人都是中华民族”，“在中华民族之内我们绝不再析出什么民族”。[①] 在这篇文章的结尾，顾颉刚提道：“我们从今以后要绝对郑重使用‘民族’二字，我们对内没有什么民族之分，对外只有一个中华民族！”随后，顾颉刚于 1939 年 5 月 10 日在同一杂志发表《我为什么要写“中华民族是一个”》一文。

继梁启超之后，顾颉刚在学理上进一步丰富、完善“中华民族”概念并对后来产生了重要影响。如果说，梁启超以“民族意识”作为中华民族本质特征是对此概念的一个重要贡献，那么，“中华民族是一个”则道出了此概念的另一个本质特征，即中国各民族一体。[②] 顾颉刚把秦的大一统作为中华民族形成的标志，认为“中华民族”作为一个实体，已经存续两千多年。他从中国整体历史观来看待“中华民族”，提出的“中华民族是一个”也道出了中华民族的本质与精髓。

3. 中华民族多元一体格局

考古学家夏鼐在 1962 年发表的《新中国的考古学》一文中，较早提出“中华民族共同体”这一概念。“现今全国的少数民族还很多，他们虽和汉族不同，但各兄弟民族的祖先在悠久的历史过程中，与汉族的祖先建立起日益紧密的联系，今日大家一起构成了中华民族共同体。”[③] 在此后近 50 年的时间里，“中华民族共同体”词语多次出现在学者的表述中。20 世纪 80 年代末，费孝通先生在香港中文大学发表了名为《中华民族多元一体格局》的演讲，首次提出“中华民族多元一体格局”的理论，并从自然生态环境、语言文字、社会政治经济条件等方面回溯了中华民族多元一体格局的形成过程，与以往学术界热衷研究的“碎片化”单一民族完全不同，他将中华民族作为一个民族实体进行研究。中华民族作为自觉的民族实体，是从自在的民族实体发展而来的。他认为中华民族这个词是指中国疆域内具有民族认同的 10 亿人民，它包括的 50 多个民族单位是多元的，中华民族是一体。中华民族和 56 个民族共同组成“多元一体”格局。

1996 年 10 月，费孝通在日本国立民族学博物馆举办的“中华民族多元一体论”国际学术讨论会上提供的书面报告《简述我的民族研究经历和思考》一文中，又

① 顾颉刚：《宝树园文存》（第 4 卷），北京：中华书局，2011 年。
② 石硕：《从中国历史脉络认识“中华民族”概念——“中华民族”概念百年发展史的启示》，《清华大学学报（哲学社会科学版）》2021 年第 3 期。
③ 夏鼐：《新中国的考古学》，《考古》1962 年第 9 期。

把“中华民族多元一体格局”理论的主要观点作了进一步的阐述：一是中华民族是包括中国境内56个民族的民族实体，并不是把56个民族加在一起的总称。二是在多元一体格局中，汉族是多元基层中的一元，它发挥凝聚作用把多元结合成一体，一体就是中华民族，一个高层次认同的民族。三是高层次的认同并不一定取代或者排斥低层次的认同，在不同层次的认同基础上可以各自发展原有的特点，形成多语言、多文化的整体。[①] 林耀华认为费孝通的“多元一体”概念“为我们认识中国民族和文化的总特点提供了有力的认识工具和理解全局的钥匙”[②]，宋蜀华也认为费孝通“创造性地引出了一个符合客观实际的崭新理论，是认识中华民族整体结构的钥匙”[③]。

2014年，习近平总书记首次公开提出“中华民族共同体”。在社会主义发展的新时代，“中华民族共同体”的基本内涵就是中华各民族在历史演进和现实发展中结成的相互依存、共担共享的亲缘体和有机统一体，凸显中华民族以共同体形式存在和发展的状态和实质，蕴含了中华民族共同体的整体性、共同性和实体性特征；多元一体是中华民族共同体的内在结构，命运共同体是中华民族共同体的本质属性。[④] 中国自古以来便是统一的多民族国家，众多的少数民族人口遍布于我国的大江南北，并在长期的交往交流交融中发展成为“中华民族共同体”中不可分割的部分。回顾五千年中华文明史，追溯我们党领导民族工作的百年光辉历程与历史功绩可以发现，中华民族共同体建设的不断推进是历史的潮流。

二、“铸牢中华民族共同体意识”的理论基础

铸牢中华民族共同体意识是习近平总书记针对新时期民族工作的新形势，在深刻总结党的民族工作经验的基础上，与时俱进地创新发展党的民族理论。这既是扎根于中国特色和本土环境的理论创举，同时也与马克思主义民族理论内核一脉相承。分析该理论的基础，需要从西方学者的民族共同体理论和经典马克思主义作家的民族共同体两方面入手，对该理论源流与核心要义进行阐释。

---

① 费孝通：《简述我的民族研究经历和思考》，《北京大学学报（哲学社会科学版）》1997年第2期。

② 费孝通：《中华民族多元一体格局》（修订本），北京：中央民族大学出版社，1999年。

③ 宋蜀华：《认识中华民族构成的一把钥匙——〈中华民族多元一体格局〉读后》，《中央民族大学学报（哲学社会科学版）》2000年第3期。

④ 孔亭、毛大龙：《论中华民族共同体的基本内涵》，《社会主义研究》2019年第6期。

（一）西方学者的民族共同体理论

“民族”与族群、民族主义、民族国家等概念具有千丝万缕的联系，如何对其准确定义一直是学术界具有争议的话题，但民族的本质形式为具有内部统一性与外部边界性的稳定共同体，这一共同体中蕴含着强烈的民族主义情感。现代民族研究的起源可以追溯到18世纪启蒙时代的欧洲，梳理西方学者的民族共同体思想和民族理论有助于从多个角度理解民族共同体的发展规律与本质特征，进而为铸牢中华民族共同体意识提供理论依据。

西方学者常将民族理论的起源溯至伊曼努尔·康德（Immanuel Kant）。[①] 康德本身不是民族主义者，但其哲学思想为民族理论的产生开辟了道路，被称为民族主义隐秘的源头。康德学说的核心要义是个人自由，其认为每一个具有理性的存在者都具有自由的理念，并可以将其转化为行动，这种强调个人意志自决的理念为“民族自决”理论的形成提供了源泉。在法国大革命的影响下，被称为德国以及欧洲政治民族主义之父的约翰·戈特利布·费希特（Johann Gottlieb Fichte），[②] 在继承康德观点的基础上将自决的主体拓展到了民族共同体，他明确提出一个人的完全自决最终要求民族的自决，他在《对德意志民族的演讲》中表达了对德意志民族命运的忧虑，其中蕴含着浓厚的民族主义色彩。约翰·哥特弗雷德·赫尔德（Johann Gottfried Herder）从文化意义的角度理解民族共同体，创立了文化民族主义，被称为“民族主义、历史主义和民族精神之父”。赫尔德正式提出了“民族”的概念并做出了自己的解释，在其搜集的民歌中集中体现了他的民族主义思想，其核心要义即认为民族是一个有机、自然的共同体，它的基础是精神和文化的，而不是政治的。[③] 他将语言、历史、地域和传统作为一个民族被承认的依据，尤其强调语言的作用，认为使用本民族的语言可以凝聚民族精神，失去民族语言则会导致一个民族的毁灭，编集本民族语言的民歌可以继承和发扬民族性格与情感。赫尔德的思想不仅促进了人们民族意识的觉醒，影响了一批先驱学者，而且成为很多国家和民族进行民族实践活动的行动纲领。早期的德国民族理论思想渊源一定程度超越和脱离了现实世界，具有典型的浪漫主义色彩，但却以此为源头引发了民族理论研究发展的思想热潮。

19世纪以来，在波澜壮阔的民族运动和复杂的民族问题实践中，各国学者都

---

① 王希恩：《当代西方民族理论的主要渊源》，《民族研究》2004年第2期。

② 张淑娟：《试析民族主义理论源头》，《大连民族学院学报》2014年第4期。

③ 李宏图：《论赫尔德文化民族主义思想》，《华东师范大学学报（哲学社会科学版）》1996年第12期。

基于自身的现实环境和研究视角，提出了不同的观点和主张，西方民族理论得以蓬勃发展。西方学者对民族共同体研究的方向和角度相异，分析问题的主次因素考量也各不相同，因此西方的民族理论具有分散性和多元性的特征，难以形成一个宏观和系统的理论体系。西方学者对民族共同体研究的基本理论范式大致分为四个类型：原生主义、永存主义、现代主义、族群—象征主义，每一范式都有各自的理论体系和核心观点，同一范式内的不同学者既有共识又有争论。

1. 原生主义

原生主义是最早的西方民族理论研究范式，其核心观点为强调民族共同体的原生特征，具体包括两重内涵：一是自然性，即民族共同体是自然产生、客观存在的，不受个人意志和力量的影响；二是历史性，即民族共同体和民族主义是前现代社会的历史产物，与现代性之间不存在关联。其主要有社会生物论和文化决定论两个流派。

皮尔·范登堡（Pierre Van den Berghe）从社会生物学角度将民族视为一个社会生物体，将民族主义视为民族生物为了自身存续而展现出来的一种原生的、本能的"社会生物反应"。[①] 这种观点看来，生物都有与自己具有基因联系的对象进行合作的倾向，这种对于亲属的倾向性是民族共同体和民族主义形成的基础。人们将宗教、语言、身体、习俗、身体装饰等文化符号作为血统认同的标识以便于识别亲属。对于血缘的天然情感就转移到了具有相同或相近的文化象征共同体中，即使没有血缘的直接关系也会产生对同一民族成员的认同。异族间通过婚配走向文化融合，其族群的界限逐渐消融，这解释了民族分裂与融合的现象。

文化决定论从文化的角度为原生主义辩护，以爱德华·希尔斯（Edward Shils）和克利福德·格尔茨（Clifford Geertz）等学者为代表。该理论认为，受先天文化传统的决定，人们对于民族共同体有着天生、持久和高于一切的依恋感，语言、血缘和习俗的一致性对于人们的内聚性的产生具有不可抗拒的强制性影响。格尔茨在讨论民族产生时认为只有当人们相信血缘、共同语言和宗教等因素的强制性力量时，这些因素才能对民族共同体的持存起到决定性作用，而这种信念的建构恰好是文化的力量。[②]

2. 永存主义

永存主义强调民族共同体存在的持久性，永存主义者在历史与民族和民族主义

---

① 于海峰：《西方有关民族主义的基本理论概述》，《满族研究》2020 年第 3 期。
② 张米兰：《民族主义研究的类型学考察》，《当代国外马克思主义评论》2019 年第 2 期。

之间建立了天然的联系，[①] 他们把民族的起源追溯到人类诞生之初，将民族视为是一种古老而永远存在的事物。因此，永存主义同样否认民族与现代性之间的关联，民族绝不是近现代人们的想象和发明，而是起源于十分久远的过去。因此，许多民族研究者支持这样的观点：即使作为一种意识形态的民族主义是现今的，但民族不等同于民族主义，它在远古时期就已存在，历史的每一个时期都能发现它的踪迹。[②] 永存主义也有两种观点流派，即持续性的永存主义和周期性的永存主义。

持续性的永存主义认为一切民族共同体都具有长久的、连续不断的历史，强调的重点是持续性。艾德里安·黑斯廷斯（Adrian Hastings）以英国等西欧国家为范例论证了现代民族只是历史中古老民族的延续。其认为某些民族从古代到现代表现形式的持续性，英格兰、苏格兰、爱尔兰、威尔士、法兰西等民族在前现代就已经存在了。休·希顿－沃森（Hugh Seton-Watson）将民族分为自古持续存在的民族和后来人为创造出来的民族，前者包括法兰西、英格兰和西班牙等，它们的长存为公众的民族不朽意识提供了历史证据。[③]

周期性的永存主义则认为就某个特定的民族共同体而言可能会经历起源和消亡的历史阶段，但总体意义上的民族共同体却是无处不在且永远存在。民族主义作为一种意识也是自古有之，只是在不同的历史时期表现形式有所不同。如厄内斯特·勒南（Ernest Renan）在《何为民族？》这一演讲中认为，民族并不是永恒的东西，它们有其起始，也有其终结。但是总体的民族，作为人类共同体的范畴，则是永存的和无处不在的。[④]

3. 现代主义

现代主义是在批判原生主义和永存主义的过程中产生的，兴起于 20 世纪 60 年代，并快速发展为西方民族理论研究的主流范式。在现代主义者看来，民族共同体和民族主义都是近现代的产物，包括民族国家、民族认同、甚至国际共同体都是在人类社会现代化的过程中产生，其本质和时间顺序都是新近的，在前现代社会根本不可能产生。在强调民族共同体与民族主义现代性的基本共识基础之上，不同学者对民族的起源、影响、与现代性的相关方面都有各自的见解，致使现代主义民族理

① 王闫琪：《安东尼·史密斯的民族主义理论研究》，广州：中共广东省委党校，2017 年。

②Anthony D.Smith'Ethno-symbolism and Nationalism:a Culture Approach，London：Routledge，2009，P.3.

③[英]安东尼·史密斯著、叶江译：《民族主义：理论、意识形态、历史》（第二版），上海：上海人民出版社，2011 年，第 55 页。

④ 郑黔玉、张剑：《西方民族主义：理论流派与政治主张》，《云南行政学院学报》2015 年第 1 期。

论派系众多。

欧内斯特·盖尔纳(Ernest Gellner)以社会—文化为视角，提出“民族主义的定义，是为使文化和政体一致，努力让文化拥有自己的政治屋顶”。[①] 他认为民族主义的实质就是把一种同质的文化施加于整个社会之上，从而形成一种享用同质文化的社会共同体，它是在工业社会特定的社会结构需求下催生的，是工业时代必然的产物。在前工业时期人们以血缘关系聚集在一起，统治阶级不需要也没有能力追求社会文化的同质化。工业社会具有的流动性、社会分工、知识和文化的标准化三个本质特征，决定了它的维系和发展需要依靠一种同质性的高层次文化，而这种文化是一种大众的、标准化的、以识字和教育为基础的交流体系。[②] 民族主义便成为了一种政治原则，在这一原则下同质性的高层次文化必然产生高层次的同质化民族国家，由此延伸出盖尔纳的重要论断 :“一个民族就是一个国家”。

安东尼 · 吉登斯（ Anthony Giddens ）以政治为视角，将民族主义视为与现代国家相关的政治现象，他强调二者间的互动关系，是一种带有“工具论”色彩的分析模式。其核心观点认为民族主义是一种维持或反对现存国家控制权和民族国家建构过程中的必要工具，通常具有明确的政治目标。吉登斯认为，民族和民族主义是现代国家对外防御或扩张，对内绥靖和协调的产物，先有现代国家，继而才有民族，民族依存于国家。民族主义则是对主权文化的感受，是与拥有明确边界的现代民族国家行政力量协作的伴随物，民族主义能够被用来动员整个民族共同体以支持国家政策，而这些政策对于共同体中不同的部分或阶级有着相当矛盾的后果，[③] 统治阶级将其作为一种意识形态统治工具来操纵被统治者，以维护小部分人的利益。吉登斯也对民族与民族主义的关系提出了见解。他认为民族是生活于现代国家领土上的共同体，隶属于统一的行政机构，而民族主义则是从属于统一政治秩序中的人们在心理上产生的共同信仰，因此民族是民族主义的先决条件。民族若没有形成，就绝不可能会有民族主义，至少绝不会有现代形式的民族主义。[④] 当然，我们不能说，没有民族主义就没有民族。[⑤]

①[英] 盖尔纳：《民族与民族主义》，韩红译，北京：中央编译出版社，2002 年，第 57–58 页。

② 于海峰：《西方有关民族主义的基本理论概述》，《满族研究》2020 年第 3 期。

③[英] 安东尼 · 吉登斯：《民族—国家与暴力》，胡宗泽、赵立涛译，北京：生活 · 读书 · 新知三联书店，1998 年，第 264–265 页。

④ 郭忠华：《吉登斯民族主义思想的三维透视》，《贵州民族研究》2006 年第 1 期。

⑤[英] 安东尼 · 吉登斯：《民族—国家与暴力》，胡宗泽、赵立涛译，北京：生活 · 读书 · 新知三联书店，1998 年，第 14 页。

本尼迪克特·安德森（Benedict Anderson）以历史社会学为视角对民族和民族主义进行了分析，他对民族作出了定义："它是一种想象的政治共同体——并且，它是被想象为本质上有限的，同时也是享有主权的共同体。"[①]这一定义表明了民族与现代主权国家的联系，并且意味着同一民族的成员被某种掌握人们情感的事物联结在一起，即使素不相识也能产生彼此间的认同感。安德森认为18世纪以来，宗教共同体的衰败、王朝国家的没落、人们神谕时间观的改变是民族主义产生的三大历史条件，人类的心灵出现了世界观上的空白，在资本主义的生产关系和体系、印刷科技发展和人类语言宿命的多样性三个要素的相互作用下，人们感受到同一文化体系的"读者同胞"的存在，[②]从而将自己想象为某一共同体的成员，民族意识得以逐渐形成。

埃里克·霍布斯鲍姆（Eric Hobsbawm）以社会建构为视角，阐明民族共同体和民族主义均为人为构建的，同时民族主义创造了民族共同体。他认为民族共同体和民族主义都产生于1830年之后，两者以及与其相关的民族国家、民族符号等都依赖于"常常是深思熟虑的且始终是创新性的（如果历史中的新奇事物就意味着创新性的话）社会建设中的活动"[③]，并与"被发明的传统"相关。"被发明的传统"即被"社会文化工程师"设计出来并包含了历史连续性因素的固定不变的产品，其通过不断重复灌输一定的价值规范和行为准则，从而得到人们认同以激发民族意识和巩固群体团结，而语言、宗教、族裔等民族主义原型与现代民族主义之间并没有一脉相承的关系。霍布斯鲍姆作为一名马克思主义者，坚持唯物史观，认为民族是特定历史时空下人类的发明，客观标准和主观标准都难以对其进行衡量和划分，因此需要将民族及其相关现象还原至特定的历史现实中讨论。此外，霍布斯鲍姆多次强调，建立民族国家是民族主义的目标，民族单位与政治单位等，也就是说民族国家这个实体决定了民族主义的生命力，民族国家成为了他思考民族问题的一个重要维度。[④]

4. 族群—象征主义

族群—象征主义是在20世纪80年代以来逐渐兴起的民族理论分析范式，它在

---

①[美]本尼迪克特·安德森：《想象的共同体——民族主义的起源与散布》，吴叡人译，上海：上海世纪出版集团，上海人民出版社，2005年，第6页。

②闫伟杰：《当代西方民族主义研究范式述论》，《民族研究》2008年第4期。

③[英]E.霍布斯鲍姆、T.兰格：《传统的发明》，顾航、庞冠群译，南京：译林出版社，2004年，第16-17页。

④张典：《埃里克·霍布斯鲍姆：〈民族与民族主义〉》，《学海》2004年第1期。

对原生主义、永存主义、现代主义反思和修正的基础上发展起来。这一范式并不否认民族共同体和民族主义的现代性，但同时强调民族与族群的内在联系，关注民族共同体产生根源的连续性与历史性。总体而言，族群—象征主义的核心观点包括以下四个方面：第一，族群遗产是民族形成的重要因素。民族源于具有特定历史文化的族群，尽管族群的历史文化也包含人为创造的部分，这些历史文化对于凝聚族群认同、维系族群情感以促进民族形成具有重要作用。同时，族群与民族并不是直接线性进化的关系，历史进程中一些族群发展为民族，一些族群并没有，当今世界是一个族群与民族并存的体系。第二，主观的象征符号对于民族共同体和民族主义具有重要意义。相较于经济、政治、社会、血缘等因素，神话、记忆、传统等文化要素更具有亲和力，他们赋予了族群和民族独一无二的特征，能够更加有效地构造与保持民族和族群的边界。正是通过这些主观象征物，民众的情感与国家主权和大众公共文化结合在一起，进而才能对现实世界产生巨大影响。[①] 第三，民族共同体的建构是精英与大众双向互动的过程。普通民众对民族有不同的理解和需求，他们的信念与精英的理想是相互影响的，民族共同体的构建必须借助大众共享的文化，得不到民众支持和响应的民族建构是不可能成功的。第四，对民族共同体与民族主义的研究要进行历史性的长时段分析。族群—象征主义认为若没有历史的视野，就非常容易夸大现代民族的新奇性。只有适当考虑作为民族前身的族群，才能准确地理解族群与现代民族间的复杂关系。

安东尼·史密斯（Anthony Smith）为族群—象征主义的开创和发展做出了重要贡献，在强调族群是民族共同体与民族主义形成基础的过程中，历史记忆等族群认同因素受到他的关注。史密斯总结了族群共同体的六大组成要素，正是族群共同体内先于民族而出现的集体认同，为民族主义汲取力量提供了源泉，[②] 而集体认同的核心因素便是历史记忆，真实的历史记忆和作为话语权的历史记忆二者在民族形成与演进的过程中共同发挥了重要作用。族群—象征主义第二代学者约翰·哈金森（John Hutchinson）主张借助后现代主义对冲突的理解补充族群—象征主义对持久性的强调。[③] 他将民族视为族群的特殊发展阶段，在偶然情况下和国家共同体结合，并且承认国家对民族认同的控制力量是波动且受限的。

① 于海峰：《西方有关民族主义的基本理论概述》，《满族研究》2020 年第 3 期。
② 王文奇：《解读安东尼·史密斯的族群—象征主义》，《史学理论研究》2014 年第 3 期。
③ 张米兰：《民族主义研究的类型学考察》，《当代国外马克思主义评论》2019 年第 2 期。

5. 小结

西方学者的民族共同体思想与民族理论的累累硕果为中国民族研究及实践提供了丰富的参考和借鉴素材，如族群—象征主义对于民族认同的理解，为中华民族共塑历史记忆、铸就命运与共的精神家园提供了启发。但同时西方民族理论也会对中国民族话语形成挑战。一方面，西方民族理论中诸如族群认同的排他性和族群边界的分隔性等学术话语，对铸牢中华民族共同体意识和构建中华民族国家的研究具有学术分解作用；另一方面，西方民族理论的论述很少涉及中国，可能是因为西方学者意识到西方民族理论难以直接解释中国的民族和社会状况。因此，我们应当对西方民族理论持选择性吸纳的态度，借鉴其一般性的有益理论为我所用，同时关注到中西方民族在历史文化和价值取向上的差异，结合我国特点，发展具有我国特色的民族理论与实践。

（二）马克思主义经典作家的民族共同体理论

民族主义在 19 世纪、20 世纪迅猛发展，作为一种改变世界格局的社会现象，引起了马克思和恩格斯的关注。鉴于国内复杂的民族问题，列宁和斯大林不能不对民族现象给予更多的关注。四位马克思主义经典作家在大量的论著、书信、通信中坚持辩证唯物主义和历史唯物主义，论述了民族和国家问题。纵观他们散落在不同著作中的与民族相关的论述，可以发现其将民族视为一个共同体，并考察了民族共同体起源和发展的一般规律。此外，马克思主义经典作家结合世界范围内民族主义运动的客观现实和无产阶级解决民族问题的实践经验，对化解民族矛盾、处理民族关系、建设民族国家等进行了论述和总结，从而构建了内涵丰富的马克思主义民族理论体系。这一理论体系对当代民族国家，特别是社会主义国家制定民族政策、开展民族工作、处理民族问题具有重要意义。新时代铸牢中华民族共同体意识的相关理论是中国特色的民族理论，是在经典马克思主义民族理论的指导下同我国历史民族演变特征及当前民族工作特点相结合的产物。因此，梳理马克思主义经典作家的民族思想及相关民族理论，有利于正确认识民族现象的“本”和“源”，从而牢牢把握铸牢中华民族共同体意识这条主线，更好地开展民族工作，促进我国民族团结进步事业的全面发展。

1. 马克思和恩格斯的民族共同体理论

马克思和恩格斯民族理论的形成与发展大致经历了理论探索、实践推动、理论深化三个阶段。第一阶段是他们的中学时期到 1848 年，马克思主义民族理论由萌芽到初步创立。马克思关于民族话题的线索最早可以追溯到其中学考试时写下的作文，文章通过对各民族的历史分析，得出民族的福祸是神的安排的结论，带有明显的唯心主义色彩。1841 年马克思在他的博士论文中指出，任何证实神的存在都是神不存在的证据，也全部是在批驳有关神的所有思想观念。[①] 此时马克思已从根本上否认了民族发展由上帝决定的观点，他的思想已经转向了唯物主义。19 世纪 40 年代，马克思和恩格斯相继发表了《犹太人问题》《神圣家族》《论波兰》《共产主义信条草案》等一系列阐述马克思主义理论体系的作品，其中都涉及了对民族理论的分析和研究，对民族的内涵、产生与发展，民族平等的原则以及处理民族问题的一般方法进行了初步的描述和探讨。1848 年，《共产党宣言》的发表标志着马克思主义的正式诞生，也标志着马克思主义民族理论的正式确立。其在对马克思和恩格斯过去提到的所有民族理论和思想进行了全面总结的前提下，进一步树立了无产阶级的民族理论和民族观，从而初步确立了马克思民族理论的体系框架。[②] 第二阶段是 19 世纪 40 年代末到 70 年代初，马克思和恩格斯的民族主义理论在欧洲民族运动和亚非拉美民族解放运动实践的推动下得到进一步深化和完善。马克思和恩格斯在观察世界民族运动实践的基础上，结合自身指导民族运动的经验，完善了之前提出的民族理论，同时提出了新的理论和观点。这一阶段的理论具有鲜明的实践性，既来源于实践，又在实践中被检验、丰富和完善，正是在此过程中，马克思和恩格斯的民族理论形成了一个较为完整和系统的理论体系，发展到了一个新的高度。第三阶段是 19 世纪 70 年代末开始，马克思和恩格斯在晚年时期有着更加成熟的唯物史观和科学研究方法，他们结合现实实践，利用最新的人文社科成果对马克思主义民族理论进行了更为深刻的思考研究，为其后继者对马克思主义民族理论的扩展深化与实践应用奠定了坚实的基础。

（1）马克思和恩格斯关于民族本质的理论

马克思和恩格斯运用历史唯物主义和辩证唯物主义的观点系统地阐述了民族的特征及其形成、发展与消亡的内在规律，科学地揭示了民族的本质。在他们的著作中，虽然没有明确地定义“民族”的概念，但都指出了共同的地域、共同的历史、共同的经济条件、共同的语言文字、共同的民族意识与情感等是民族存在的主要

① 《马克思恩格斯全集》（第 1 卷），北京：人民出版社，1995 年，第 101 页。
② 周甜：《马克思民族理论及当代价值研究》，硕士学位论文，长春：吉林师范大学，2016 年。

特征。[①] 可以看出，马克思和恩格斯将民族视为由诸多具有共同特征的社会成员组成的共同体。在《德意志意识形态》《家庭、私有制和国家的起源》等著作中，马克思和恩格斯系统全面地论述了民族共同体的起源及发展规律，强调了生产力对民族共同体发展的决定性作用。马克思和恩格斯认为，民族共同体是一个历史范畴，随着生产力的不断发展，其产生、发展和消亡具有必然性。人类的社会共同体经历了氏族—胞族—部落—部落联盟—民族的发展序列，生产力发展产生了私有制和部族，并取代了最原始的以血缘为纽带的氏族。以私有制为基础而产生的不同部族间必然存在着利益隔阂与冲突，地域、文化、心理、经济发展状况等多重因素共同作用，便产生了不同的民族。生产力持续发展，人类社会最终进入到生产力高度发达的共产主义社会。此时，民族共同体间的利益壁垒被打破，其共性会逐渐增多，各民族实现融合，走向人类命运共同体。

（2）马克思和恩格斯关于民族问题的理论

民族的发展过程伴生了各种民族问题。从自然因素看，不同民族有不同特征、文化与认同，这些差异自然形成矛盾；从社会因素看，马克思与恩格斯认为民族问题产生于私有制，将民族和阶级两种不同社会存在关系联系起来。其基本观点是"阶级关系主导民族关系，阶级问题主导民族问题"[②]。他们认为各民族的无产阶级根本利益是一致的，只有坚持各民族平等，在共同的无产阶级革命和建设事业中加强团结合作，走向社会主义和共产主义，才能彻底解决民族问题。进入社会主义阶段后，剥削阶级不复存在，但仍会有一些非对抗性民族问题的残留。马克思和恩格斯认为民族问题是社会总问题的一部分，其与政治、经济、文化、宗教等方面具有紧密的联系。因此，妥善解决民族问题的重要前提就是不能把民族问题同社会其他方面割裂开来。通过推动民族地区政治、经济、文化、社会、生态全面发展，进而改变民族地区的发展不平衡和不充分。对于落后民族如何解决其民族和社会问题，发展道路如何走，马克思和恩格斯经历了由"必然经过"到"可以跨越"，再到"缩短"的思维认识过程，强调了学习资本主义一切积极成果，创造合适的内外部条件可以"跨越"或"缩短"资本主义发展阶段而过渡到社会主义，这一理论为世界落后民族的繁荣与发展指明了方向。

---

① 张胥：《马克思恩格斯民族理论及当代价值研究》，武汉：人民出版社，2014 年。
② 张胥：《马克思恩格斯民族理论及当代价值研究》，北京：人民出版社，2014 年。

（3）马克思和恩格斯关于民族国家建设的理论

马克思和恩格斯依据彼时民族国家的建设实践，对单一不可分的民主共和国、联邦制、自治制等与民族国家结构形式相关的问题进行了历史性和辩证性的思考分析，既坚持科学社会主义的原则，又结合各民族千差万别的实际情况，最终形成了原则性与灵活性兼具的国家结构形式理论。在对德国革命分析的基础上，马克思和恩格斯提出了无产阶级取得革命胜利后应该采取单一而不可分的民主共和国的国家结构形式，恩格斯以德国为例进行论述："王朝战争以前德国由很多邦组成，各自为政，四分五裂影响了社会发展，德国人民深深感到必须消除可恨的疆土分裂状态，因为这种状态分散和抵消了民族的集体力量。"① 这一国家结构形式契合社会和经济的发展要求,可以推动民族国家创造出更伟大的成果。由于联邦制固有的缺陷，马克思和恩格斯在原则上反对联邦制，认为其相对独立的结构不利于民族的交往融合，容易造成民族间隔阂和地区市场割据，不利于民族国家的政权建设和经济发展。然而，马克思与恩格斯并没有从根本上否定联邦制，始终将问题置于具体的历史条件中进行考察，一切以时间、地点、条件为转移。恩格斯强调，只要实行联邦制有利于民族的平等和融合，符合无产阶级的根本利益，能够推动社会的发展，联邦制就可以被采用。关于自治，马克思和恩格斯认为应该将坚持集中统一的领导与调动地方积极性的自治统一起来，当然其主张的集中是无产阶级的集中制，自治也是集中领导下的相对自治。正如恩格斯在批判自治至上论时指出："把权威原则说成是绝对坏的东西，而把政治原则说成是绝对好的东西，这是荒谬的，权威与自治是相对的东西，它们应用范围是随着发展阶段的不同而改变的。"② 这为统一的多民族国家在坚持最高国家机关的统一领导下，在少数民族集中的地区实行区域自治提供了理论依据。

2. 列宁的民族共同体理论

理论的形成与特定的历史背景相关联，列宁的民族理论同样如此。由于历史与现实原因，在革命年代和社会主义建设时期，俄国国内都面临着复杂且尖锐的民族问题。在此背景下，作为世界首个多民族社会主义国家奠基人的列宁主张俄国各民族的无产阶级联合起来，构建和巩固多民族的无产阶级共同体，共同推动社会的发

①《马克思恩格斯全集》（第 8 卷），北京：人民出版社，1961 年，第 50 页。

②《马克思恩格斯全集》（第 2 卷），北京：人民出版社，1956 年，第 553 页。

展与进步。在多民族国家实现大联合，首先要求妥善解决民族关系，处理民族问题。为此，列宁在民族平等、民族法制、民族团结等方面进行了理论和实践探索，每个方面各有侧重、互为支撑，共同展现了列宁在革命和建设中解决民族问题的理论观点，共同构成了列宁民族共同体思想统一而不可分割的理论体系。

（1）列宁的民族平等理论

民族平等是马克思和恩格斯民族理论的基本价值观，列宁结合实践将其进一步丰富和发展。一方面，列宁认为社会主义的民族平等与资产阶级的民族平等有本质上的区别。列宁在《社会民主党纲领草案及其说明》一文中指出："消灭阶级，全体公民在法律面前一律平等。"[①]各民族不存在优劣之分，无产阶级政党处理民族关系必须坚持民族平等这一基本原则，任何民族均不能享有特权。另一方面，列宁特别重视少数民族的权利，力求实现事实上的民族平等。他曾指出："我们要求国内各民族绝对平等，并要求无条件地保护一切少数民族的权利。"列宁帮助少数民族开展经济、政治与文化建设，在少数民族聚居区推行灵活的民族区域自治，选拔与培养少数民族干部，激发了少数民族群众参与革命建设的热情，极大地推动了民族平等进程。

（2）列宁的民族法制理论

列宁极其重视民族法制的建设，强调民族平等的实现必须依靠法律制度来保障。1895 年，列宁在《社会民主党纲领草案及其说明》中指出："消灭等级，全体公民在法律面前一律平等。"[②]这里列宁初步提出通过法律保障各民族平等的思想，是其民族法制理论最早的论述。此后列宁民族法制理论得到较为快速的发展，1903 年到 1917 年 11 月初，列宁共有涉及民族法制的文章 20 余篇，其中专门或主要论述民族法制理论的论文 5 篇。[③]十月革命后，列宁的民族法制思想有了付诸实践的条件，为解决沙俄的遗留民族问题，他提出了建设法治国家的构想，要求废除一切歧视少数民族的法律法规。在此思想的指导下，民族平等被写入《俄罗斯苏维埃联邦社会主义共和国宪法》中，通过法律形式保证民族平等。总之，列宁通过在实践中颁布和实施法律，使其民族思想理论得以制度化落实，从而维护了国内全体民族的平等权利，有利于各民族团结合作，为统一的多民族国家的民族共同体构建提供

① 中国社会科学院民族研究所编：《列宁论民族问题》，北京：民族出版社，1987 年，第 4 页。

② 中国社会科学院民族研究所编：《列宁论民族问题》，北京：民族出版社，1987 年，第 4 页。

③ 熊乐兰、黎雪源：《论列宁民族法制理论及其在中国的实践》，《萍乡高等专科学校学报》2000 年第 1 期。

了制度保障。

（3）列宁的民族团结理论

列宁将民族团结视为社会主义革命和建设的重要法宝。面对国内外的严峻挑战，列宁认为要经受住反动势力的攻击，实现经济文化的持续稳定发展，首要前提是民族团结。其民族团结理论在不同时期有不同内涵，具有鲜明的与时俱进的特征。十月革命时期，列宁强调民族团结是为了集中各民族力量对抗反动势力；革命胜利后，民族团结是为了增强民族凝聚力，恢复和发展生产力。但任何时期，民族团结的目标都要落到推动社会主义事业建设的基本点上。此外，列宁认为民族融合是民族团结发展的必然结果，他希望各民族的人民可以在政治上团结联合，不断地彼此接近，最终融合为一个共同体。同时列宁强调，社会主义条件下民族团结走向融合是一个长期而自然的历程，需要一定的基础条件和发展过程，其条件有三：第一，完善和巩固社会主义制度；第二，保障各民族权利平等；第三，认真对待少数民族的感情。因此，要尊重各民族的习惯、愿望和主张，因势利导地推动民族团结和融合。

3. 斯大林的民族共同体理论

列宁去世后，斯大林作为苏联共产党和国家的领导人继续执政约三十年，他继承了马克思、恩格斯、列宁的一系列理论，并根据当时历史条件的新变化、新形势探索民族理论与实践。但斯大林在对马克思主义民族共同体理论作出一定发展与贡献的同时，也出现了一些偏差和失误。

（1）斯大林民族共同体理论与实践的贡献

首先，斯大林系统归纳和强调了民族的共同体特征，基本上完成了马克思主义对现代民族的定义。他在 1913 年写成的《马克思主义与民族问题》中指出："民族是人们在历史上形成的一个有共同语言、共同地域、共同经济生活以及表现在共同文化上的共同心理素质的稳定的共同体。"① 这一定义主要包括三方面的内容：第一，民族是一个历史范畴；第二，民族必须包括共同的语言、地域、经济生活以及表现在共同文化上的共同心理素质四要素，缺一不可；第三，民族是具有相对稳定性的共同体。斯大林的民族定义坚持了马克思主义唯物史观，有效阻断和纠正了部分社会民主党党员在民族问题上的错误观点，维护了无产阶级统一战线，是民族定义史上的一座丰碑。其次，斯大林首次辩证地讨论了民族问题。斯大林于 1904 年

① 中国社会科学院民族研究所编：《斯大林论民族问题》，北京：民族出版社，1990 年，第 28–29 页。

在《社会民主党怎样理解民族问题》一文中阐释了不同群体与不同历史时期对民族问题的不同理解和观点。他认为民族作为历史发展进程中的现象总是处于一定的生产方式和社会结构之中，因此民族问题与社会性质密切相关，不同时期有着不同的色彩，不同群体存在着不同的问题。再次，斯大林推动了民族融合理论进一步发展。民族融合指随着社会生产的发展，各民族之间的差别逐渐缩小直至消失，实现民族大同，民族融合是民族发展的终点。十月革命后，苏联国内部分人认为只要社会主义革命胜利，在一国范围内也能实现民族融合，斯大林对这一观点进行了批评和纠正，他认为民族融合是一个漫长的、自然的过程，强制消灭民族是极其错误的，只有在一切国家都取得胜利时，社会主义民族融合才能实现。最后，斯大林对民族平等理论进行了丰富。斯大林认为由于种种历史原因，使得多民族国家中的某些民族在经济、文化上处于落后地位，不能充分享受法律赋予的各种权利，出现民族在事实上的不平等，这也是社会主义时期民族纠纷和民族矛盾的重要根源。因此，给予经济文化落后的民族以长期有效的帮助进而实现民族事实上的平等是社会主义革命和建设事业的一项根本任务。

（2）斯大林民族共同体理论与实践的失误和反思

斯大林的民族理论在后期逐渐异化，违背了社会主义国家处理民族平等、民族团结等民族关系的基本原则，没有以统一的方式对待各民族的利益，使得苏联的民族问题无法得到有效解决，民族矛盾加剧。斯大林在民族理论和实践上的失误对苏联的发展造成了诸多不利影响。我们可以从中吸取教训，获得一些社会主义多民族国家处理民族关系的有益启示。首先，社会主义条件下民族仍是一个长期存在的历史现象，无产阶级政党要意识到民族问题的长期性和复杂性，不可急躁冒进而忽视民族发展的客观规律。其次，发展社会主义民主是彻底消灭民族不平等的必要条件。无产阶级革命铲除了民族压迫的经济基础，但在此基础上还需民主的国家组织、民主的军队等才可能实现民族真正平等。最后，社会主义条件下的民族矛盾不同于阶级矛盾，更多是由于利益关系的不平衡造成的，应最大限度满足各民族的不同利益需求，建立民族间的彼此信任才能消除民族矛盾的根源，进而夯实铸牢中华民族共同体意识的基础。

4. 小结

马克思主义经典作家的民族共同体理论是经过实践检验的具有普遍性和科学

性的民族理论，新中国作为无产阶级政党建立的统一多民族国家，自成立以来就将其作为处理民族工作的指导思想。中国共产党在继承马克思主义民族理论核心要义的基础上，结合中国实际状况在实践中对其进行补充和发展，逐步形成具有中国特色的马克思主义民族理论体系。中华民族共同体理论是党的十八大以来马克思主义民族理论中国化的最新成果，其要求坚持民族平等与团结，妥善处理各民族间关系、解决民族问题，加强各民族的交往交流交融，提升各民族间的信任度与凝聚力，共同实现中华民族的伟大复兴，这与马克思主义民族理论的内核一脉相承。中华民族共同体理论为如何凝聚各族人民的力量，以应对复杂多变的国内外挑战指明了道路。因此，我们要坚持和发展马克思主义民族理论，在新的历史条件下不断巩固中华民族共同体的思想基础，最终使得中华民族大家庭中的各族人民像石榴籽一样紧紧抱在一起，共同繁荣发展，共建伟大祖国。

第三章 西藏开展铸牢中华民族共同体意识工作的必要性

近年来，“铸牢中华民族共同体意识”这一重要论述被习近平总书记多次提及，为新时代我国民族工作“做什么”“如何做”“做的效果”指明了方向。西藏作为边疆民族地区，铸牢中华民族共同体意识的现实意义更为重大。面对反分裂斗争的复杂形势、西方敌对势力的意识形态渗透、网络意识形态安全等一系列问题，必须将铸牢中华民族共同体意识作为新时代推进西藏民族工作高质量发展的“纲”，以推动西藏民族团结和进步，为建设社会主义现代化新西藏打下坚实的思想基础。

一、铸牢中华民族共同体意识是新时代推进西藏民族工作高质量发展的必然要求

习近平总书记在2021年中央民族工作会议上强调：“铸牢中华民族共同体意识是新时代党的民族工作的‘纲’，所有工作要向此聚焦。”这是对新时代党的民族工作的历史方位和重大使命的深刻体现，明确了铸牢中华民族共同体意识是贯穿党的民族工作全局的“总纲”，也是在新时代落实党的治藏方略、开展反分裂斗争、保障意识形态安全，实现西藏民族工作全领域、全方位、全过程、长时期的高质量发展的重要抓手。

（一）全面贯彻落实新时代党的治藏方略的价值旨归

治国必治边，治边先稳藏。西藏自治区位于祖国西南边陲，边境线长达4000多千米，是我国西南边陲的重要门户，特殊的地理位置使其成为我国重要的国家安全屏障。同时，西藏作为我国重要的边疆民族地区，据西藏自治区第七次全国人口

普查主要数据公报显示，西藏自治区目前生活着藏、汉、回、珞巴、门巴等40余个民族，全区常住人口为3648100人，其中藏族人口为3137901人，占总人数的86%，其他少数民族人口为66829人。[①]西藏是一个以藏族为主体的多民族聚集区，做好民族工作极为重要。正如毛泽东同志所言："西藏人口虽然不多，但国际地位极其重要。"[②]因此，西藏在党和国家工作大局中具有特殊的重要性。西藏的社会稳定是国家安全的重要基础，西藏的全面发展与全国各族人民的根本利益息息相关，西藏的各项工作更事关全国改革发展稳定大局。

中国共产党历来重视西藏工作。早在西藏和平解放之初，毛泽东同志就认识到西藏工作的重要性和特殊性，指出"西藏在祖国大家庭里占有很重要的地位"[③]，是和其他地方完全不同的民族地区，具有很大的特殊性，"在西藏考虑任何问题，首先要想到民族和宗教问题这两件事，一切工作必须慎重稳进"[④]等诸多重要论断，形成了初步的治藏思想。从改革开放直至党的十八大之前，党中央围绕国际环境、经济社会发展等多方面问题，以维护西藏社会稳定和促进经济发展为主要内容，进一步丰富了这一时期的治藏思想。党的十八大以来，党中央高度重视西藏工作，习近平总书记亲自召开第七次中央西藏工作座谈会，审时度势提出了"六个必须"的治藏方略，标志着党的治藏方略的形成。在中央第七次西藏工作座谈会上，习近平总书记提出了系统完整的新时代党的治藏方略，将其概括为"十个必须"，并将铸牢中华民族共同体意识确定为新时代党的治藏方略的核心内容之一，这为新时代聚焦西藏事关长治久安的深层次问题瞄准了方向，也为推进西藏民族工作高质量发展指明了道路。

铸牢中华民族共同体意识是新时代党的治藏方略的重要组成部分，更是全面贯彻落实新时代党的治藏方略的题中之义和具体实践举措。党的治藏方略中明确指出"西藏工作必须坚持以维护祖国统一、加强民族团结为着眼点和着力点"[⑤]。可见，民族工作在西藏工作全局工作中的特殊重要性，民族工作贯穿至西藏各项事务

① 西藏自治区统计局：《西藏自治区第七次全国人口普查主要数据公报》，http://tjj.xizang.gov.cn/xxgk/tjxx/tjgb/202105/t20210520_202889.html，2021年5月20日。

② 中共中央文献研究室、中共西藏自治区委员会、中国藏学研究中心：《毛泽东西藏工作文选》，北京：中央文献出版社，2001年，第6页。

③ 中共中央文献研究室、中共西藏自治区委员会、中国藏学研究中心：《毛泽东西藏工作文选》，北京：中央文献出版社，2001年，第138页。

④ 阴法唐：《浅谈毛泽东治藏方略》，《党的文献》2004年第1期。

⑤ 习近平：《在西藏考察时强调全面贯彻新时代党的治藏方略谱写雪域高原长治久安和高质量发展新篇章》，《人民日报》2021年7月24日第1版。

之中。把全面贯彻落实新时代党的治藏方略作为铸牢中华民族共同体意识的前提条件，是以习近平同志为核心的党中央对西藏工作提出的重要要求；把铸牢中华民族共同体意识作为新时代民族工作的主线，是新时代民族工作必须牢牢把握的正确方向，是党的治藏方略中的重要内容，更是实现民族团结的必然之举。

要在西藏特殊背景下做到这一点，就必须以民族团结为根本，不断深化中华民族共同体意识，巩固西藏和谐稳定的良好局面。为此，一方面要加强对西藏各族人民的正面宣传和引导，在西藏各族人民中深入开展爱国主义、集体主义和社会主义教育，增进“五个认同”，增进各族群众对共有精神家园的集体认同，筑牢维护国家统一和民族团结的坚强群众基础；另一方面，要凝聚西藏各族人民的力量，以多种方式促进交往交流交融，彰显中华民族大家庭的精神纽带，不断增强西藏各族人民的认同感、使命感、责任感，实现内部心理融合，汇聚各族人民的力量，实现治藏稳藏兴藏。

可见，铸牢中华民族共同体意识是新时代西藏民族工作新局面的重要战略支撑，为我们做好新时代民族工作指明了方向，为实现稳藏兴藏提供了强大的精神动力。新时期必须以铸牢中华民族共同体意识落实新时代党的治藏方略，不断巩固西藏民族团结的大好局面，坚定各族人民扎根边疆、建设边疆的信心，进一步维护西藏社会稳定和祖国统一。

（二）为应对新时期西藏反分裂斗争的复杂形势凝聚精神伟力

西藏作为我国西南边疆地区，“两屏四地一通道一前沿”的重要战略地位，成为我国同西方敌对势力和境内外敌对势力、分裂势力斗争的前沿阵地。同时，对西藏自治区区情而言，民族成分众多，宗教因素突出，这也意味着西藏自身又肩负维护民族团结的重要使命。因此，西藏肩负着维护祖国统一、加强民族团结、反对分裂的重要使命，在党和国家全局工作中具有重要地位。当前，反分裂斗争的严峻形势就决定了西藏民族工作必须以铸牢中华民族共同体意识为主线，牢牢掌握意识形态的领导权，夯实西藏各族群众一家亲的思想基石。

中华人民共和国成立以来，西藏总体保持和谐稳定的局面，但十四世达赖分裂集团和境内外敌对势力的分裂、渗透、破坏活动从未停歇。一方面，十四世达赖分裂集团与我们争夺人心的舆论斗争一直没有停歇。1959 年达赖集团发动武装叛乱，流亡海外以来，从未停止分裂西藏的图谋，依靠西方反华势力，散布种种谎言，欺骗国际舆论，企图阻碍西藏的发展进步和社会稳定的大好局面，制造一系列所谓的“西藏问题”,将中国的内政演变成为海外有支持的所谓的“国际问题”。多年来，十四世达赖集团长期从事反华分裂活动，其“藏独”策略一直在不断变化，从以暴力为手段实现“西藏独立”，到鼓吹“中间道路”建立“大藏区”，无一不透露出其一直妄图将西藏从中国分裂出去的图谋。另外，长期以来，西方反华势力不断插手干涉西藏事务,直接为达赖集团的分裂中国计划“出谋划策”,肆意歪曲“西藏问题”的真相,与其沆瀣一气,借“西藏问题”来妖魔化、污名化中国,达到遏制中国发展，直至分裂中国的目的。当前，十四世达赖日益年老，达赖集团内部面临权力交接等一系列问题，而西方敌对势力必然充分榨取十四世达赖的“剩余价值”，利用涉藏议题对中国加大遏制围堵，这必然会进一步促进达赖集团与西方反华势力勾结的态势，借所谓“涉藏问题”做文章，从而使反分裂斗争的任务更加复杂、更加尖锐。

事实上，西藏问题不是所谓的宗教问题、民族问题、人权问题，而是涉及中国主权和领土完整的重大原则问题，是关系到中华民族核心利益的问题。习近平总书记进一步指出，要“挫败达赖集团和境外敌对势力的分裂破坏活动，促进各民族共同团结奋斗、共同繁荣发展”[①]。铸牢中华民族共同体意识是同达赖集团进行反分裂斗争、捍卫国家主权和意识形态安全的有力思想武器。因此，要把铸牢中华民族共同体意识作为主要任务，把团结西藏各族人民作为重要环节，牢牢掌握反分裂斗争的主动权，揭穿达赖集团分裂民族、分裂国家的阴谋，增进西藏各民族的民族认同感，以有效凝聚反分裂斗争的各族人民的力量。

（三）为西藏抵御西方敌对势力的意识形态渗透提供有效武器

当前，百年未有之大变局的背景之下，世界格局在发生更加深刻而又复杂的变化，以中国为代表的新兴市场国家和发展中国家群体性崛起，世界格局正呈现“东升西降”“西强东弱”态势。此时，中国不断向世界舞台中心靠拢，影响力不断扩大，中国的综合国力以及在国际社会中的话语权和影响力都得到了显著提升，以美国为首的西方国家忧虑中国的崛起威胁其霸主地位，为了维护霸权地位并延缓自身衰落,将中国的崛起视为主要的“安全威胁”,从“亚太再平衡战略”到“印太战略”再到全面竞争战略，无一不透露出其遏制中国发展的阴谋。当前，美国加紧布局对中国全面战略竞争的各项对华策略。据统计，截至 2022 年 5 月 16 日，美国针对中

① 汪洋：《在庆祝西藏和平解放 70 周年大会上的讲话》，《人民日报》2021 年 8 月 20 日第 2 版。

国的压制行动大概有24项，[①]包括经贸、金融、意识形态、军事科技、地缘政治等诸多领域。美国对华政策逐步呈现全方位、多层次的特点，实施所谓“综合威慑”，[②]对华展开“大围剿”，尤其值得注意的是美国在经贸、金融等多领域持续施压的基础之上融入了更多意识形态层面的渗透策略，其中“西藏牌”便是美国政府遏制中国的重要砝码。

西藏工作进入“五期叠加”阶段，民族工作面临国外各种因素带来的新形势、新问题、新挑战。以美国为首的西方国家在西藏问题上大做文章，制造裂痕，大打“民族牌”，搞舆论战，干扰党和国家的工作大局；利用西方媒体公开谬称西藏人民正面临“人权侵犯”“他们的生计和环境正在面临挑战”、西藏“文化灭绝论”“宗教信仰自由压迫”“少数民族文化灭绝摧毁”等舆论话题；又通过设立所谓的“西藏事务特别协调员”等诸多方式大搞舆论战散布种种谎言。同时，西方反华势力又与达赖集团相勾结，煽动所谓“西藏自治”，目的在于“以藏制华”，离散各族群众，破坏西藏的社会稳定，直至分裂、肢解中国。

面对日趋复杂的国际环境和地区形势，美西方敌对势力的打压遏制和分裂图谋，是当下威胁西藏稳定的主要因素，严重影响西藏民族团结的局面，也在一定程度上消解着西藏各民族的中华民族共同体意识。正如习近平总书记指出：“只有铸牢中华民族共同体意识，构筑起维护国家统一和民族团结的坚固思想长城，各民族共同维护好国家安全和社会稳定，才能有效抵御各种极端、分裂思想的渗透颠覆。”[③]因此，必须以铸牢中华民族共同体意识为主线，加强社会主义核心价值观教育、“五史”教育，把民族团结进步事业作为基础性事业，不断推进各民族的交往交流交融，增强“五个认同”，为西藏各族人民抵御西方敌对势力的意识形态渗透提供有力武器。

（四）为西藏网络意识形态安全提供舆论引导保障

当今中国正处在迈向全面建成社会主义现代化国家的新征程中，正处在“两个一百年”奋斗目标的历史交汇点上，正处于实现中华民族伟大复兴的关键阶段，必须“以铸牢中华民族共同体意识为主线……全面推进民族团结进步事业”，汇聚起

---

① 中国人民大学重阳金融研究院：《大围剿：俄乌冲突以来美国对华政策的进展评估与中国应对》，2022年5月30日。

② 即通过引入盟友和合作伙伴，在常规、核、空间和信息领域开展工作，利用美国在经济、技术和外交方面不断增强的优势，多管齐下，拉拢能够拉拢的所有势力，全面对付中国。

③ 习近平：《以铸牢中华民族共同体意识为主线 推动新时代党的民族工作高质量发展》，《人民日报》2021年8月29日第1版。

伟大民族复兴的强大力量。西藏是全国民族工作的重点地区，是反分裂、反渗透的前沿阵地。但是，影响民族工作的因素依然复杂多变，特别是在移动互联网时代，网络信息的复杂化、多样化对主流意识形态提出了挑战，通过铸牢中华民族共同体意识来引导社会舆论的重要性日益凸显。

随着互联网技术快速发展，正逐渐改变着西藏各族人民的生产生活方式，给人民带来前所未有的便利。同时，也潜移默化地影响着西藏各族人民价值观念的多样性，甚至威胁意识形态安全。近年来，互联网在西藏逐渐普及。据统计，截至 2021 年底，西藏地区固定互联网宽带接入用户 115.31 万户，固定互联网宽带家庭普及率达 92.35 部 / 百户；移动互联网用户 229.8 万户，年末手机上网用户 299.5 万户，全区行政村光纤宽带覆盖率达 99%。[①] 互联网的虚拟性、自由性、实时性、交换性、共享性、开放性等特点，使得网民获取信息的来源途径更加多元，也会削弱信息内容的真实性；互联网技术与移动通信技术的融合，有利于群体思想即时交流和信息快速传播，使互联网成为社会舆论的重要平台。尤其是年轻人普遍通过微信、抖音、火山视频、百度、微博等网络媒体获取信息，其思想呈现多元化、多变化、多样化的特点。然而，在互联网时代，信息的多元化和复杂化在一定程度上为西方反华势力、敌对势力和达赖集团进行意识形态渗透提供了契机，网络意识形态安全面临挑战。

西藏的历史和特殊区情决定了西藏除主要矛盾之外还存在特殊矛盾，这个特殊矛盾决定了西藏做好网络意识形态安全工作的特殊性和极端重要性。“当今世界，意识形态领域看不见硝烟的战争无处不在，政治领域没有枪炮的较量一直未停。”[②] 西藏作为反分裂斗争的主阵地，通过互联网与西方反华势力、敌对势力和达赖集团进行意识形态上的较量，网络意识形态领域时刻上演着没有硝烟的战争。近年来，西方反华势力、敌对势力、达赖集团越发注重以互联网进行分裂渗透和破坏西藏意识形态安全的工作，利用网络技术优势，蓄意制造涉藏议题，炮制错误观点，颠倒黑白，并通过网络渗透、网络炒作向西藏有目的、有区别地进行“特别信息”传递，进行破坏民族团结、分裂祖国的活动，使一些不明真相的人跟着“舆论”走。例如，通过“文化灭绝”“生态破坏”“宗教无自由”等谎言谬论，实质就是通过互联网

① 西藏自治区统计局：《国家统计局西藏调查总队 . 西藏自治区第七次全国人口普查主要数据公报》，http://tjj.xizang.gov.cn/xxgk/tjxx/tjgb/202105/t20210520_202889.html，2021 年 4 月 26 日。

② 中共中央文献研究室编：《习近平关于社会主义政治建设论述摘编》，北京：中央文献出版社，2017 年，第 18 页。

制造和利用“舆论陷阱”和“话语圈套”：一方面，利用此手段玩弄和操纵国际社会舆论，污名化中国，阻碍中国的发展；另一方面，妄图从思想源头通过互联网潜移默化地渗透并争夺人心，以达到分裂中国的野心。这在一定程度上会引发舆情，诱发群体事件，继而减弱了民族团结进步教育的实际效果，消解西藏开展铸牢中华民族共同体意识工作的成效。

习近平总书记指出：“要牢牢把握舆论主动权和主导权，让互联网成为构筑各民族共有精神家园、铸牢中华民族共同体意识的最大增量。”[①] 促使互联网空间成为促进西藏民族团结进步、铸牢中华民族共同体意识的平台，决不让互联网成为美西方敌对势力和达赖集团搞分裂渗透破坏活动的工具。因此，只有始终以铸牢中华民族共同体意识为主线，不断提高社会治理的现代化水平，让西藏各族群众在党的旗帜下凝聚起来，以铸牢西藏各族人民抵御各种极端、分裂思想渗透的思想防线，为新时代推进西藏民族工作高质量发展提供良好的舆论环境。

二、铸牢中华民族共同体意识是西藏推进民族团结进步事业的必然要求

党的二十大报告指出：“以铸牢中华民族共同体意识为主线……全面推进民族团结进步事业。”这一重要论述深刻阐释了铸牢中华民族共同体意识是推进民族团结进步事业迅猛发展的关键一步。要想使民族团结进步事业取得质的飞跃，就必须凝聚中华民族共同体的精神力量，将各民族“多元”的历史文化和价值观念整合为中华民族“一体”的理论观念，形成各民族同呼吸、共命运、心连心、共同迈向团结进步的强大精神纽带。

（一）以正确的中华民族历史观，增强对中华民族的认同感和自豪感

中华人民共和国是全国各族人民共同缔造的统一的多民族国家。早在先秦时期，我国已形成“五方之民”共天下的交融格局，中华民族共同体意识便萌芽于先民心内。秦统一六国之后，开启了统一的多民族国家发展的历程，秦汉时期“大一统思想”成为中华民族的重要价值取向，内涵扩大为万民归心、国家统一，奠定了两千多年封建王朝的思想基础。秦统一后，纵观历史上无论哪个民族入主中原，都将王

① 习近平：《在全国民族团结进步表彰大会上的讲话》，《人民日报》2019年9月29日第2版。

朝看作统一多民族国家正统，强调多民族的统一性。从秦汉到隋唐至元明清，王朝更迭伴随着内忧外患的历史记忆，但每次统一的范围更广、力度更强，各民族逐渐形成纽带连结，在共患难的集体记忆中对大一统格局有了更深刻的理解。因此，在这一时期的历史发展过程中，虽因王朝更迭，中华民族共同体意识时强时弱，但是大一统格局始终是历史的主流和中华民族共同的追求，中华民族在历史进程中作为统一体逐步走向成熟。这一时期“中华民族意识”还没有完全形成，但各民族已初步具备中华民族共同体意识认同的思想准备，是处于“存在而不自知的状态”的阶段。近代以来，在患难与共的国家记忆中，中华民族大家庭的所有成员深刻认识到中华民族是生死相依的命运共同体，在长达几千年积淀基础之上实现从意识的模糊存在到意识觉醒的阶段，[①] 开始由“自在”向“自觉”转变。中国逐渐从富起来走向强起来，尤其是创造性地提出铸牢中华民族共同体意识这一理念，使得中华民族对自身的发展和“多元一体性”有了清醒的认识，意味着中华民族对于自身是命运相连的共同体有更为清楚的认知，对中华民族共同体意识的认识由意识认知进入意识铸牢阶段，进入“自觉”向“自为”转变的阶段。由此可见，多民族大一统格局是我国历史发展的主脉，中华民族历经数千年的发展演变，可以说：“一部中国史，就是一部各民族交融汇聚成多元一体中华民族的历史，就是各民族共同缔造、发展、巩固统一的伟大祖国的历史。”[②] 中国的悠久历史由各民族共同谱写，中国的历史离不开每一个民族。

一部西藏地方史就是一部西藏各民族融入多元一体中华民族的历史。西藏作为中华民族大家庭的一分子，始终属于大家庭的一员，“西藏是各民族共同开发的，西藏历史是各民族共同书写的，藏族和其他各民族交流贯穿西藏历史发展始终。”[③] 大量考古和学术研究表明，在史前时代西藏地区先民就已经和中原的黄河流域发生了非常密切的联系。公元 7 世纪，松赞干布在西藏建立的吐蕃地方政权，为中国西南边疆的开发作出了重要贡献；随后，唐朝两位公主嫁入吐蕃，有效地促进了双方文化、经济等多方面的交流。正如费孝通先生所言：“吐蕃王朝与唐朝关系的发展，奠定了西藏成为中国疆域一部分的历史基础。”[④] 元、明、清时期，中央政府均实现

① 青觉：《理解铸牢中华民族共同体意识的基本思路》，《中国民族报》2020 年 8 月 25 日第 5 版。
② 习近平：《在全国民族团结进步表彰大会上的讲话》，《人民日报》2019 年 9 月 29 日第 2 版。
③《习近平在西藏考察时强调全面贯彻新时代党的治藏方略谱写雪域高原长治久安和高质量发展新篇章》，《人民日报》2021 年 7 月 24 日第 1 版。
④ 费孝通：《中华民族多元一体格局》，北京：中央民族大学出版社，2018 年，第 101 页。

了对西藏地方的有效管辖和治理。清朝灭亡后,中华民国继续对西藏实行主权管辖。而所谓“西藏独立”问题是近代帝国主义“趁火打劫”想要染指西藏的产物，驱逐帝国主义势力出西藏是中国人民共同的目标。1949 年 10 月 1 日中华人民共和国的成立开启了中国历史新纪元，解放西藏成为西藏各族人民共同的期盼。1951 年 5 月 23 日，在中国共产党的坚强领导下，西藏摆脱帝国主义势力的羁绊，实现和平解放，从此走向新征程，历经民主改革、改革开放，进入新时代，各项事业取得了辉煌成就。可见，西藏地方史的发展历程始终与中原王朝的发展历程有密切联系，与中国统一多民族国家的发展历程紧密相连。

从国际大环境看，西方反华势力和达赖集团分裂主义势力，在西藏历史问题上一直歪曲史实、制造谣言，编织西藏的历史和现状，鼓吹西藏自古就是一个“独立国家”的谬论，欺骗了为数不少的不明真相的人，以破坏和解构西藏各族人民的中华民族认同，严重影响西藏形象和破坏西藏安定团结的局面。这就需要我们旗帜鲜明地反对历史虚无主义，以多种形式铸牢西藏各族人民中华民族共同体意识，廓清迷雾，正本清源，还原历史。

对此，我们要时刻以正确的中华民族历史观铸牢中华民族共同体意识，提高西藏人民对中华民族和中国历史文化的认同感和自豪感。一方面，要从中华民族的高度把握历史叙述权和话语权，通过了解中华民族的形成脉络，明确各民族共同缔造今日之中国的事实真相，增进对中华民族这一身份的自觉心理认同，有力破除历史虚无主义与民族虚无主义的错误思潮，筑牢维护中华民族团结统一的坚固思想长城；另一方面，以正确的历史事实引导各民族在中华民族共同体的历史演变进程中寻根，在中国历史的进程中认识西藏的发展历程，以正确的中华民族历史观，牢固中华儿女大团结的“历史之根”，让中华民族共同体牢不可破。

（二）以助推民族认同与国家认同为抓手，激发各民族心理认同

民族认同与国家认同的整合问题是多民族国家处理民族关系必须要妥善解决的基本问题，也是多民族国家保持国家统一和社会稳定的思想基础。在单一民族构成的“民族国家”中，由于国家是由单一民族构成，并且“国家”与“民族”是一个整体，对自己的民族身份的认同就是对自己国家身份的承认，两者之间的关系是一种合力，而非一种张力。在多民族国家中，由于多民族、多宗教、多元文化等诸多因素影响，处理好民族认同与国家认同的关系是一个非常复杂的问题，如果民族

认同与国家认同不统一，国家的安定团结就很难维护。[①] 因此，克服民族身份和国家身份之间的紧张关系，实现两者的有效融合，可以有效增强中华民族的凝聚力和实现对各民族力量的有效整合，激发各族群众对中华民族和中华人民共和国的心理认同。为此不同的学者提出不同的解决方法，菲力克斯·罗格斯提出，将族属认同与政治认同分离，主要强调超越民族认同以公民身份认同为整合纽带，有效地处理民族认同与国家认同之间的关系。安东尼·史密斯则提出通过强化国族认同（即合理利用民族主义）来强化公民国家认同。以上观点虽为中国整合民族认同与国家认同的关系，提供了有益参考，但是由于国情不同，解决方法也不同。就中国国情而言：民族认同即在统一多民族国家内部各民族的民族（族群）认同之外，建立起各民族（Ethnic Groups）超越各自族群认同，对更高层次民族（中华民族，Chinese Nation）的认同；国家认同即统一多民族国家内，各民族均作为中华人民共和国国民（各民族，Ethnic Group）对中华人民共和国的国家认同。

自和平解放西藏以来，党中央实施了一系列民族政策，长期较好地保持了民族团结和社会稳定，促成民族认同和国家认同的和谐一致的局面。随着时代的发展，西藏民族工作出现了新情况、新特点、新挑战，影响西藏各族人民民族认同与国家认同的和谐关系。正如亨廷顿的思考："几乎每个地方的人们都在询问、重新考虑和重新界定他们自己有何共性以及他们与别人的区别何在：我们是什么人？我们属于什么？"[②] 这一类民族认同、国家认同的思考影响着西藏各族人民的生活，可能会导致民族冲突、分裂主义滋生等危机的产生。[③] 例如，境内外"藏独"分裂势力相互勾结制造的拉萨"3·14"事件等。此时，我们开始思考民族认同中认同的是什么民族、如何加强各民族的国家认同，以及减小民族认同与国家认同之间存在的张力问题，以及如何建构更为和谐的民族认同与国家认同。

中国作为统一的多民族国家，民族与国家的关系又往往集中体现在各民族之间的族际关系问题的处理上。[④] 为了建构更为和谐的民族认同与国家认同，习近平总书记提出的铸牢中华民族共同体意识，克服了西方民族认同与国家认同之间的张力问题。这一理念以"中华民族"这一身份搭建起"国族"与"国民"的桥梁，明确

① 韦诗业：《民族认同与国家认同的和谐关系建构研究》，北京：中央编译出版社，2017 年，第 1 页。

②[美]塞缪尔·亨廷顿：《谁是美国人？美国国民特性面临的挑战》，程克雄译，北京：新华出版社，2010 年，第 10 页。

③ 王超品：《当代中国民族认同与国家认同整合的制度机制》，北京：人民出版社，2020 年，第 94 页。

④ 王超品：《当代中国民族认同与国家认同整合的制度机制》，北京：人民出版社，2020 年，第 99 页。

指出“中华民族认同”与“国家认同”具有同一性，有效缓解或消除民族认同与国家认同之间的张力，强化了各民族的“一体感”“我者”的身份，实现了国家认同和民族认同之间的耦合与同构。

铸牢中华民族共同体意识能够有效地整合民族认同与国家认同，不断激发西藏各族人民对中华民族和国家的认同感。站在实现第二个百年奋斗目标的起点，西藏民族工作也面临国内外各种因素带来的一些风险和隐患，西方反华势力、达赖集团仍会以“民族认同”“国家认同”为所谓的切入点，不断破坏西藏民族团结的局面，企图阻断中华民族复兴的实现，更要以铸牢中华民族共同体意识为主线，全面、深入地促进各个民族的交往融合，凝练出西藏各族人民共同遵循的价值共识，在维护祖国统一和民族团结的坚固长城上添砖加瓦。

（三）以增强“五个认同”，凝聚各民族思想共识

铸牢中华民族共同体意识的核心是增强各族群众对伟大祖国、中华民族、中华文化、中国共产党、中国特色社会主义的认同。这是铸牢中华民族共同体意识，实现各民族共同团结奋斗、共同繁荣发展，确保中华民族伟大复兴事业行稳致远、长远发展的最大公约数。从中华民族共同体的发展历程来看，作为统一的多民族国家，中华民族的历史由各民族共同书写，生活在中华大地上的各族儿女，在相互交融中共同创造了灿烂的中华文化，西藏各族人民对伟大祖国的认同是基于共同缔造统一多民族国家的历史事实而得出的。西藏作为中国版图的一部分，从远古开始就与祖国内地有广泛联系，唐、宋、元、明、清时期，中央对西藏地方政权实行有效管辖，西藏各地方政权对中央保持高度认同。历史证明，西藏自古以来就是伟大祖国不可分割的一部分，为统一多民族国家和中华民族的形成发展作出了重要贡献。“中华民族作为一个自觉的民族实体，是在近百年来中国和西方列强对抗中出现的，但作为一个自在的民族实体则是几千年的历史过程所形成的。”① 鸦片战争以来，中国陷入半殖民地半封建社会的深渊，帝国主义对西藏上层也采取了拉拢政策，怂恿“藏独”分裂活动，企图造成边疆危机，遭到西藏人民的坚决反对；抗日战争以来，在中国共产党的领导下，西藏人民通过捐资捐物、抗日宣传等方式参与到抗战中，为中华人民共和国的成立作出了贡献。随后，在中央政府和西藏人民的共同努力下，

① 人民政协网：《为什么是“中华民族”？顾颉刚与费孝通有一场争论》，https://baijiahao.baidu.com/s?id=1695765175279432812&wfr=spider&for=pc，2021 年 4 月 1 日。

西藏和平解放，迎来了西藏繁荣进步的光明前程。历史的发展证明，西藏的和谐发展要建立在对祖国高度认同的基础上。要不断强化对伟大祖国的认同，牢固树立患难与共、荣辱与共、生死与共、命运与共的中华民族共同体理念。

增强西藏各民族对中华民族的身份认同就是在了解中华民族是由56个民族组成的共同体基本事实之上，除认同自己所属的族群，更要认同自身是中华民族这个更大的共同体身份。西藏作为多民族聚居的边疆地区，其形成离不开各个民族的努力。作为各民族和中华民族共同的家园，藏族与中华民族自古就有血缘、语言和文化等方面的密切联系，西藏各族人民与全国各族人民共同缔造了多元一体的中华民族大家庭，全国各族人民血脉相连。由此可见，不断提高西藏各族人民的民族认同感，事关西藏各族人民的根本利益，关系到中华民族的最高利益，只有将自身视为中华民族的一分子，同呼吸、共进退，才能深刻认清“分裂是祸”，广泛地凝聚推动西藏长治久安的思想共识。

增强西藏各民族对中华文化的认同就是认同本民族文化的同时，更要强调对中华文化一体性的认同。自古以来，中华文化就呈现丰富多元的状态，在绵延发展的历史进程中，各民族文化在历史发展的过程中相互碰撞、交流，形成了博大精深、源远流长的中华文化。“中华文化是各民族文化的集大成”，西藏文化为中华文化这一“集大成”做出了重要贡献。在多元一体格局发展历程中，西藏文化早已深深熔铸于中华文化之中，无论是哲学宗教、语言文字、音乐舞蹈等多方面都不同程度受到中华文化的影响。不断提高西藏各族人民对中华文化的认同感是形成中华民族向心力与凝聚力的核心要素，是推动西藏繁荣发展的精神源泉。

“中国共产党领导……是党和国家的根本所在、命脉所在，是全国各族人民的利益所系、命运所系。”[①] 中国共产党的领导是历史的选择、人民的选择，是经得起实践检验的，强化西藏各民族对中国共产党的认同就是树牢“四个意识”，坚定“四个自信”，做到“两个维护”，这是铸牢中华民族共同体意识的政治保证。在中国共产党的领导之下，中国历史开启新纪元，西藏历史开启新篇章。西藏和平解放以来半个多世纪的发展历史，就是一部西藏人民与全国各族人民同呼吸、共命运、求发展的历史，在这段历史中，党中央为加速西藏发展，在经济、社会、文化等多方面采取优惠政策，有力地推动了西藏经济社会的发展，并全面进入小康社会。因此，

① 习近平：《在庆祝中国共产党成立100周年大会上的讲话》，《人民日报》2021年7月1日。

只有中国共产党才能团结带领各族人民实现中国梦。

加强西藏各族人民对中国特色社会主义制度的认同感，在这种认同感的基础上建立起一种制度自信。历史证明，唯有社会主义能够拯救西藏，唯有中国特色社会主义能够振兴西藏，这是广大西藏人民的共同选择，也是他们的普遍选择。在中国共产党的领导下，西藏发生了历史性巨变，让西藏人民摆脱贫困走向小康，没有中国特色社会主义，就没有这些令世界瞩目的历史性巨变。事实证明，中国特色社会主义制度为进一步推进西藏长治久安和高质量发展提供了制度保障，凝聚了团结奋斗实现社会主义现代化西藏的思想共识。

通过强化西藏各族人民对“五个认同”的高度认同，进一步推动西藏各族人民紧密结合，形成中华民族大家庭安定团结的良好局面。

（四）以维护国家统一和民族团结，增强中华民族凝聚力

中华民族共同体意识是国家统一之基、民族团结之本、精神力量之魂。作为一个统一的多民族国家，维护民族团结一直以来都是关系国家民族统一、边境安全稳定的一件大事，是社会保持稳定的根本，也是实现国家长治久安、中华民族兴旺发达的重要保障。团结稳定更是西藏社会稳定和发展进步的基石，是西藏各项事业发展的重要保障，是西藏各族人民幸福生活的坚实依托，是凝聚拱卫祖国西南边陲的强大力量。习近平总书记指出：“铸牢中华民族共同体意识是维护各民族根本利益的必然要求……是党的民族工作开创新局面的必然要求。”[①] 历史和实践表明，西藏自古以来就是伟大祖国不可分割的一部分，西藏各族人民在历史发展的过程中，几经淬炼，形成了命运与共的共同体意识，为中华民族的发展作出了重要贡献，也开辟了民族团结进步事业的肥沃土壤。通过铸牢中华民族共同体意识教育，使西藏人民领悟到“西藏是各民族共同开发的，西藏历史是各民族共同书写的，藏族和其他各民族交流贯穿西藏历史发展始终”，中华民族与各民族的利益在根本上是一致的，才能从思想上铸牢国家统一之基、民族团结之本，从而发挥出各民族人民自身的主观能动性，增强维护民族团结的责任感、使命感，从而熔铸推动西藏民族团结进步的钢铁长城。

中国共产党历来高度重视西藏工作，党的十八大以来，以习近平同志为核心的党中央高度重视西藏民族工作、始终心系西藏人民，从“56个民族是石榴籽，中

① 习近平：《以铸牢中华民族共同体意识为主线 推动新时代党的民族工作高质量发展》，《人民日报》2021年8月29日第1版。

华民族是整体的石榴”“推动西藏高质量发展，要坚持所有发展都要赋予民族团结进步的意义”等多个场合讲话中就西藏民族团结工作作出部署，把民族团结始终放在西藏工作全局的特殊位置，为进一步做好西藏民族工作指明了前进方向，为进一步推动西藏形成认同度更高、凝聚力更强的命运共同体提供了思想基石。西藏自治区党委、政府也始终坚持把民族工作作为一项重要的政治任务，始终坚持“以人为本”，开展了一系列民族团结进步宣传教育、民族团结进步创建活动；颁布了一系列地方性规章和地方规范性文件如《西藏自治区民族团结进步模范区创建条例》，成为全国首个以地方立法形式提出以民族团结为主题的模范区创建省份；健全民族团结进步模范区制度体系；利用融媒体打造了多个西藏各族群众交往交流交融的媒体平台。这些举措有效增强了西藏各族人民对国家和中华民族的认同感，各民族团结互助、和谐共促，增强了民族凝聚力。

三、铸牢中华民族共同体意识是建设社会主义现代化新西藏的必然要求

建设社会主义现代化新西藏是实现中国式现代化，把中国建设成社会主义现代化国家的重要任务，西藏各族人民走向社会主义现代化的历史进程就是推动中华民族成为休戚与共、荣辱与共、生死与共、命运与共的命运共同体的历史进程的一部分。建设社会主义现代化新西藏，离不开和谐稳定的社会环境，离不开实现共同富裕和美好生活的精神伟力，离不开平等、团结、互助、和谐的社会主义民族关系。

（一）为推进西藏长治久安和高质量发展营造和谐稳定的社会发展环境

西藏作为特殊的边疆民族地区，既面临着推动经济社会高质量发展任务又肩负着反分裂反渗透、维护国家安全的重要职责。习近平总书记指出：“推动西藏高质量发展，要坚持所有发展都要赋予民族团结进步的意义，都要赋予改善民生、凝聚人心的意义，都要有利于提升各族群众获得感、幸福感、安全感。”[①] 这一精辟的论断为西藏高质量发展指明了方向、提供了根本遵循。换言之，西藏高质量发展不能单纯地算经济账，更要算政治账。西藏的高质量发展提出了新的要求，要把人民群

① 习近平：《奋力谱写雪域高原长治久安和高质量发展新篇章》，《人民日报》2021 年 7 月 25 日。

众的获得感提升到更多、更持久、更稳定、更可靠的状态，要把铸牢中华民族共同体意识,作为推动西藏实现高质量发展的一项重要意识形态保证,在发展中锚定“稳定、发展、生态、强边”四件大事，才能更好为推动西藏长治久安和高质量发展营造和谐稳定的社会发展环境，不断实现各族人民对美好生活的向往。

发展是硬道理，坚持高质量发展为做好新时期西藏民族工作奠定了坚实的物质基础。习近平总书记指出：“西藏实现持续稳定和快速发展是对党和国家工作大局的重要贡献。”西藏作为我国重要的国家安全屏障，西藏的发展稳定关系西藏各项事业的顺利发展，关系中国特色社会主义事业的顺利进行和中国梦的实现。马克思指出：“各民族之间的相互关系与每一个民族的生产力、分工和内部交往的发展程度密切相关。”① 这一论述指明了经济社会的快速增长与铸牢中华民族共同体意识的密切关系。推进西藏的高质量发展必须是在社会稳定基础之上实现的发展，保持社会大局稳定不仅是党中央的战略要求，更是西藏各族人民的强烈愿望和西藏实现高质量发展的前提和保障。正如西藏民族大学教授刘红旭指出的：“西藏的社会不稳定难以提供经济发展的环境，经济发展带来的诸多问题又会给社会稳定埋下祸根。”② 党的十八大以来,在党中央的领导之下,西藏自治区始终把维护祖国统一、加强民族团结作为工作的着眼点和着力点，坚定不移地进行反分裂斗争、进行民族团结创建、爱国主义教育、全面普及国家通用语言文字教育等工作，西藏社会大局进入持续稳定向好的新阶段，为新时代西藏的繁荣发展创造了良好的社会环境。西藏统计局调查数据显示，2020 年西藏群众安全感满意度达 99.39%，2021 年增至 99.41%，这为西藏高质量发展提供了更好的社会发展条件。

党的十八大以来，西藏地区经济增速连续多年稳居全国前列。据统计，2021 年人均地区生产总值达到 56831 元，全国排名提升至 24 位，全区居民人均可支配收入由 2012 年的 8568 元增加至 24950 元，西藏地区城乡居民人均可支配收入分别增长了 1.5 倍和近 2 倍；西藏城镇居民恩格尔系数为 33.4%，西藏农村居民恩格尔系数为 37.8%，分别下降了 15.9% 和 15.8%，③ 西藏各族人民的获得感、幸福感极大增强。中华民族共同体意识观念不断深入人心，为西藏提供了良好的发展环境，使西藏高质量发展取得了新成效。党的二十大的召开为西藏民族工作的发展指明了

① 马克思、恩格斯：《德意志意识形态》（上册），北京：社会科学文献出版社，2015 年，第 18 页。

② 刘红旭：《西藏经济发展与社会稳定的关系探讨》，《西藏民族大学学报（哲学社会科学版）》2015 年第 6 期。

③ 旦增兰泽、王香香：《经济增速多年居全国前列 群众幸福指数显著提高》，《西藏日报》2022 年 10 月 12 日。

方向，推动西藏长治久安和高质量发展。因此，要紧密结合西藏实际，把维护稳定放在优先位置，深化铸牢中华民族共同体意识工作，坚持不懈地揭露达赖集团的政治阴谋，牢牢掌握反分裂斗争的主动权。只有铸牢中华民族共同体意识，西藏才能真正实现民族团结和社会稳定，才能凝聚起各族人民的磅礴力量，才能筑牢维护国家统一和民族团结的思想墙，才能为真正实现西藏的稳定和繁荣提供发展支撑，提供良好的社会发展环境。

（二）为实现西藏各民族共同富裕催生精神动力和智慧力量

马克思指出："在古代，每一个民族都由于物质关系和物质利益（如各个部落的敌视等等）而团结在一起。"[①] 共同的经济生活和经济利益在民族形成中起着至关重要的作用，有学者认为经济利益是民族关系的本质内涵。[②] 在历史发展的过程中，中华民族早已开始长期的经济相互交往、交流、交融，在经济的相互依存中形成了共同利益。中国共产党代表中华民族的整体利益，拥有"天将降大任于斯人也"的使命和担当，始终以国家、人民的整体利益、长远利益为价值旨归，始终坚持各民族共同繁荣的原则，在社会主义革命和建设、改革的实践中，形成了牢固的各民族共同利益，中华民族成为一个利益共同体。

新时代，在中国共产党的领导之下彻底解决了西藏绝对贫困的问题，西藏人民与全国各族人民一道进入小康社会，实现了从翻身农奴做主人，到脱贫致富奔小康的历史使命。据统计，党的十八大以来，西藏地区生产总值从 710.16 亿元增长到 2080.17 亿元，年均增长 9.5%，西藏各民族在实践中不断践行铸牢中华民族共同体意识，共建利益共同体。完成了脱贫攻坚进入全面小康的历史使命，共同富裕成为全国各族人民共同奋斗的目标。实现共同富裕，需要做好"人心"工作，维护好各民族精诚团结的思想基础，以此凝聚强大的精神力量。正如马克思所言："批判的武器当然不能代替武器的批判，物质力量只能用物质力量来摧毁……理论只要彻底，就能说服人。"[③] 对于西藏而言，"争取人心"，维护民族团结，最行之有效的途径就是要加强中华民族共同体意识建设。

铸牢中华民族共同体意识为推动西藏共同富裕提供了内在精神伟力，西藏人民

---

① 中国社会科学院民族研究所编：《马克思恩格斯论民族问题》（上册），北京：民族出版社，1987 年，第 107 页。
② 王建娥：《世界体系和民族关系：解读现代民族问题的一个视角》，《民族研究》2004 年第 3 期。
③ 中共中央马克思恩格斯列宁斯大林著作编译局：《马克思恩格斯选集》（第 1 卷），北京：人民出版社，2012 年，第 9 页。

的共同富裕为铸牢中华民族共同体意识奠定了坚实的物质基础。每个民族在生存和发展的过程中，会产生一系列需要，为满足需要，民族成员会将集体的需要和意愿转换为奋斗目标，引发满足需要的行为。[①]民族成员愿意把目标奋斗的前提建立在对集体目标的深刻认同之上。[②]因此，铸牢中华民族共同体意识，增进各民族对中华民族的认同感，才能明确共同富裕体现的是中华民族共同体的共同利益，而非个别民族的个别利益，将共同富裕与各民族大发展联系起来，[③]使其“具有共同目标，采取共同行动”。[④]当前，从总体上来看，西藏的经济发展水平依然明显落后于祖国内地，发展不平衡不充分的问题更为突出，在实现共同富裕的过程中面临更为复杂的挑战。铸牢中华民族共同体意识能够减少各民族间的差异性造成的离心力，促使“共同体成员和民族群体之间产生相互的认同、亲和、吸引的心理状态”[⑤]，增强民族认同感，为西藏实现共同富裕提供思想基础。所以，要想中华民族共同体意识铸得牢，需要“五个认同”高效动员各族人民，在实践中推进共同富裕、民族复兴。从而激发各民族自觉投身民族复兴伟业的内在动力，充分发挥各族人民主动性创造性，汇聚起实现共同富裕的磅礴伟力。反之，共同富裕不仅从生产力的角度强调财物富足，更是从生产关系的角度强调社会财富占有方式的“共同”，在推进共同富裕的进程中共享发展成果，实现经济措施向政治结果的转化，进一步巩固西藏民族团结和长治久安。

（三）为实现西藏各民族对美好生活的向往和追求指明着力方向

习近平总书记指出，“铸牢中华民族共同体意识是维护各民族根本利益的必然要求”。“根本利益”即每一位成员最终实现自由而全面发展的利益。在新时代，这种“根本利益”就是不断满足各族人民对美好生活的向往。而中国共产党始终把各族人民对美好生活的向往作为奋斗目标，致力于“中华民族是一个大家庭，一家人都要过上好日子”。因此，现阶段铸牢中华民族共同体意识提出“紧贴各民族共同的美好心愿”，它体现的是中国 56 个民族对“美好生活”的向往和追求。为实现这

---

① 詹小美：《民族精神论》，广州：中山大学出版社，2007 年，第 63 页。

②《习近平在中央第六次西藏工作座谈会上强调：依法治藏富民兴藏长期建藏 加快西藏全面建成小康社会步伐》，《人民日报》2015 年 8 月 26 日。

③ 振东、普布次仁：《共同富裕与铸牢中华民族共同体意识的互构逻辑》，《民族论坛》2022 年第 1 期。

④[法] 吉尔 · 利波维茨基、塞巴斯蒂安 · 夏尔：《超级现代时间》，北京：中国人民大学出版社，2005 年，第 111 页。

⑤ 青觉、赵超：《中华民族共同体意识的形成机理、功能与嬗变——一个系统论的分析框架》，《民族教育研究》2018 年第 4 期。

种追求，需要我们把精神化为行动，并为之不断努力。中华人民共和国成立 70 余年以来，在中国共产党的坚强领导下，西藏各族人民团结奋斗、开拓创新，各项事业取得了全方位进步、历史性成就，实现了由封建农奴制度向社会主义制度的历史性飞跃，由贫穷落后向文明进步的伟大跨越。2019 年西藏坚决打赢了脱贫攻坚战，74 个贫困区县全部顺利脱贫摘帽，62.8 万建档立卡贫困人口全部脱贫，历史性地消除了绝对贫困问题，西藏各族人民与全国人民一道共同迈入了小康社会。但是，在经济发展过程中，各民族所处的区域、拥有的资源、生产力发展水平都有一定差距，导致民族地区发展不平衡不充分问题仍然相对突出，经济发展水平和居民富裕程度依然存在差距。随着中国特色社会主义进入新时代，社会主要矛盾发生转变，西藏各族人民对美好生活的需求亦日趋多元，对西藏社会经济发展提出了更高的要求。一方面是解决发展的不平衡不充分的问题，必须及时缩小各民族地区的发展差距。从西藏内部之间的情况来看，长期以来，自然环境、经济发展、民族因素等导致拉萨等市区发展相对充分，而阿里、那曲等地区则相对落后；市区的发展较为充分，农牧区的发展相对落后。另一方面，改革开放以来，在市场经济环境背景下，西藏人民资源共享，以共同协商和互利共赢来实现各民族的共同发展与共同繁荣，但市场经济的逐利性特征使得各民族之间经济利益和发展上的不平衡难以避免，随着经济利益的不平衡和资源开发竞争加剧，民族之间的矛盾也易于积累和上升。因此，解决西藏地区的不平衡不充分的发展现状，不断促进其平衡和充分的发展，进一步促使“各民族和谐相处、和衷共济、和谐发展”①，是实现“美好生活”的必然要求。各族人民对美好生活的需求是一致的，只有深刻认识到“中华民族共同体”这一命运共同体的本质内涵，每位民族成员才会自我认同地去奋斗、维护、实现“民族共同利益”不断达到“美好生活”的状态。

“共同体的建立，根源在利益诉求的部分契合或基本契合。”②中国共产党领导中华民族奋斗的百年历史证实了只有在中华民族共同体下才能实现每一阶段的美好生活。概而言之，西藏各族人民对美好生活的向往和追求，为进一步铸牢中华民族共同体意识指明了方向，以“美好生活”为目标导向，通过铸牢西藏各族人民的中华民族共同体意识，锻造出一个“命运共同体”。

---

① 国家民族事务委员会：《国家民委政策研究室：中央民族工作会议精神学习辅导读本（增订本）》，北京：民族出版社，2019 年，第 83 页。

② 高惠珠：《马克思恩格斯社会建设理论的当代解读》，北京：人民出版社，2015 年。

（四）为巩固和发展社会主义民族关系提供价值指引

“人的本质不是单个人所固有的抽象物，在其现实性上，它是一切社会关系的总和。”[①] 马克思将人的本质阐释为一切社会关系的总和，即社会性是人的本质属性，人作为一种具有某种社会形态的个体，其关系由个人关系逐渐发展成为邻里、社区、民族和国家关系。“民族”作为一种社会关系的基本形态，它的和谐与稳定关系着整个社会的正常运转与发展。尤其在西藏等边疆民族地区，民族关系的和谐关系到“中华民族共同体”的稳定程度。新时代背景下，如何巩固和发展社会主义民族关系持续向好发展具有重要意义。

中国作为统一的多民族国家，多民族的特点决定在各民族相互交往的过程中形成民族内部、民族之间、多民族之间等多种多样的社会关系。对于中国而言，民族关系的和谐稳定关系到国家的长治久安。中华人民共和国成立之前，由于受大汉族主义政策影响，中国各民族之间是不平等的，存在民族压迫、民族剥削的事实，各民族之间也存在着纠纷和冲突等。中国共产党作为中华民族的政党，早在新民主主义时期就明确反对民族压迫、民族剥削，主张各民族一律平等。中华人民共和国成立前通过的《共同纲领》中明确规定：“中华人民共和国成为各民族友爱合作的大家庭。”[②] 毛泽东同志多次强调“国家的统一，人民的团结，国内各民族的团结，这是我们的事业必定要胜利的基本保证”[③]。时至今日，我国民族关系的性质发生了根本性变化，平等、团结、互助、和谐的社会主义民族关系在我国确立并不断完善发展，明确了各民族为祖国大家庭繁荣共同努力、共同奋斗的目标导向，也体现了中华民族多元一体的基本格局。

西藏历经民主改革后，废除了西藏政教合一的封建农奴制度，各族人民一律平等，从封建农奴制度下充满民族压迫、民族歧视的不平等的民族关系向平等、团结、互助、和谐的社会主义新型民族关系转变，开始当家作主的新征程。党的十八大以来，西藏的经济和社会都得到了巨大发展，在中国共产党的带领下，西藏同其他民族一道进入小康社会，在这个过程中西藏各民族之间相互交往、交流、交融，进一步促进了我国民族关系的进一步深度融合。但是，因历史条件、地理环境等因素的影响，各地区之间的发展差距仍然存在，尤其是西藏地区处于“相对落后”阶段，

①《马克思恩格斯选集》（第1卷），北京：人民出版社，2012年，第135页。
②《民族关系文件汇编》（第一编），北京：人民出版社，1958年，第1页。
③《毛泽东文集》（第七编），北京：人民出版社，1999年，第204页。

西藏地区更为“不平衡不充分”的发展同样会反映到民族关系之上，[①]从而对新时期我国民族关系产生影响。此外，西藏作为多民族地区，一方面因达赖集团、西方敌对势力不断挑起矛盾、引发事端，致使民族认同分化、民族歧视、极端民族主义等相关问题仍然存在对我国的安全稳定的影响不能低估。因此，必须以铸牢中华民族共同体意识为价值指引，坚持党的全面领导，引导西藏各族人民树立“三个离不开”的思想观念，促使“五个认同”深入人心，强化国家认同和民族认同，真正做到“中华民族一家亲”，进一步打牢更高水平、更高层次社会主义民族关系的思想基础，推动中华民族走向凝聚力更高的“命运共同体”。

① 蔡诗敏、张胥：《新时代我国社会主义民族关系的科学内涵与时代特征》，《民族论坛》2020 年第 3 期。

第四章 西藏开展铸牢中华民族共同体意识工作的现状

在党的全面坚强领导下，70 多年来西藏各族人民共同应对和平解放、民主改革、社会主义建设、改革开放以及中国特色社会主义新时代等各个历史阶段的风险和挑战，探索出了一条区域繁荣发展、各民族共同团结奋进的正确道路，同时西藏各族人民不断增强中华民族共同体意识。实践证明，西藏的繁荣发展建立在铸牢中华民族共同体意识的思想基础之上，通过对西藏开展铸牢中华民族共同体意识工作的历程、启示和伟大实践进行系统总结和梳理，更加明确坚定不移走中国特色解决民族问题的正确道路的重要性，更加深入认识到西藏铸牢中华民族共同体意识的紧迫性，从而进一步推进西藏地区民族团结和国家统一的理念深入人心，更好地实现西藏各族人民对美好生活的向往。

一、西藏开展铸牢中华民族共同体意识工作的主要历程与启示

中华民族共同体意识是“关于认同中华民族为统一的命运共同体的自觉自知性意识”，核心内容是对伟大祖国、中华民族、中华文化、中国共产党和中国特色社会主义的认同。和平解放以来，西藏不断夯实了铸牢中华民族共同体意识的实践根基。这同样是伴随着西藏和平解放、民主改革以及整个现代化发展进程中自然生长所取得的普遍认同，是在与其他各民族在政治、经济、文化、社会等全方位交往交流交融过程中逐步发展起来的内生力量，为当下社会全面铸牢和深入巩固中华民族共同体意识提供了深厚的历史基础。

（一）和平解放以来中华民族共同体意识不断夯实

西藏和平解放以来，在党中央的全面领导与正确指引下，各项民族政策的颁布实施，开创性地推动了西藏民族团结进步工作实践的开展，极大地密切了西藏自治区与我国其他地区经济文化等方面的深入交流与良性互动。由此，中华民族共同体意识在“中国特色解决民族问题的正确道路”中进一步铸牢、持续夯实。

1. 在统战工作中凝聚人心

由于长期的封闭与停滞，和平解放后西藏社会中包括社会上层人士普遍存在不了解党，猜忌乃至敌视解放军等现象。因此西藏和平解放后很长一段时间党中央将“统战工作”作为西藏压倒一切的“中心任务”。这时期的统战工作主要面向西藏的中上层人士及普通群众两大主体。

解放初期，民族隔阂仍然较大，且部分西藏群众受到西藏上层反动集团与帝国主义势力相勾结思想的绑架与荼毒，更为民族关系的和谐发展蒙上阴影。鉴于西藏和平解放协议仍保留着原有的社会制度，原有的地方政府官员照常履职，原有的西藏政权仍掌握在西藏上层统治集团手中，故党和国家的大政方针必须通过西藏上层集团方可得到有效贯彻。基于对当时西藏实际情况的深刻认识和各种矛盾的准确把握，这一时期的中央政府认识到必须发挥西藏上层人士的作用。因此，开展西藏上层人士的统战工作对我国的民族团结与西藏的稳定进步发展意义重大。而在当时，上层统战工作以团结达赖和班禅及其上层集团的大多数，特别是达赖、班禅两大集团中的达赖集团为重点方向。

对中上层人士，一是采取茶话会、座谈会和联欢会等会面交谈方式；二是组织相关人士赴祖国内地参观考察学习等形式与其团结联络交流。首先，“来来往往，吃吃喝喝”是解放军入藏初期很重要的一种统战方式。[①]尽管这种统战方式“不好看”，但因其较为符合西藏上层社会实际情况，所以这一统战方式取得了良好成效。通过“来来往往，吃吃喝喝”这一以主动接触为特征的方式，西藏上层原本猜忌、怀疑的心理得到了一定程度上的缓解，打开了隔阂缺口，有效推进了“情感统战”进程，为进一步开展工作打开了“第一道大门”。其次，另一种统战上层的形式为“上上下下，转转看看”，具体是指组织西藏上层人士赴祖国内地参观考察。[②]由于西

① 张云、拉巴平措、陈庆英编：《西藏通史当代卷（上）》，北京：中国藏学出版社，2016 年，第 97 页。
② 张云、拉巴平措、陈庆英编：《西藏通史当代卷（上）》，北京：中国藏学出版社，2016 年，第 98 页。

藏与祖国内地交通不便，交流很少，这种自然条件造成的隔离，使西藏上层对祖国内地了解不多，影响了他们对祖国的认同。为了使西藏上层人士开阔视野，认识到祖国的伟大和进步，增强国家自豪感，密切与祖国的关系，西藏工委分批组织上层人士赴祖国内地参观学习。组团进入祖国内地参观使团员们开阔了眼界，增长了知识，接受了爱国主义教育和国内外形势教育。一方面，有助于西藏上层人士树立正确的国家观与民族观；另一方面，有利于中央政府加深对西藏的全面深入了解，便于开展后续各项工作。最后便是“看病做买卖”。[①] 免费医疗作为统战工作的一部分，对做好群众工作也有着重要作用。进藏医生对上门求医的患者给予及时救助甚至主动上门服务。因其能够有效满足西藏人民的现实需求，免费医疗成为开展统战工作的必要举措。此举受到了西藏上层人士与普通民众的交口称誉，大大改善了西藏人民对中央和祖国内地的印象。西藏上层有经商的传统，所以开展商贸工作也是开展统战工作的有效方式之一。西藏工委、西藏军区从羊毛出口贸易着手，解决军需民用问题。除了收购囤货外，西藏工委还鼓励藏商从祖国内地或印度等地采购日用品和生产物资以供应部队。巨大的利益使西藏上层逐渐加强了与中央的经济联系，减少了对帝国主义和反华势力在经济上的依赖，经济上的联系进一步加强了西藏在政治上向中央的靠拢。除“吃吃喝喝”“转转看看”“看病做买卖”外，当时的西藏上层统战工作还采取了组织进步团体、政治安排等措施。[②] 西藏工委除经常组织西藏上层进行政治学习，参加一些社会活动，加强同他们的政治协商外，还组建各式各样的进步组织和团体，开展各式各样的活动，进一步引导西藏上层人士形成对中国共产党方针政策理念的正确认知，进一步密切联系西藏上层人士，并通过团结这些上层人士，进而团结更多藏族人士。

对待普通民众，主要采取的是“影响群众工作”这一路线方针。影响群众工作是一项在不违背、不干扰上层统一战线工作的原则下进行的重要工作，与上层爱国统一战线并行成为西藏工作的主体。“影响”是指对周围的人或事起作用，故“影响群众工作”既是指为群众做好事、做实事，也是指通过自身行动引导群众向好的方向发展。广义层面上，一切有利于西藏人民群众发展的事情，进藏部队和工作人员都要力所能及地去做。

① 张云、拉巴平措、陈庆英编：《西藏通史当代卷（上）》，北京：中国藏学出版社，2016 年，第 99 页。
② 张云、拉巴平措、陈庆英编：《西藏通史当代卷（上）》，北京：中国藏学出版社，2016 年，第 100 页。

一是从进军西藏开始，人民解放军严格恪守相关纪律规定，既塑造了良好形象，又给当地人民群众留下深刻印象。进藏的部队官兵尊重当地人民的民族风俗与宗教信仰，积极帮助西藏群众恢复发展生产劳动，支援西藏经济建设，还按照传统习惯对寺院僧侣以及拉萨贫民乞丐发放布施。二是通过文艺宣传给群众以直接的教育和激励。这一系列活动包括放映电影、演出文艺节目、散发宣传品、举办展览、体育比赛，特别是在“七一”“八一”“十一”等节日举行庆祝活动，通过这一系列活动宣传党的方针政策，宣传祖国建设成就，宣传国内外形势以及科学文化知识等，使藏族群众大开眼界，增加科学文化和政治知识。三是发放无息贷款与提供免费医疗。为了帮助当地农牧民解决农业生产的种子与口粮以及相关手工业从业者面临原料与从业资金不足等难题，中国人民银行西藏分行通过投放贴息贷款乃至无息贷款等措施帮助群众切实解决问题，有力地促进了西藏各项生产活动的正常开展。免费医疗的影响更是大大超过看病本身，有着影响群众工作的政治意义。四是共同劳作与解放军建立深情厚谊。1953–1954 年的康藏公路四线（拉萨至巴河桥段）筑路，不仅是一项重大的交通建设，也是一项覆盖范围广、持续时间长的影响群众工作。施工由驻藏部队带领数万名藏族民工承担，其以“让河水开路，让高山低头”的大无畏精神修筑公路。他们在筑路工作部门的统一领导指挥下，分组排班，在解放军的带领下不仅掌握了一定的筑路技术，而且加深了对人民军队的了解。因此，施工的过程，不仅是他们认识和了解解放军的过程，更是彼此建立深厚感情的过程。[①] 进藏部队通过给贫民乞丐发布施、发放无息贷款促生产、开展免费医疗、义务救灾、保护群众财产、筑路修桥等点滴好事潜移默化地把党的形象传播到普通百姓眼中、耳中和心中，广大下层群众对解放军和中国共产党从“害怕”变为“亲近”，这在一定程度上打破了民族隔阂，亲近了藏族同胞与祖国的关系。

在中央第二次西藏工作座谈会上，党中央强调通过团结民族和宗教上层人士进而实现包括全体普通百姓的更大范围的民族团结，扩大爱国统一战线范围。1990 年 12 月，西藏自治区党委发出《关于进一步加强统一战线工作的决定》将爱国与否作为统战最大的政治分野，凡是不搞分裂赞成统一的团体和个人，都要坚持团结，甚至对那些思想上有所动摇的人，也应坚持多做工作，以争取团结多数。其最大程度地将维护祖国统一与社会稳定的力量牢牢团结在一起。党中央通过一系列灵活多

① 张云、拉巴平措、陈庆英编：《西藏通史当代卷（上）》，北京：中国藏学出版社，2016 年，第 106 页。

样的统战工作广泛凝聚了人心，西藏干部群众爱国爱党意识逐步觉醒和提高。此后，西藏宗教界和社会上层人士逐渐成为开展西藏工作的重要依靠力量，他们通过团结广大信教群众为社会主义建设事业作出了重要贡献。

2. 在民族交往交流交融中抵制狭隘民族主义

受自然环境和社会环境等多方因素的影响，长期以来西藏人民与祖国其他多民族群众的联系少之又少。和平解放后，西藏人民与祖国多民族群众的交往交流交融主要是伴随着开设西藏班（校）、发展交通业、旅游业以及落实全国援藏政策过程中逐步实现的。

受制于师资匮乏、人口居住分散等因素限制，西藏的教育事业发展得十分艰难，是西藏各项建设事业中的薄弱环节。和平解放前期，西藏没有一所现代意义上的学校，胡启立、田纪云在进藏考察后，向中央提出了采取集中与分散相结合的方式，在祖国内地省市办学，帮助西藏培养人才的建议。中央采纳了这一建议，下发了《关于在内地创办西藏学校和举办西藏班培养人才的指示》。自 1985 年来，中央先后在祖国内地 16 个省市开办“西藏班”，藏族青少年得以与其他民族青少年共同生活、学习、游戏、娱乐，逐步密切了民族关系。在祖国内地创办西藏学校和西藏班，是以创新思维推动西藏教育发展的尝试，也是一项具有战略意义的决策。这一决策不但在一定程度上解决了西藏地广人稀、师资匮乏、办学成本高等难题，而且使藏族青少年以及其他民族青少年一起平等地享受到优质公共教育服务，深受西藏人民的欢迎。

西藏旅游业整体起步较晚，发展较慢。其正式起步发展大致在中央第一次西藏工作座谈会之后。1982 年，国家旅游局向国务院提出了发展西藏旅游业的请示，并且拨付给西藏自治区 350 万元无息贷款，专门用于开发旅游资源。中央第二次西藏工作座谈会后，西藏政府指出要将旅游业作为西藏自治区战略性支柱产业发展，作出了“振兴西藏经济的突破口和带头行业”的部署安排，并加快成立西藏中国国际旅行社。1985 年 2 月，国务院办公厅转发国家旅游局、西藏自治区人民政府《关于西藏旅游业发展规划的报告》，要求全国各有关部门对西藏的旅游事业发展予以支持。1985 年后，西藏旅游业获得了超常规发展，不但国内进藏观光、考察的人员骤增，国外旅游者也大幅增加。[1]在中央第四次西藏工作座谈会上，中央特别指出：

① 张云、拉巴平措、陈庆英编：《西藏通史当代卷（上）》，北京：中国藏学出版社，2016 年，第 405 页。

西藏发展旅游业潜力大、前景广阔，一定要把旅游业作为西藏的支柱产业。2002年，西藏与云南、四川联合，在拉萨召开了首届“中国香格里拉生态旅游区”座谈会，出台了用10年或更长时间，对藏东南、滇西北、川西南三省区交界区域实施大规模生态建设和旅游资源开发，逐步将这一区域建设成为世界一流的生态旅游区的整体规划。自2003年起，国家旅游局每年从全国组织百名导游员进藏工作，在一定程度上解决了自治区导游队伍匮乏的状况，同时也推进了西藏旅游业服务质量的提高。[①] 在进入21世纪后，旅游业成为西藏诸产业中发展最为迅猛的产业。

再加之2006年青藏铁路正式通车，为多民族群众的交往交流交融提供了更为便利的条件。对比2000年和2010年的统计数字，“西藏进入青海省的流动人口增长了6.68倍；进入甘肃省的流动人口增长了4.86倍；进入陕西省的流动人口增长了9.22倍”，西藏人民开始走出西藏求学、务工，祖国内地多省市群众亦开始进入西藏多地区旅游、经商等。中央第三次西藏工作座谈会上，国家确定15个省市在人、财、物、技术等方面对口支援西藏7地市，此后各民族数千名优秀干部陆续进入西藏与广大藏族干部一起搞建设、谋发展，民族交往交流交融进入了空前的繁荣阶段。

多民族长期稳定的交流不仅带动了地区经济的繁荣，更促进了民族交往交流交融新途径的形成，很大程度抵制了狭隘民族主义，为当下“一荣俱荣，一损俱损”的中华民族共同体意识培育提供了心理调适与思想基础。

3. 在推动地区经济发展中增进人民群众“获得感”

文化和思想意识的嬗变需以经济发展为依托。西藏和平解放后国家充分考虑西藏追求经济发展与现代化建设的需要，实行差别化的区域政策，通过对口支援、中央财政转移支付等手段支援西藏经济社会发展。中央在第一次西藏工作座谈会上提出，尽快实现西藏的治穷致富；中央第二次西藏工作座谈会决定，帮助西藏建设包括能源、卫生、交通等10个方面的43项工程；中央第三次西藏工作座谈会决定，在藏投资建设涉及农牧业、交通、能源、通讯等62个大型基础工程项目；中央第四次西藏工作座谈会确定了117个建设项目；2006年党中央制定了加快西藏发展的40条优惠政策。民主改革后在国家经济支援与政策扶持下西藏的城市建设、财税金融、社会保障、农牧业、医疗卫生、人才资源开发、交通邮电以及对外开放等方面获得了长足发展，社会面貌焕然一新。

① 张云、拉巴平措、陈庆英编：《西藏通史当代卷（上）》，北京：中国藏学出版社，2016年，第498页。

1982 年，西藏自治区党委根据党的十二大精神制定了西藏中长期发展战略规划。1988 年 6 月乔石进藏视察，在听取了西藏自治区重点开发“一江两河”的战略设想报告后，特别指出“西藏要搞一个长期发展规划”。1989 年年底《西藏经济社会发展战略设想》被正式批准通过，这为西藏未来发展走向擘画了美好蓝图。“一江两河”（即雅鲁藏布江，拉萨河和年楚河）中部流域，位于西藏的中南部，该区域在西藏的经济发展中占有十分重要的位置，具有极大的开发价值和潜在的开发前景。“一江两河”流域开发在其后的十年建设中，通过兴修水利、改造中低产田、改选草场和植树造林，既改善了西藏自治区核心区域的农牧产品生产的落后状态，同时也改善了区域生态环境，给群众带来了实实在在的好处，成为一项藏族农牧民知晓和评价最高的综合开发项目。[①] 除了制定西藏发展建设的宏观战略、推进重点领域的开发外，这一时期还重新启动了西藏自治区的一些重点项目建设，比如蕴藏着丰富水电资源的羊卓雍措湖水电站建设工程。1985 年经中共中央、国务院批准，决定在羊卓雍措湖建设羊湖水电站。但由于各种原因，羊湖电站工程一度停建，最终于 1989 年经国务院批准，才重新开工建设。建成的水电站缓解了长期困扰西藏的能源短缺问题，为西藏的经济社会发展提供了保障。不仅如此，针对西藏较低的社会发育水平和严酷的自然环境局限，国家对西藏制定并实施了特殊的经济扶持政策，以缩小西藏与其他省区的经济发展差距。西藏经济社会发展数据表明，其主要依靠扩大投资来拉动经济增长，主要依赖中央对地方财政转移支付的支持、对西藏各种建设项目的投入以及祖国内地较发达省市的支援。在中央第四次西藏工作座谈会后，国家加大对西藏的资金扶持力度并落地一大批基础设施项目，助力西藏从加快式发展向跨越式发展的转变。中央与中东部地区对西藏的支援，极大地促进了西藏地区的经济社会发展。

以民生为导向的西藏经济的快速增长使西藏人民得以共享国家改革发展成果。尤其是在基础设施、社会保障、社会福利、医疗卫生、脱贫攻坚、安居工程等民生领域取得的成绩直接改善了人民群众的生活条件，增强了西藏干部群众实现美好生活的信心和“获得感”。统一的国家意识在共同富裕的政策指导与实践中逐步建构。西藏干部群众对伟大祖国、中华民族、中华文化、中国共产党和中国特色社会主义的理解更加深入，在情感与行动上逐步向党中央靠拢，国家凝聚力和向

① 靳薇：《西藏：援助与发展》，西藏：西藏人民出版社，2010 年，第 132–142 页。

心力不断增强。

4. 在系列主题教育中抵御民族分裂思想和宗教极端思想的渗透和破坏

早在和平解放时期解放军就通过多种文艺形式向藏族同胞宣传党的方针政策和祖国建设成就。1992 年 2 月，自治区党委成立了社会主义思想教育工作领导小组及其办公室，具体负责活动的部署和开展。当时西藏的社会主义思想教育的任务是：深入开展各项主题教育学习，引导西藏广大各族人民成为民族团结与社会稳定的拥护者与维护者；二是以推动经济发展为中心，全面宣传党的基本路线和党在农牧区的方针政策；三是以加强边境基层组织建设为重点，强化组织引领，努力发挥基层党组织的战斗堡垒作用。针对反分裂斗争的严峻性，西藏自治区决定在全区寺庙进行爱国主义教育，澄清一些固有的错误观念。寺庙爱国主义教育的主要任务包括四个方面：一是清除达赖集团的渗透影响，摸清僧尼情况，帮助寺庙清理不法僧尼，严厉打击隐藏在寺庙中的分裂分子；二是开展常态化寺庙检查整顿，确保寺庙领导权牢牢掌握在爱国爱教、知法守法的僧尼之手；三是建立健全约束僧尼行为的规章制度，帮助寺庙建立爱国公约和管理制度，保障寺庙从事正常的宗教活动；四是提高僧尼认知水平，使其明确其不仅受教义教规的管束，更受国家法律法规与社会道德的约束。

中共十四届六中全会提出，要用三年的时间对全国县处级以上领导干部开展以讲学习、讲政治、讲正气为主要内容的“三讲”教育。中共西藏自治区委员会在贯彻落实中央“三讲”教育的决定中，结合西藏实际，针对党员干部队伍中存在的一些问题，创造性地提出了马克思主义“ 五观”“两论”教育，形成了具有西藏特色的“三讲”教育。此后，“五观”“两论”教育、“三讲”教育、“四讲四爱”“三严三实”“两学一做”“不忘初心、牢记使命”等等针对党员和普通群众的各类主题实践教育陆续开展。“五观”“两论”教育作为有西藏特色的“三讲”教育内容，得到了中央的认可和赞同。“五观”“两论”教育使全区党员、干部普遍接受了马克思主义国家观、民族观、历史观、文化观、宗教观教育，弱化了崇神、唯心的社会风气，提高了广大党员、干部尤其是领导干部用马克思主义的观点和方法思考问题、分析问题的能力，促进了全区的稳定发展。①

由于西藏边境线漫长、自然条件恶劣等原因，边远农牧区广播电视收听难、覆

---

① 张云、拉巴平措、陈庆英编：《西藏通史当代卷（上）》，北京：中国藏学出版社，2016 年，第 483 页。

盖率低，难以影响该地区人民的思想及认知。江泽民同志对加强西藏等边远省区广播电视工作作出指示：让党和国家的声音传入千家万户，让中国的声音传向世界各地，把民族分裂主义和境外敌对势力的声音压下去。2000年西藏全区启动“西新工程”，从此祖国的声音传播到了西藏最偏远的农牧区。2011年西藏自治区全面开展了“强基础惠民生”活动，作为5项主要任务之一的“进行感恩教育”就是走进农牧区深入田间地头宣传贯彻党中央精神、党的富民惠民政策，组织开展爱国主义教育、民族团结进步教育和法治教育，开展“算富账、感党恩、要稳定、求发展”主题教育。“强基惠民”工作队通过“送科技、送技术、送卫生、送信息、送服务”等活动将实惠带到群众中去的同时也将民族团结进步内容、“五个认同”的思想意识潜移默化地带到了最广大的西藏各族群众当中去。

系列主题教育使广大干部群众进一步统一了思想，“团结稳定是福，分裂动乱是祸”的价值观念得到普遍认同，对抵御民族分裂思想和宗教极端思想的渗透和破坏发挥了极其重要的作用，中华民族共同体意识在西藏进一步夯实。

（二）中华民族共同体意识在西藏获得实践发展的现实启示

考察和平解放以来中华民族共同体意识在西藏的历史演进，最主要的工作经验是坚持党对民族工作的全面领导、大力促进民族交往交流交融、发展以民生为导向的社会经济、开展主题宣传教育巩固共同思想基础，这也是西藏自治区坚持做好民族团结进步工作的优良传统。

1. 以坚持党的全面坚强领导为根本

“办好中国的事情，关键在党。”党在不同历史时期根据不同的国情条件总是能够及时妥善处理影响民族团结的各种挑战因素，创造性地完善民族工作指导思想和政策体系，开创性地带领各族人民走适合我国国情的中国特色民族团结之路。自1951年西藏和平解放以来，在中国共产党的领导下，西藏历经革命、建设与改革开放等半个多世纪的风雨历程，创造了前无古人的辉煌业绩，实现了巨大飞跃。在半个多世纪的发展历程中，党中央成功地制定了指导西藏革命和建设的正确方针，形成了系统的治藏方略，在社会主义现代化建设过程中凝结了丰富卓越的治理智慧。这些历史经验是中国共产党根据中国革命和建设不平衡的特点在民族地区的伟大创造，是马克思主义民族理论与我国民族地区的实际相结合的重大成果。[①]党中

① 车明怀：《中国共产党在西藏革命和建设中的实践与经验》，《中国藏学》2005年第3期。

央先后召开了 7 次西藏工作座谈会，充分突显了西藏工作在党和国家工作布局中的战略性地位。尤其是在党的十八大以后，我国迈进中国特色社会主义新时代以来，西藏地区许多棘手难题得到了妥善解决，特别是历史性地消除了绝对贫困问题，使得西藏经济社会的全面发展迈向了新的发展轨道。新时期在全区铸牢中华民族共同体意识必须继续坚定不移坚持党对民族团结进步工作的全面领导，认真学习习近平总书记关于民族工作和加强民族团结进步教育的新思想新要求，认真贯彻党中央和自治区党委重大决策部署，始终坚持“民族团结是西藏各族人民的生命线”，把铸牢中华民族共同体意识作为战略性、基础性、长期性工作来做。

2. 以促进民族交往交流交融为途径

“船的力量在帆上，人的力量在心上。做民族团结重在交心，要将心比心、以心换心。”鉴往察今，民族团结最管用的是争取人心，民族往来中最深刻的途径就是“交心”。当前，各民族之间已然形成“你中有我，我中有你，谁也离不开谁”的格局；在党和各族干部群众的努力下，西藏人民与祖国内地人民“分布上交错杂居、文化上兼收并蓄、经济上相互依存、情感上相互亲近”的友好局面也有了质的提升。通过对口援藏工作这一重要路径，西藏自治区党委、政府与国家部委、中央骨干企业、各援藏省市在信息上交流共享、资源上相互共事、工作上协调联动，建立并逐步完善经济援藏、干部援藏、人才援藏、科技援藏、就业援藏的工作机制，共同凝聚起推动西藏经济社会更好更快发展的强大合力。[①] 对口援藏不仅仅是一条单向输入路线，更是其他省份与西藏自治区进行科技、文化、人才、经济等涉及多层次、多方面内容进行沟通交流的双向互动路径，大幅提升了西藏与祖国内地的交往交流交融。

新时期，在全区铸牢中华民族共同体意识需要大力推进民族往来，与各民族在生产、生活、文化、习俗等方面的交流交往中尊重差异、包容多样，逐步实现各民族“手足相亲、守望相助、和睦相处、和衷共济、和谐发展”的良好局面。

3. 以促进经济发展，改善群众生活为重心

保持经济稳定持续发展是解决西藏诸多问题的根本途径，更是在全区铸牢中华民族共同体意识的关键所在。以民生为导向，让西藏全体人民共享国家改革发展成果，是中华民族共同体意识在西藏不断发展巩固的重要基础和基本经验。20 世

① 张云、拉巴平措、陈庆英编：《西藏通史当代卷（下）》，北京：中国藏学出版社 .2016 年，第 865 页。

纪 90 年代，西藏环境与发展问题就被提到国家战略高度进行部署安排：确保青藏高原生态环境的安全，使该生态系统减少和避免遭受人为的损伤，培养和增强该生态系统的修复能力，使之成为一个高质量的“生态源”，为中华民族的生存发展创造良好的空间；实现加强青藏高原环境保护与加速该地区经济发展的协调统一，争取生态环境建设与经济建设的相互支持，把生态系统的运行与经济系统的运行导入相辅相成的良性循环轨道，提高地区内各族人民的生活质量；通过国家战略的安排，强化各地区对青藏高原“生态源”重要性的共识，形成“全国支持青藏，青藏服务全国”的协同发展态势。长期以来，在全国上下的帮扶以及自身的努力下，西藏自治区经济总量取得提升，经济结构得到调整；国有经济在改革中不断发展壮大；非公有经济焕发更强大的活力以及城乡居民收入显著提升等瞩目成就。

新时期，在全区铸牢中华民族共同体意识需要围绕“共同团结奋斗，共同繁荣发展”这一主题，坚持解决人民群众最关心、最直接、最现实的生产生活问题，增进人民福祉；坚决为实现西藏各族人民共同富裕，释放发展潜力，推动实现富民兴藏，夯实民族团结的物质基础，进而增强西藏群众铸牢中华民族共同体意识的自觉性和坚定性。

4. 以开展主题教育，构筑共同思想基础为方法

西藏全区通过系列主题宣传教育澄清错误观念，巩固共同的思想基础，是进一步铸牢中华民族共同体意识、维护民族团结的重要方法。西藏和平解放以来，正是在系列主题教育中传播了各民族同呼吸、共命运、心连心的光辉历史，从而凝聚了“中国各族人民大团结”的力量。对一个多民族国家来说，民族关系是国家政治社会生活中至关重要的关系。意识是行为的先驱与种子，而中华民族共同体意识是推动开展民族团结与国家统一工作的思想基础。实现中华民族伟大复兴这一历史使命也更加需要全国各族人民协力同心。因此，铸牢中华民族共同体意识是实现中华民族伟大复兴的必然之举。中华民族共同体意识教育是重要的思想政治教育，是铸牢中华民族共同体意识的根本所在，绝不是可有可无，也绝不能空喊口号。开展铸牢中华民族共同体意识教育，就是要让各民族心往一处想，劲往一处使，拧成一股绳，最大限度汇聚起实现中华民族伟大复兴的智慧和力量，实现各民族共同的发展和进步。[①]

① 澎湃新闻：《边巴扎西强调：在中小学广泛开展铸牢中华民族共同体意识教育》，https://m.thepaper.cn/baijiahao_11896395，2021 年 3 月 26 日。

新时期，在全区铸牢中华民族共同体意识要紧扣“统一思想，凝聚力量”这一宣传中心，抓好集中学习。在民族团结进步主题教育中要旗帜鲜明反对分裂，坚定不移维护稳定，引导西藏人民正确认识我国民族关系的主流，使各族人民树立起正确的祖国观、民族观、历史观、文化观和宗教观。

二、西藏开展铸牢中华民族共同体意识工作的生动实践

党的十八大以来，西藏稳步持续推进铸牢中华民族共同体意识的各项工作。进行了一系列兼具政治性与人民性相并重、一般性与针对性相统一、全面性与准确性相结合、物质性与精神性相促进等特点的丰富实践。在教育、经济、文化、民生等关键环节取得了显著成效，实现了铸牢中华民族共同体意识与西藏经济社会的协调发展，为建设团结富裕文明和谐美丽的社会主义现代化新西藏绘制了宏伟蓝图。

（一）教育实践：西藏开展铸牢中华民族共同体意识工作的根本举措

教育在铸牢中华民族共同体意识的过程中，发挥着基础性和先导性的作用。正确开展民族教育对统一的多民族国家具有重要意义。这不仅有利于边疆稳定，也有利于国家的长治久安和长期健康发展。因此，铸牢中华民族共同体意识，必须构建完善的国民教育体系，优化国民教育的实施路径。

西藏在开展铸牢中华民族共同体意识的系统性工作中，主要从学校教育和社会教育两方面入手。通过丰富课堂体系、营造校园文化氛围、加强师资队伍建设等举措，增强学校教育的实效性；借助多群体组织主题教育和宣传活动、多空间进行国家安全意识宣传教育、多方位搭建社会教育平台等措施，拓展社会教育的广度。

1. 不断加强学校教育，增强铸牢中华民族共同体意识的教育效度

学校是铸牢中华民族共同体意识的前沿阵地，学校教育更是铸牢中华民族共同体意识的主渠道。充分发挥学校在铸牢中华民族共同体意识中的举足轻重作用，不断丰富课堂教育教学内容与形式，营造良好的校园文化氛围，强化师资队伍建设。借助学校这一教育平台，自治区推动民族民间文化进校园，推动民族教育增质提效，增强了当地学生对中华民族的认同感，将中华民族共同体意识厚植在自治区青少年心中。

（1）充实课堂教育体系

建设完善的课堂教学体系是提升学校教育针对性的优质化举措，有助于搭建中华民族共同体意识培育的新平台与新阵地。

一是持续优化课程结构。西藏学校始终紧紧围绕共同体意识培育这一中心，构建全员全程全方位育人大格局，确保教育举措落地见效。

首先，西藏以铸牢中华民族共同体意识为主线，统筹大中小学思政课一体化建设。西藏中小学开设民族团结进步专题教育课程，立足课堂教学，讲好中华民族、中华文化的故事，通过这些方式了解民族文化的发展历程，了解民族精神的延续使命，不断增强学生的中华民族认同，增强学生的民族凝聚力，树立“56个民族是一家”的民族理念意识，帮助每一个学生扣好人生的“第一粒扣子”。西藏高校注重充分发挥课堂主渠道作用。例如，西藏民族大学以思想政治理论课程和“课程思政”为依托，开展主阵地全面教育；以“三个离不开”教育和“三联三进一交友”活动为依托，开展针对性教育；以入学教育、毕业教育和“3·28”等重要节点教育为重点，开展全过程教育和全方位教育。[①] 同时，西藏坚持把理想信念教育、社会主义核心价值观教育、爱国主义教育、民族团结进步教育、反分裂斗争教育和中华优秀传统文化教育作为大中小学思想政治教育的主要内容。与此同时，落实高校和中小学思想政治工作专项经费，建立健全思政课教学质量测评体系，科学设置民族团结进步教育课程，把民族团结进步教育纳入考试考查范围。

其次，西藏地区明确规定各学段每学年民族团结进步教育课时要求，不断提高民族团结进步教育教学成效。义务教育阶段10–12个学时，普通高中8–10个学时，中职学校12–14个学时，高校集中安排“形势与政策”课程不少于3个学时。再例如拉萨、那曲、山南等地坚持上好“维护稳定、反对分裂”为主题的“开学第一课”，阿里和日喀则等地邀请“五老”人员为学生上好新旧西藏对比教育课等。同时，充分挖掘各门课程的民族团结育人要素，特别是在道德与法治、语文、历史等学科教学中强化马克思主义“五观”“两论”教育，使中华民族共同体意识不断融入西藏各族学生的底层意识，使其充分感知民族团结意识的向心力与聚合力，让这一意识在广大青年学生的心灵深处生根发芽，结出民族团结进步的果实。

---

① 张尚华：《你中有我 我中有你—西藏民族大学扎实推进铸牢中华民族共同体意识教育》，《西藏日报》，2022年2月15日。

二是注重教材编写与使用。

首先，西藏实现三科统编教材全覆盖。进入新时代，以习近平同志为核心的党中央高度重视教材建设，要求重点抓好中小学道德与法治（思想政治）、语文、历史教材统编、统审、统用。西藏自治区一直坚持社会主义办学方向，坚持为党育人、为国育才，紧紧围绕立德树人根本任务，切实解决好“培养什么人、怎样培养人、为谁培养人”这一根本问题，按照党中央的教材建设和推广使用的部署要求，在全区统一使用三科统编教材，培根铸魂、启智增慧。[①] 国家三科统编教材由国家统一编写、统一审定、统一推行使用，能够为铸牢中华民族共同体意识提供坚实的学科知识基础。国家三科统编教材的编写修订使用体现并反映了国家意志，即推行使用国家三科统编教材对于铸牢中华民族共同体意识、坚定中华文化自信具有重要意义。

其次，西藏自治区藏语委办（编译局）和语文出版社共同组编出版《国家通用语言文字学习词典（藏文对照）》。该词典贴近西藏中小学生学习使用国家通用语言文字的实际需要，是首部完全按照藏文语法表述、准确解释国家通用语言文字的词典。词典采用国家通用语言文字和藏语言文字对照的方式编写，收录《通用规范汉字表》中的一级字 3500 个、《义务教育常用词表（草案）》中的常用词语 11000 余条，严格落实国家通用语言文字规范标准，藏文对照严格遵从藏文语法规则和表达习惯，尤其注重引导使用者增强对伟大祖国、中华民族、中华文化、中国共产党、中国特色社会主义的认同，为推广普及国家通用语言文字、铸牢中华民族共同体意识作出重大贡献。[②]

最后，西藏大学刊发《民族团结小册子》。西藏大学开展了“寻访身边的民族团结小故事”活动，并将其中具有代表性的事例汇总、编辑成册，借助学校这一教育平台。《民族团结小册子》的刊发，引起了各族学生的强烈反响。“小册子”利用学生身边实际故事让其了解到民族团结具体内涵，意识到民族团结的相关事例随处可见，进而深刻认识到巩固民族团结的必要性。《民族团结小册子》的刊印发行是进一步深化民族团结进步宣传教育的现实方案，进一步强化了对学生中华民族共

① 中国教育新闻网：《高效使用三科统编教材 落实立德树人根本任务——基于西藏自治区调研结果和林芝市探索经验的思考》，https://baijiahao.baidu.com/s?id=1753269611385635315&wfr=spider&for=pc，2022 年 12 月 26 日。

② 新华网：《国家通用语言文字学习词典（藏文对照）正式发布》，http://www.news.cn/2021-12/21/c_1128186053.htm，2023 年 4 月 12 日。

同体意识的培育。

三是创新教学方法。一方面，西藏坚持课程学习与实践活动相结合的创新教学方法。学校组织师生开展艺术展演活动，深入市县、乡村、社区、部队、学校、敬老院、孤儿院等地开展志愿服务，在服务社会中培育学生的中华民族共同体意识。另一方面，西藏不断深化思政课改革创新。思政课是开展思政教育的主阵地。西藏自治区不断健全大中小学思政课程体系，引导教师通过互动式教学、案例式教学、探究式教学等形式，提高教学实效，将理想信念教育、社会主义核心价值观教育、爱国主义教育、民族团结教育和反分裂斗争教育等内容细化落实到各学科的教学安排中。合理运用灵活多变的教学方法形式，采取沉浸式、混合式、实验式等有趣新颖的教学方法，既丰富了教学资源又将青年学子中华民族共同体意识的培育目标蕴含其中；运用新技术、新媒体宣传，学习习近平总书记关于民族团结进步的重要论述，推动铸牢中华民族共同体意识进教材、进课堂、进头脑，提升当地学生对中华民族共同体的认知度与认同感。

（2）营造校园文化氛围

校园文化活动在学校教育中具有重要的育人功能，要注重将铸牢中华民族共同体意识理论转化为丰富多彩的文化实践活动，以此极大地激发青少年参与铸牢中华民族共同体意识的热情。目前，西藏自治区正在稳步有序地推进这一工作。

一是加强校园宣传。宣传是校园文化创建的必要手段和重要组成部分，在营造氛围中有其特殊的作用。一方面，西藏民族高校开展民族团结教育宣传。例如西藏民族大学以党的二十大精神为统领，以“全国民族团结教育示范基地”和“自治区铸牢中华民族共同体意识示范学校”建设为抓手，持续深化民族团结教育改革，将反分裂斗争教育、新旧西藏对比教育和马克思主义国家观、历史观、民族观、文化观、宗教观教育结合起来，开展形式多样的民族团结教育活动，培养师生成为民族团结基因的传承者与传播者，增强各族师生对伟大祖国、中华民族、中华文化、中国共产党、中国特色社会主义的认同，引领各族师生树立正确的政治意识与民族意识，全面厚植爱国主义情怀、全面培育社会主义核心价值观、全面加强各民族交往交流交融，让各族师生同许一个诺言，同心向党，共赴建设美丽西藏、美丽中国的新征途。另一方面，西藏自治区推动“学习二十大、奋进新时代”暨“铸牢中华民族共同体意识”主题宣讲走进中小学校园。该活动邀请自治区“五老”宣讲团专家进行宣讲，从经济、社会、教育、交通四方面梳理西藏发展历史，并通过新旧西藏对比的形式，多方面展现了西藏和平解放以来取得的翻天覆地的变化，使师生深刻了解在中国共产党的带领下，西藏人民与全国各族人民一道迎来从站起来、富起来到强起来的伟大飞跃。[①] 自治区通过一系列宣传活动，引导青少年珍惜来之不易的幸福生活，为西藏学生铸牢中华民族共同体意识，立下成为社会主义新西藏的合格建设者和可靠接班人的高远志向，打牢思想基础。

二是塑造特色校园文化。首先，开展多主题文化活动。例如西藏民族大学深化“春华秋实校园文化节”“一院一品”民族团结进步教育主题活动、升国旗唱国歌、“学习贯彻二十大”优秀电影展播、中华经典诵读、“民大讲堂”、主题班会、演讲比赛、征文、书法摄影展及科技、文娱、体育等形式多样、富有特色、格调高雅的校园文化活动，积极打造校园文化特色品牌，营造和谐健康的校园文化气氛，用师生喜闻乐见的形式增进各民族师生对中华文化的认同，引导青年学生了解中华民族的悠久历史和灿烂文化，坚定文化自信。同时，深入开展“三联三进一交友”活动，即联系学校、联系学生、联系家长，进班级、进宿舍、进食堂，与学生交朋友，按照师生结对全覆盖、活动开展有保障、先进典型有选树的要求，持续强化活动开展和品牌建设，进一步拓展和深化活动载体教育作用。其次，开展中华民族一家亲文化展演活动。学校以“各民族共同团结奋斗共建中华美好家园”为主题，通过多种艺术形式，由各民族学生联合展演，有效增进民族文化交流，营造各民族团结和谐的校园氛围，内化中华民族一家亲意识。另外，西藏自治区充分发挥共青团和少先队组织的引导作用，针对中小学生成长特点和思想实际开展形式多样的思政活动，外化于形、内化于心，培育中小学生“中华民族一家亲、同心共筑中国梦”的炙热情感和维护中华民族共同精神家园的高度责任感。

三是挖掘校园文化内涵。西藏各学校把爱国主义精神、铸牢中华民族共同体意识贯穿学校精神文明创建全过程，着力加强校园文化设施、校史馆、西藏社会进步展览馆、西藏历史文化博物馆等建设。在校园建筑、校园道路、校园文化景观等基础设施建设中体现民族团结的内容，通过积极健康向上的校园文化来引领青年学生的价值取向和健康成长，构建各族师生共有精神家园。同时，各学校也会依托当

① 中国西藏网：《“铸牢中华民族共同体意识”主题宣讲走进当雄县中学》，http://www.tibet.cn/cn/edu/202303/t20230310_7375948.html，2023 年 3 月 26 日。

地环境和资源开展文化传承特色创建。部分学校依据长期以来受到援藏省市援建和援教的客观事实，深入挖掘和分析学校的发展历史，从而打造出以民族团结为主题的校园文化，既把团结教育和品德教育以校园文化的形式融入学生的日常生活和学习，也建立起了从物质、师资到学生交流等一系列互助发展平台，形成了学校的文化特色。西藏自治区深度挖掘校园文化内涵，将校园文化特色与民族团结进步教育相结合，既丰富了学生们的校园文化生活，又提升了学生们的中华民族自豪感和文化认同感，对于加强民族团结，各民族学生形成你中有我、我中有你，团结一家亲的氛围营造具有重要意义。

（3）强化师资队伍建设

铸牢中华民族共同体意识是民族院校落实立德树人根本任务，是服务党和国家事业发展大局的重要举措，故必须坚守好学校这一培育中华民族共同体意识的主阵地。而教师作为学校教育教学工作的主要承担者，唯有将教师纳进中华民族共同体意识的培育过程，全面提升其育人能力和专业水平，才能真正地培养志向远大、勇担责任、全面发展的学子。西藏自治区注重创新性推动教师队伍建设，提高教师在铸牢中华民族共同体意识过程中的政治素养和专业能力，通过教育把中华民族共同体意识根植到学生的心灵深处。

一是加强教师思想政治培训，提高教师思想素养。一方面，加强马克思主义“五观”“两论”教育，引导教师坚定理想信念。例如，西藏大学通过学校党委常委会、校长办公会、校院两级中心组学习会以及支部大会、班会等，向全体教师阐释缘何中华民族共同体意识成为维护国家统一与民族团结的根基，从理论层面坚定全体教师的民族自信、历史自信与文化自信。组织教师党员学习《党的光辉照边疆 边疆师生心向党》《中国共产党的民族宗教政策在边疆民族地区的成功实践》等专题党课，不断提高教师的业务素质、敬业精神和思想觉悟，让其更好地投身铸牢中华民族共同体意识教育。另一方面，开设中华优秀传统文化教育骨干教师培训。在西藏自治区“国培计划”中培训教师，嘱托学员发扬“老西藏精神”和“缺氧不缺精神、艰苦不怕吃苦、海拔高境界更高”，深刻领会党的相关会议精神，铭记过往的苦难磨砺，无愧今天的责任使命，不负明天的伟大事业，大力弘扬伟大建党精神，勇担责任与使命，学习好、弘扬好中华优秀传统文化。通过对优秀教育骨干教师的培训，提高了教师对中华优秀传统文化的理解，有利于在教师层面增强对民族团结的历史认同感。同时，也能促进教师在教书育人的过程中将铸牢中华民族共同体意识融入课堂，推动中华民族共同体意识入脑入心。

二是完善教育人才“组团式”援藏、职业教育对口帮扶、高等教育团队式支援机制。通过“引进来”与“走出去”双向发力，为西藏教育发展注入新活力。“改变西藏面貌，根本要靠教育。”自2016年4月“组团式”教育援藏正式启动以来，西藏自治区教育厅始终将“组团式”教育援藏作为西藏教育事业改革发展的关键一招，作为促进西藏经济社会高质量发展的重大机遇和落实新时代党的治藏方略的重要举措。按照“合理、可实现、可持续、可评价”的总要求用足用好援藏政策。17个省市教育援藏团队充分发挥“组团”效应，深化改革创新，以“一张蓝图绘到底，一茬接着一茬干”的韧劲，全方位、多层次、宽领域对口支援西藏教育事业。17个对口援藏省市精心选派400名优秀援藏教育人才进藏支援西藏21所学校。[①]同时，西藏自治区每年从中小学幼儿园、中职学校选派骨干教师、校长（园长）和学校管理干部200人，到对口支援省市接受为期一年的跟岗学习、挂职锻炼、集中培训，提升学校管理水平和教育教学能力。[②]教育人才“组团式”援藏聚焦受援学校师资队伍建设，坚持跟岗培训，着力提升学员管理水平、教学方法、教学技巧，增强“造血”能力，初步打造了一支带不走的本地骨干教师队伍。藏族教师把西藏独特的文化带进跟岗学校，促进了民族团结友好互助交流。受援学校坚定不移地开展民族互助教育学习活动，坚持既管“肚子”更管“脑子”的定位，把德育特别是思想政治教育作为重中之重，以维护祖国统一，加强民族团结为着眼点和着力点，结合西藏边疆民族地区学生年龄特点和西藏特色，坚持严管与厚爱相结合，统筹谋划、综合发力，引导各族师生发自内心地讲民族团结好、祖国大家庭好，凝聚维护祖国统一、加强民族团结、坚决反对分裂的强大精神力量。

三是狠抓工作落实，强化督导考核。一方面，西藏自治区坚持“一考三评”标准，建立奖惩分明的工作机制。自治区将民族团结进步教育纳入师资队伍建设的总体规划中，把教师必备的政治素质纳入师德师风考核内容，推动师德师风建设常态化长效化，严格执行新时代教师职业行为“十项准则”。考核机制的建立，能够有效地

---

① 林芝政府网：《新一批教育人才组团式援藏工作走笔：同向发力，逐梦未来》，http://www.linzhi.gov.cn/linzhi/xwzx/202108/0eb75285c66144d8982d5bbb26936c80.shtml，2023年4月13日。

②《“组团式”教育援藏 谱民族团结新篇》，https://baijiahao.baidu.com/s?id=1741506344354170997，2023年4月15日。

规范教师教育教学行为，提高教师教育教学能力，督促教师在铸牢中华民族共同体意识的教育过程中严格遵守相关规定。使教师在铸牢中华民族共同体意识的教育过程中能够严格遵守相关规定，规范教师教育教学行为，提高教师教育教学能力。另一方面，健全教师工资待遇保障长效机制。教师工资保障机制的建立，能够让大中小学教师收获更多的幸福感和满足感，切实增强教师的工作能力、事业心和责任感，使教师全身心投入到铸牢中华民族共同体意识的教育教学过程中。

2. 深入开展社会教育活动，拓宽铸牢中华民族共同体意识的教育广度

铸牢中华民族共同体意识，关乎中华民族的向心力与凝聚力，而社会教育是铸牢中华民族共同体意识的重要途径之一。西藏自治区持续深入开展系列社会教育活动，面向不同人群举办主题教育宣传活动、针对不同空间开展国家安全意识宣传教育，打造线上线下社会教育平台，构建起广覆盖、多接口的宣传矩阵。这一系列社会教育活动的开展能有效地推动西藏地区各族群众相互交流交融，夯实中华民族共同体意识建设思想基础，强化中华民族共同体意识建设关键能力，促使这一建设工程稳步推进，使各族群众不断铸牢中华民族共同体意识。

（1）面向多群体举办主题教育宣传活动

党的十八大以来，习近平总书记高度重视民族工作，多次作出重要工作部署。西藏自治区正确贯彻党的民族政策和文件精神，把握铸牢中华民族共同体意识这条新时代民族工作主线，将其纳入全区事业发展全局，争当民族团结进步事业的中流砥柱。

一是面向农牧民群众、青少年学生、寺庙僧尼，西藏自治区开展“四讲四爱”群众教育实践活动。“四讲四爱”主题教育实践活动启动后，西藏各地组建市、县、乡、村四级宣讲队伍。由致富带头人、村“两委”干部、道德模范人物等构成的“草根宣讲团”“百姓宣讲团”，深入学校、寺庙、农户等，开展对象化、分众化、互动化主题宣讲活动。[①] 干部用通俗易懂的语言、生动鲜活的事例，以“话家常”的方式与群众进行交流交谈。讲述从党的十八大以来，西藏取得的巨大成就和人民生活翻天覆地的变化。在中国共产党的领导之下，全国各族人民披荆斩棘、栉风沐雨，从打赢精准脱贫攻坚战，到打赢疫情防控阻击战，中华民族逐渐走上共同富裕的康

① 人民政协网：《西藏深入开展“四讲四爱”主题教育实践活动》，http://www.rmzxb.com.cn/c/2017-03-28/1445860.shtml，2023 年 3 月 24 日。

庄大道，也淬炼出了更加强大的凝聚力和战斗力。这也深刻阐释了只有在中国共产党的带领下，西藏才能越来越好，人民才能过上幸福生活。在宣传宣讲中，为进一步有效引导西藏各族干部坚守维护国家统一和民族团结的底线，牢牢树立正确的国家观与民族观，西藏自治区为此采取一系列举措，如建设“铸牢中华民族共同体意识”宣传专栏、开展“民族团结进家庭”教育实践活动、致力“四个创建”“三区一高地”建设等举措，使全区上下凝聚新共识，焕发新活力，向着创建全国民族团结进步示范区昂首迈进。

二是面向干部职工，西藏自治区开展民族团结进步模范创建与专题培训。一方面，西藏自治区民政厅开展民族团结进步模范创建活动。坚持以习近平新时代中国特色社会主义思想为指导，锚定“四件大事”，聚焦“四个创建”，聚力“四个走在前列”,结合民政工作实际制定了《西藏自治区民政厅民族团结进步模范创建“六个一”活动方案》。通过观看民族团结主题文艺作品、举办民族团结党课、召开民族团结座谈会、表彰民族团结先进集体和个人、组织民族团结知识测试、撰写民族团结心得体会等方式，使民族团结进步模范创建工作做到更加有形，有效营造浓厚的民族团结氛围。[①] 另一方面，西藏开展干部专题教育培训班。针对年轻干部，西藏自治区党委组织部联合中国延安干部学院在陕西延安举办西藏领导干部“加强党性修养，铸牢中华民族共同体意识”专题培训班。培训内容分为“强化理论武装，增强民族共同体意识”和“弘扬光荣传统，感悟革命精神”两大模块，通过“课堂讲授＋现场教学＋分组研讨”的形式，让学员们深刻学习感悟老一辈革命家们的光荣传统和革命精神，深刻体会习近平总书记的为民情怀和务实作风，深刻认识党的百年奋斗的重大成就和历史经验，深刻领会“两个确立”的决定性意义。[②] 针对老干部，西藏自治区党委老干部局举办铸牢中华民族共同体意识学习会。会议指出，各级老干部工作部门要深入学习好习近平重要讲话精神，充分发挥好各级老干部宣讲团的优势作用，积极引导广大农牧民群众自觉听党话、感党恩、跟党走。[③] 综上，西藏自治区通过开展民族团结进步模范创建工作与相关政策理论学习培训，使干部

① 西藏民政厅：《西藏自治区民政厅民族团结进步模范创建“六个一”活动开展情况》，http://mzt.xizang.gov.cn/zxzx/gzdt/202211/t20221121_329203.html，2023 年 3 月 26 日。

② 西藏新闻网：《西藏开展“加强党性修养，铸牢中华民族共同体意识”专题培训》，http://www.xzxw.com/xw/202203/t20220314_4107877.html，2023 年 3 月 24 日。

③ 中国西藏新闻网：《西藏自治区党委老干部局举办铸牢中华民族共同体意识学习会》，http://epaper.chinatibetnews.com/xzrb/index.html，2023 年 3 月 25 日。

职工持续铸牢中华民族共同体意识，促进各民族干部职工像石榴籽一样紧紧抱在一起，巩固了铸牢中华民族共同体意识的效果。

三是面向旅游群众，西藏自治区开展旅游促进各民族交往交流交融计划。西藏自治区增强了全国各族群众的场域互动，提升了各族人民交流交往实效，强化了中华民族大家庭内的相互包容，加深了各民族接触互动的深度和广度。民族交融包括经济交融、文化交融、心理交融等，旅游活动能够深化各民族“你中有我、我中有你、谁也离不开谁”的密切联系，建立各民族交融互嵌新机制，达到多层面互惠互补新平衡，从而塑造中华民族大家庭成员齐聚乐享祖国大好河山的集体记忆，并在相互交流互鉴中铸牢中华民族共同体意识。

（2）面向多空间开展国家安全意识宣传教育

国家安全意识宣传教育是推进总体国家安全观扎根于自治区人民群众头脑和心灵的重要举措，有利于强化西藏各族群众的家国意识和民族团结理念。

一是在乡村、社区、企业、军营、宗教活动等场所着力推进民族团结进步教育。组织常态化、长效化学习党史教育，广泛开展“四史”宣传教育，大力宣传党积极探索适合我国国情的解决民族问题道路的艰辛历程，宣传我国民族团结事业取得的辉煌成就，宣传民族团结进步模范集体和模范个人事迹，推动全社会形成爱护团结、维护团结、增进团结的生动局面。利用举办民族节日、民族庆典等重大活动，集中宣传党和国家的民族政策，引导各族人民牢固树立“汉族离不开少数民族、少数民族离不开汉族、各少数民族之间也相互离不开”的思想，进一步巩固民族团结进步的思想基础，在全社会形成促进民族团结进步的良好氛围。①

二是在村委会、寺管会、新时代文明实践站、村民小组等场所推进国家通用语言文字教育和普及。组织群众集中学习国家通用语言文字，充分发挥驻村工作队、驻寺干部、乡村振兴专干等人员的作用，形成“教”有人负责、“学”有人参与的良好局面。②同时，西藏自治区为了提高国家通用语言文字的认知程度、使用频率和推广普及程度，积极推进各民族相互嵌入式居住格局的建构。民族相互嵌入式的居住环境打破了民族间的社会边界，为国家通用语言文字的推广普及提供了工作场

① 中国网：《铸牢中华民族共同体意识推动新时代民族工作高质量发展》，http://www.china.com.cn/opinion2020/2022-03/30/content_78138587.shtml，2023 年 4 月 5 日。

② 中国西藏新闻网：《论在西藏推广普及国家通用语言文字的举措》，http://epaper.chinatibetnews.com/xzrb/202109/15/content_100765.html，2023 年 4 月 3 日。

景，也为各民族在空间、文化、经济、社会、心理上广泛交往、全面交流、深度交融夯实了空间基础。

三是在宗教界深入开展国家意识宣传教育。一是发挥广大宗教人士在维护社会和谐稳定中的积极作用。引导宗教人士大力弘扬优秀传统文化与爱国主义精神，积极引导宗教与社会主义社会相适应。二是观看《英雄儿女》《建党伟业》等相关红色爱国影片，进一步增强宗教人士的爱国情怀，增强民族责任感与荣辱感。林芝市重视宣讲方式的“接地气”效果，结合党的关心关怀和国家利寺惠僧政策，引导广大僧尼深刻认识中国共产党的坚强领导是确保西藏繁荣发展、藏传佛教健康传承的坚实保障。① 深入开展“三个意识”教育，以铸牢中华民族共同体意识为主线，进一步统一宗教人士思想，深化其对中华民族共同体理念的理解认识，凝聚起奋进新时代的宗教力量。

（3）面向多方位打造社会教育平台

整合各类社会组织资源，创新推进各族群众交往交流交融方式，搭建更多群众乐于、便于参与的社会交流平台，以实现交往范围不断扩大，交流程度不断加深，多元一体的中华民族共同体不断壮大的目标。西藏自治区在这一过程中注重打造线上线下双平台的教育方式，不断扩大宣传覆盖面，使群众在参与的过程中自觉接受中华民族共同体意识教育。

一是持续打造线下教育平台。首先，西藏自治区着手打造民族交往交流交融文化教育长廊，将民族团结课堂搬进人们身边，将民族团结的种子种进人们心田，其主要展示了习近平总书记关于加强和改进民族工作的重要思想、各民族文化简介、茶马古道上的民族交流、民族团结创建工作等内容。其中，民族团结长廊的建成，陆续吸引干部职工、农牧民群众及社会各界人士前来参观，进一步夯实了西藏各族群众民族团结的思想基础。其次，打造西藏文化博物馆。针对在校学生、农牧民群众、机关事业单位和社会团体等不同群体，博物馆以生动活泼的形式，举办相应的展览等活动，融入中华民族共同体理念，有形有感有效地开展民族团结进步宣传教育，为培育中华民族共同体意识作出应有贡献。最后，成立铸牢中华民族共同体意识研究中心。西藏地区作为我国藏学文化的发源地与重要留存地，资源丰富。研究中心

① 中国西藏网：次巴旺堆：《西藏：多措并举纵深推进宗教界“三个意识”教育》，《中国民族报》，2022 年 6 月 7 日（7 版）。

始终注重挖掘、保护、传承西藏地区优秀文化资源，整理研究西藏地区长久以来的民族交往交流交融的历史史实。同时，将研究成果以通俗易懂的方式向公众展示，提升公众对民族文化、传统文化的认知度，增强文化自信，领略传统文化的深度与厚度，建构起各族人民共有共享的精神家园。

二是广泛利用线上教育平台。首先，西藏自治区开辟媒体宣传阵地。西藏利用报纸、杂志、广播、电视、微信、网络等平台，开设“民族团结一家亲，同心共筑中国梦”专题和专栏，刊播民族团结典型事例专题报道；运用户外 LED 电子显示屏、广告牌、宣传栏等阵地，广泛开展民族团结普法宣传活动，持续扩大宣传覆盖面，营造“抬头可见、随处可学”的浓厚氛围。① 其次，积极创新宣传手段。西藏自治区创新开展各种主题的网上知识竞赛，督促国家工作人员先学一步、学深一层；开展民族团结文化展播活动，深入乡镇、村居和学校，免费播放爱国主义和民族团结教育题材影片，大力宣传弘扬民族团结进步的先进事迹。最后，运用直播、航拍、短视频、VR、H5 等融媒体形式，全方位、多角度、立体化展现西藏经济社会发展取得的辉煌成就。借助数字媒体，扩大宣传广度，营造良好舆论氛围，提升西藏广大人民群众的幸福感与获得感，让中华民族共同体理念深植人心、生根发芽。

（二）经济实践：西藏开展铸牢中华民族共同体意识工作的重要方式

经济社会发展与人的发展是内在统一的，物质基础的夯实对思想认知的进步起着决定作用。习近平总书记在第四次中央民族工作会议上强调：“如果民族地区发展差距持续拉大趋势长期得不到根本扭转，就会造成心理失衡乃至民族关系、地区关系失衡。”民族地区经济是否能够得到协调有序发展关系着我国经济大棋局的发展走向，而铸牢中华民族共同体意识是影响民族地区经济发展中的重要因素。铸牢中华民族共同体意识是推动民族地区经济高质量发展的主线，形塑共享发展的经济共同体是强化中华民族共同体意识的物质基础。② 因此，实现西藏自治区经济高速增长，逐步缩小西藏与祖国内地的发展差距，能够有效促进两地民族团结，拉紧铸牢中华民族共同体意识的利益纽带。

近年来，为实现西藏自治区内经济高质量发展，稳固铸牢中华民族共同体意识

① 法治网：《多措并举开展民族团结普法宣传》，http://www.legaldaily.com.cn/index/content/2022-12/09/content_8808628.html，2023 年 4 月 4 日。

② 李曼莉、蔡旺：《论铸牢中华民族共同体意识的三个基本问题》，《广西民族研究》2020 年第 3 期。

的经济底蕴，西藏历史性地解决了绝对贫困问题，走上了符合地方实际的产业发展道路，与祖国内地乃至国际建立经济交往交流的渠道，西藏各族人民群众的满足感、获得感与中华民族的认同感显著增强，为铸牢中华民族共同体意识提供了利益驱动和物质保障。

1. 完成脱贫攻坚，奠定铸牢中华民族共同体意识的物质基础

脱贫攻坚是实现西藏自治区全面、协调、可持续发展的关键，是形成中华民族利益共同体的基础。在这一过程中，经济、社会、环境等多个方面需要协同作用，才能实现西藏自治区从贫困到繁荣的根本转变，这一转变切合中华民族共同体意识的核心，即在全面发展的基础上，追求共同富裕、和谐共处、共同发展，进而实现中华民族的伟大复兴。长期以来，西藏经济落后，各族群众的物质生活和精神生活均受限制。经过脱贫攻坚，西藏各族群众得以从物质匮乏中解脱出来，使中华民族共同体的经济联系和精神认同均达到空前高度。因此，唯有在实现全面可持续发展的基础上，消除绝对贫困，缓解相对贫困，才能提升生活品质，解放人民思想，强化西藏各族人民对中华民族共同体意识的认同。

（1）彻底消除绝对贫困，“五个认同”成为西藏各族人民共识

脱贫攻坚战打响以来，西藏自治区致力于消除绝对贫困，这是党和国家团结带领全国各族人民实现“两不愁”“三保障”，进而共同建成小康社会的重要实践，是增强人民群众“五个认同”意识和促进民族团结的重要抓手。通过各族群众团结奋斗，西藏自治区彻底消除了绝对贫困，人民群众最基本的物质和精神需求得到满足。如图 4–1、图 4–2 和图 4–3 所示，截至 2019 年底，西藏 79.6 万建档立卡贫困人口实现全部脱贫，减贫率达到 100%，贫困发生率降至 0，[①] 绝对贫困问题得到历史性消除。人民生活由此实现质变，初步奠定了铸牢中华民族共同体意识的物质基础。各族群众对伟大祖国、中华民族、中华文化、中国共产党、中国特色社会主义的认同有了质的飞跃，“五个认同”深入人心，中华民族共同体意识随着生活水平的提升而深植于人民心中。具体而言，西藏消除绝对贫困主要从两个方面发力。

---

① 徐伍达、妮妮美朵、孙焕明：《西藏决战决胜脱贫攻坚发展报告》，《新西部》2020 年增刊。

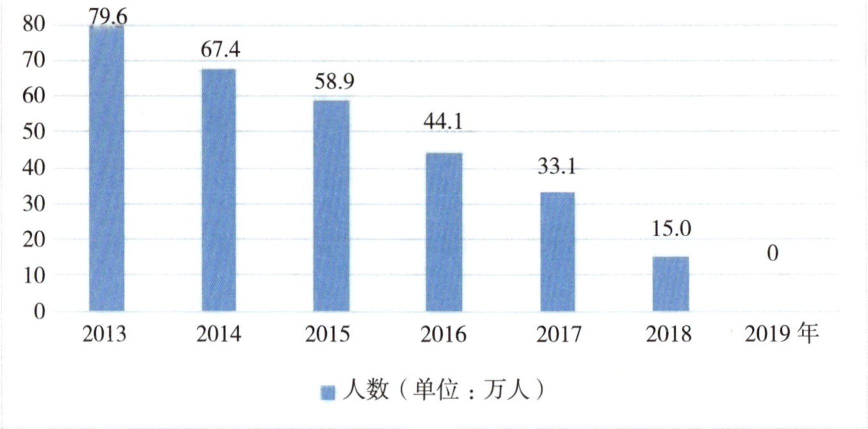

图 4-1　2013—2019 年西藏农村建档立卡贫困人口年底存量变化图

图 4-2　2013—2019 年西藏农村减贫率变化图

图 4-3　2013—2019 年西藏农村贫困发生率变化图

一是发展特色产业推动脱贫。西藏自治区着力发展具有民族和地域特色的产业。截至2020年，西藏共计成立162家农牧业产业化龙头企业，农牧产品加工业总产值达到57亿元。[①] 通过建立合作社吸引群众加入企业发展，同时以电子商务等网络方式销售特色农产品，以此提升农牧民收入。在旅游业方面，西藏自治区着力挖掘特色旅游资源，农牧民人均年增收超4300元。[②] 产业脱贫从解决群众最基本的吃穿问题入手，让各族群众心往一处想、劲往一处使，从此吃饱穿暖不再成为问题，"五个认同"的重大价值由此获得普遍认可，中华民族共同体意识成为具备现实吸引力的价值观。

二是落实三大保障推动脱贫。在教育保障上，西藏自治区不断加大教育事业投入，着力改善贫困地区办学条件，建立覆盖各个阶段的学生贫困资助体系，阻断了贫困的代际传播，为未来长效脱贫打牢基础。在医疗保障上，西藏自治区扎实推进全民参保工作，推动城乡医保统筹，不断提高城乡居民基本医保财政补贴标准，持续增加城镇居民大病保险、农牧民大病保险保费，因病致贫、因病返贫的情况得以遏制。在居住保障上，西藏自治区持续推进易地扶贫搬迁工作，截至2020年，建成易地扶贫搬迁区（点）964个，实现26.6万人的易地搬迁，切实改善了困难群众的居住情况。[③] 西藏自治区从群众基本生活条件入手落实三大保障工作，提高了群众的自我发展能力，深化了群众对"五个认同"的理解，让中华民族共同体意识的影响力惠及群众、感召力吸引群众。

（2）有效缓解相对贫困，满足人民对美好生活的向往

缓解相对贫困是激发人民群众创造活力的根本之策，可以为实现中华民族伟大复兴提供物质保障。西藏自治区坚持以人民为中心的发展理念，始终以实现共同富裕，不断满足人民群众对美好生活的向往为目标，持续推动缓解相对贫困的相关工作，有序开展脱贫攻坚后续工作，防止出现大规模返贫现象，巩固好脱贫攻坚取得的成果，衔接好乡村振兴工作。如图4-4所示，西藏自治区打赢脱贫攻坚战之后，2020和2021年的全体居民人均可支配收入保持稳步上升，分别达到21744元和

① 国务院新闻办公室：《西藏和平解放与繁荣发展白皮书（2021年5月）》，http://www.scio.gov.cn/zfbps/32832/Document/1704531/1704531.htm，2023年4月25日。

② 国务院新闻办公室：《西藏和平解放与繁荣发展白皮书（2021年5月）》，http://www.scio.gov.cn/zfbps/32832/Document/1704531/1704531.htm，2023年4月25日。

③ 国务院新闻办公室：《西藏和平解放与繁荣发展白皮书（全文）》，http://www.scio.gov.cn/zfbps/32832/Document/1704531/1704531.htm，2023年4月25日。

24950 元。[①] 到 2022 年末已消除返贫风险 5105 户 21739 人。[②] 这些年来西藏自治区以建立返贫监测帮扶机制、巩固生活保障成果、乡村振兴改善生活为切入点，不断提升西藏自治区全体人民的生活水平，夯实铸牢中华民族共同体意识的物质基础。

图 4-4　2015—2021 年全体人均可支配收入变化图

一是健全防止返贫动态监测和帮扶两个机制。近年来，西藏自治区持续关注脱贫不稳定户、边缘易致贫户、突发严重困难户，致力于实现易返贫群众的动态清零。西藏自治区以开发式帮扶和政策制定为抓手对特殊群体进行兜底保障，因地制宜、因人而异地进行产业扶持、就业促进或兜底保障。2021 年，全区农村低保标准提高到 5060 元，集中供养和农村分散供养特困人员每人每年救助供养标准分别达 14916 元、7590 元，[③] 有效遏制脱贫群众重新陷入贫困。西藏自治区各族群众过上更加稳定美好的生活，对美好生活的向往不断变成现实，对中华民族共同体意识的信任感和依赖度进一步加深。

二是开展“两不愁三保障”及饮水安全成果巩固工作。西藏自治区坚决杜绝辍学反弹现象，力推控辍保学“清零”目标，积极开展基层招录工作，2022 年全区招录基层教师 2070 人，投资 12.6 亿元用于改善义务教育学校基础设施，为各个学校架设教育云网和多媒体设备。[④] 西藏自治区医保普惠政策全覆盖，落实重点保护特惠政策，实现参保人员就医全流程便捷化，对特殊群体医保个人缴费给予全额

① 西藏自治区统计局：《2021 年西藏自治区国民经济和社会发展统计公报》，http://www.xztzb.gov.cn/news/1651025521672.shtml，2022 年 4 月 26 日。

② 严金海：《西藏自治区政府工作报告》，http://district.ce.cn/newarea/roll/202301/28/t20230128_38363189.shtml，2023 年 4 月 25 日。

③ 人民网：《西藏推进乡村振兴：广袤高原绘就宜居宜业新篇章》，http://xz.people.com.cn/n2/2022/0215/c138901-35134741.html，2023 年 4 月 25 日。

④ 人民网：《西藏推进乡村振兴：广袤高原绘就宜居宜业新篇章》，http://xz.people.com.cn/n2/2022/0215/c138901-35134741.html，2023 年 4 月 25 日。

补贴，对脱贫群体参保缴费提供定额补贴，着力解决医疗相对困难的问题。此外，西藏自治区两年来投入补助资金 6.4 亿元用于农村地区抗震改造和新增危房改造工作，重点关注高寒牧区季节性供水难题和农村饮水安全问题，2021 年投入 1.51 亿元修缮农村供水工程 4894 个，涉及群众 107.94 万人；检测并消除临时供水反复问题涉及人口 35.07 万人，其中脱贫人口 7.55 万人。① 西藏自治区长期聚焦脱贫攻坚成果的后续巩固工作，消除了各族人民日常生活的后顾之忧，显示了中华民族共同体意识对西藏群众生活改善的永久助益。

三是衔接乡村振兴打造改善群众生活的新局面。西藏自治区持续升级高原特色产业，促进产业发展与乡村振兴规划相衔接，不断健全利益联结机制，强化资金监管，实现扶贫产业全面升级。全区累计统筹投入资金 20.48 亿元实施 100 个乡村振兴示范村建设项目，投入 40.25 亿元开展 823 个乡村基础设施项目，升级改造 4.66 万座家庭厕所；落实 624 个边境小康村建设，开启 51 个抵边村建设，120 个抵边村被纳入规划。② 在各族人民群众的共同奋斗下，2022 年脱贫人口人均纯收入达 12082.5 元。③ 西藏自治区持续探索乡村振兴项目与群众生活改善有机链接的新模式，拉紧西藏自治区各族群众与中华民族共同体的利益纽带，使铸牢中华民族共同体意识始终有的放矢。

2. 促进经济发展，激活铸牢中华民族共同体意识的内生动力

2016 年 3 月 10 日，习近平总书记参加十二届全国人大四次会议青海代表团审议时指出："着力培育民族地区特色优势产业，有序开发民族地区特色优势资源，提高民族地区产业结构层次，增强民族地区自我发展能力和可持续发展能力。"长期以来，西藏自治区稳健优化第一产业，持续壮大第二产业，有力提升第三产业，不断促进三大产业的高效发展，经济自主发展与可持续发展能力快速提升，铸牢中华民族共同体意识的内生动力得到充分激活。

（1）稳健优化第一产业，为铸牢中华民族共同体意识"固本"

第一产业是西藏自治区的传统产业，是大部分农牧民群众赖以生存的基础产

① 人民网：《西藏推进乡村振兴：广袤高原绘就宜居宜业新篇章》，http://xz.people.com.cn/n2/2022/0215/c138901-35134741.html，2023 年 4 月 25 日。

② 人民网：《西藏推进乡村振兴：广袤高原绘就宜居宜业新篇章》，http://xz.people.com.cn/n2/2022/0215/c138901-35134741.html，2023 年 4 月 25 日。

③ 中国经济网：《西藏自治区政府工作报告》，http://district.ce.cn/newarea/roll/202301/28/t20230128_38363189.shtml，2023 年 4 月 25 日。

业。近年来，西藏自治区不断提高农业综合生产能力、市场竞争能力和可持续发展能力，以优势区域、优势资源为依托，大力优化产业结构，实现农牧民增收。在长期努力下第一产业呈现出传统产业加速转型升级、新兴产业不断涌现、政策和资源优势得到有效转化的新局面，第一产业发展方式和发展动力的转变，为铸牢中华民族共同体意识守住赖以生存的经济“本钱”。

一是以巩固基础为重点稳固第一产业。西藏自治区实施中低产田改造、耕地地力提升工程以及农牧业信息化基础设施建设，稳步强化绿色农牧业基础设施建设。“十三五”规划以来，西藏自治区整合“三项补贴”资金，5 年累计投入近 8 亿元，引导农民做好耕地地力提升。[①] 如图 4-5 所示，通过不断优化与提升土地生产能力，全区 2021 年全年粮食总产量 106.15 万吨，比上年增长 3.2%。[②] 不断优化西藏第一产业的生产条件，为实现农牧民增产增收和经济社会稳固发展提供了坚实保障。西藏农牧民赖以生存的土地在各族人民的团结奋斗下得到保护和升级，农牧民的饭碗越端越稳，中华民族共同体意识成为支撑西藏各族群众生存的支柱意识。

图 4-5 2015—2021 年主要农畜产品产量统计图

二是以打造科技支撑能力和完整产业链为路径优化第一产业。西藏自治区通过建立全区农牧业科技协同创新联动机制，积极推进“互联网 +”现代农牧业发展，搭建“线上线下”电商营销平台和农畜产品市场流通体系。2021 年 6 · 18 期

① 新华社分享页：《中国宝“藏”实现自给自足 西藏主粮生产迎来历史性转变》，https://xhpfmapi.zhongguowangshi.com/vh512/share/9728326?channel=weixin&from=groupmessage，2021 年 1 月 29 日。

② 中国西藏新闻网：《西藏自治区统计局 .2021 年西藏自治区国民经济和社会发展统计公报》，http://www.chinatibetnews.com/xw/202204/t20220422_4175435.html，2022 年 4 月 26 日。

间，多个电商平台推出多元化助农方案，在营销推广与市场需求双重助力下，西藏自治区农特产品持续热销，农产品网络零售额实现 0.92 亿元，同比增长 90.43%。[①] 西藏自治区不断强化与祖国内地的科学技术交流与商品交易往来，推动祖国内地先进技术与农牧业发展理念入藏，带动第一产业实现蝶变。西藏第一产业的发展越来越向祖国内地取经和靠拢，中华民族共同体意识在这种学习看齐中不断深入产业发展进程，同时深植相关从业者心中。

（2）持续壮大第二产业，为铸牢中华民族共同体意识“培优”

西藏自治区通过发挥战略资源储备基地的资源优势，注重在第二产业发展进程中有所为、有所不为，着力补齐健全产业链与供应链，积极落实各项优惠政策，做大做强优势明显、市场前景广阔、符合政策导向的绿色工业，[②] 使西藏第二产业由从无到有顺利过渡到从有到优的创新阶段。2021 年全区工业增加值 189.9 亿元，是 2012 年的 3.3 倍，2018 年工业增加值首次突破 100 亿元大关，[③] 逐步构建起了清洁能源、采矿、建材、藏医药、天然饮用水、农畜产品加工、民族手工、高新技术制造为主的特色工业产业体系。在西藏各族人民的共同拼搏下，第二产业从业群众收入明显增加，可持续增收能力增强，生活不断向好的愿景更加强烈，为铸牢中华民族共同体意识培育了产业发展的比较优势。

一是以科学规划为导向，推动第二产业走绿色可持续发展道路。西藏自治区积极引入实力雄厚的创新型企业及其发展智慧，积极引导传统第二生产企业向低耗能高产能企业转型升级，在产业交流与交往中催生了一批兼顾环境效益、社会效益和经济效益的绿色企业。西藏自治区始终贯彻绿色发展理念，实现生态环境保护与第二产业发展齐头并进，为西藏自治区开创出一条永续发展的新路。以西藏的第一个产业园达孜工业园区为例，自其 2002 年设立以来，全力发展成“绿色可持续、创新促发展、民族有特色、富民以兴区”的现代工业示范区，孕育打造出了一大批优质企业，在绿色发展中实现经济效益。各族人民群众在商业往来中互相学习，增进相互理解，共享美丽环境与经济收益，为中华民族共同体的利益纽带增添青山绿水的底色。

---

① 中国藏族网通：《西藏自治区农特产品“借网”走俏》，2023 年 4 月 25 日。

② 西藏政府网：《西藏自治区“十三五”时期产业发展总体规划》，http://www.xizang.gov.cn/zwgk/xxfb/ghjh_431/201902/t20190223_61942.html，2018 年 11 月 14 日。

③ 中国藏族网通：《工业起宏图 数字答新卷——党的十八大以来西藏工业和信息化发展综述》，https://www.tibet3.com/news/zangqu/xz/2022-10-15/292006.html，2023 年 4 月 25 日。

二是以差异化发展为路径，拓展第二产业产品的市场渠道。具体而言，西藏自治区引导第二产业的企业走精品化路线，重点瞄准高消费、大市场要素集中的一、二线城市，紧盯高端商务场所、高消费人群及海外市场；而在中低端赛道上则主打性价比和覆盖率，与祖国内地渠道商广泛合作，从产业链的一切环节入手降低成本，在中低端市场形成产品矩阵，打好组合拳。西藏自治区对自身工业产品进行精准的差异化定位，放大了西藏第二产业的比较优势，将优质的高端商品与高性价比的基础商品销往全国每一个角落，使各族人民都能体验到物美价廉的西藏制造，在提升西藏从业者收入的同时也深化了各族人民间的相互理解与社会分工，为铸牢中华民族共同体意识打通了市场道路。

（3）有力提升第三产业，为铸牢中华民族共同体意识“增能”

西藏自治区切实贯彻聚焦“特色、集聚、整合、开放”的发展路径，使第三产业在全区生产总值中的占比长期保持在 50% 以上，成为区域经济增效提质的支柱产业，持续优化西藏经济结构。旅游业是西藏自治区第三产业的主要构成，旅游业的发展带动了西藏自治区内第三产业的蓬勃发展。如图 4-6 所示，2021 年全年，西藏自治区共接待国内外游客 4153.44 万人次，比上年增长 18.5%。其中，接待入境游客 0.92 万人次，增长 171.6%；接待国内游客 4152.52 万人次，增长 18.5%。旅游总收入 441.90 亿元，增长 20.6%。其中，旅游外汇收入 545 万美元，增长 80.5%；国内旅游收入 441.53 亿元，增长 20.6%。[①] 第三产业的发展繁荣不断拓宽着西藏自治区群众增产增收的渠道，各个产业经营主体与从业者普遍受惠，带动了

图 4-6　2015—2021 年接待旅游者人数和旅游总收入统计图

① 西藏自治区统计局：《2021 年西藏自治区国民经济和社会发展统计公报》，http://www.xizang.gov.cn/zwgk/zfsj/ndtjgb/202204/t20220426_295819.html，2022 年 4 月 26 日。

就业结构持续性优化，第一、第二产业就业人员逐渐向第三产业转移，将西藏自治区经济发展的蛋糕越做越大、越做越优，联结着西藏与其他兄弟省市的利益纽带愈加强韧，铸牢中华民族共同体意识的意愿、信心和决心愈加强烈。

一是统筹好外部支援与内生动力间的关系。始终注意正确处理好“中央关心、全国支援”的帮扶机制与“自力更生、艰苦奋斗”的发展路径之间的关系，坚持第三产业发展“以我为主、以援为辅”的原则，在挖掘政策潜力、用好外部援助的同时，扎实修炼内功，充分挖掘内生发展动力。以旅游业为例，西藏自治区重视发掘内生旅游资源，创新发展“藏文化体验游”，将“最美 318 线”推介到全国乃至全球的消费者视野中，做好“冬游西藏”激励工作，以物质激励的方式把西藏旅游打造成全年全天候繁荣的金字招牌。截至 2020 年，西藏乡村旅游相关产业带来群众就业 8.6 万人次，年人均增收 4300 余元。同时在北京援藏指挥部的支持下，西藏自治区引入区外优质企业，将大批易地搬迁安置房改造为精品民宿，推出了“德吉藏家”品牌，“藏民家访”等旅游项目将外部支援的发展智慧与内生的旅游人文风情资源充分融合，受到游客的广泛青睐，仅 2019 年全年就为参与农户带来分红 55 万元。中华民族共同体意识在西藏自我奋斗和全国援助下被更加深入地融合在西藏社会经济的各个层面。

二是以融合发展为指引。西藏自治区不断推动第三产业中特色领域的产业融合发展，深入挖掘产业发展动能与效能，向新技术、新模式、新业态方向发展。例如近年来西藏推进全域全时旅游发展，遵循“特色、高端、精品”发展思路，以“旅游 +”和“+ 旅游”的全面发展为抓手，推动旅游业与其他产业深度融合发展，带火了一批如雪顿节、雅砻文化节、羌塘赛马节、珠峰旅游文化节等具有地方特色、民族风情的旅游产品。同时，西藏深化“数字拉萨”“智慧城市”建设与“互联网 + 旅游”的融合创新，扩容和提质数字旅游产品，打造线上线下一体化的拉萨智慧旅游新模式与新业态，使西藏第三产业走出发展新路，中华民族共同体意识有了更加现代化、复合化的发展抓手。

3. 加强经济交流，拉紧铸牢中华民族共同体意识的利益纽带

西藏与祖国内地在经济上的交往交流推动着两地人民群众在文化与思想上的交融交心。近年来，西藏自治区全面深化与祖国内地的经济交流，实现了从经济理性到文化同一再到制度融合的进步，实现了从市场竞争到文化一体再到文化认同的

转变，[①] 为形塑中华民族利益共同体开辟了新的局面。此外，西藏自治区持续扩大对外贸易，在以“一带一路”为代表的国际舞台上取得了不可替代的地位，使西藏各族人民群众中华民族的认同感、归属感、自豪感、自信心和家国意识不断强化，中华各民族以利益纽带为媒介像石榴籽一样紧紧抱在一起，中华民族共同体意识入心入脑的程度不断加深。

（1）全面深化对内开放，强化西藏各族人民的身份认同

经济交流是各族人民全面交流的物质基础，西藏自治区不断加大对区外各省市、企业等敞开经济交流大门的力度，经济对口援藏也提升了全国兄弟省市对西藏的开放度，在各援藏省市人民的坚定支持和西藏人民的艰苦奋斗下，对口援藏取得重大成效。西藏与兄弟省市的经济交流不断深化，为西藏发展注入了强大的经济发展活力，在各地、各企业间建立了商业互信和沟通桥梁，形成“全国一盘棋”的利益共同体，加深了各族人民间的物质联系与血脉联系，为铸牢中华民族共同体意识拉紧了利益纽带。

一是以积极主动的姿态对接援藏资源，加强与祖国内地的利益连结。西藏自治区不断加大金融投资领域向祖国内地开放的力度，吸引更多祖国内地资本进入西藏基础设施建设领域和产业发展规划当中，充分发挥市场对资源配置的决定性作用。2019 年以来，西藏自治区以“七大产业”为重点开展招商引资活动 2093 次，引进区外企业 1141 家，实际到位资金 414.14 亿元;坚持硬件与软件同步建设，基础设施与重点产业统筹推进，打造特色支柱产业 144 个，推动资源优势转化为经济优势；聚焦园区建设、乡村振兴、城市规划等重点领域推进“小组团”援藏，实施项目 270 个，打造特色品牌 107 个，完善规章制度 590 项，引进先进技术 248 项，攻克技术难题 131 个。[②] 此外，西藏自治区将政府干预与市场调节相结合，共同促进援藏企业规模化、有序化发展，将祖国内地驻藏企业引入当地规模化产业园，将援藏经济做大做强，推进援藏企业与西藏市场实际深度融合，促进企业和经济社会共同发展繁荣。截至 2022 年，第九批援藏工作共落实计划内资金 141.44 亿元、计划外资金 64.87 亿元，实施援藏项目 2712 个。[③] 援藏企业在西藏扎根，创造了

① 李曦辉：《铸牢中华民族共同体意识经济视角研究》，《区域经济评论》2021 年第 3 期。

② 西藏日报网：《产业援藏在对口援藏工作中发挥重要作用》，https://xz.chinadaily.com.cn/a/202207/27/WS62e1005da3101c3ee7ae117e.html，2023 年 4 月 25 日。

③ 中国日报网：《产业援藏在对口援藏工作中发挥重要作用》，https://xz.chinadaily.com.cn/a/202207/27/WS62e1005da3101c3ee7ae117e.html，2023 年 4 月 25 日。

大量的就业岗位和供给需求，将当地群众的幸福生活与中华民族共同繁荣深度绑定，两地群众优势互补、紧紧相依、共享发展成果，为铸牢中华民族共同体意识联结了利益纽带。

二是充分利用援藏资源，将物质资源转化为精神动力。以河北援藏项目之一——札达县城24小时供水惠民工程的建成投运为例，这一工程使札达县成为阿里地区第一个实现城区用水管网全部入户、用水管理实现公司化运营的县城，并做到科学用水、合理收费、干净用水，极大地改善了城区居民的生产生活条件。不仅如此，西藏自治区合理分配援藏资金与项目，重点扶持文化教育、医疗卫生、农林牧、交通通信、住房建设等事关民生的关键领域，使西藏各族人民群众日常生活的方方面面都受到中华民族大家庭的关怀和帮助，将祖国内地的经济实惠实实在在地落到每一个西藏各族群众身上，彰显出全国各族人民与西藏人民斩不断的血脉联系，将物质资源转化为积极融入中华民族共同体的强大精神动力，铸牢中华民族共同体意识的利益纽带被拉得愈加紧实。

（2）持续扩大对外开放，增强西藏人民的民族认同

西藏是中国面向南亚的战略枢纽和开放门户，是国家沿边地区开放开发重点区域，也是“一带一路”的重要门户，在我国的对外开放格局中具有重要的战略地位。如图4-7所示，2021年全年货物贸易进出口总额40.16亿元，比上年增长88.3%。其中，出口22.52亿元，增长74.1%；进口17.64亿元，增长1.1倍。一般贸易进出口22.55亿元，增长1.0倍。其中，出口5.02亿元，增长75.2%；进口17.53亿元，增长1.2倍。边境小额贸易进出口（均为出口）17.22亿元，增长78.1%。[①] 西藏自古以来就是伟大祖国不可分割的一部分在国际经济舞台上释放影响力，在经济往来中利用当地特色优势地位和祖国内地大市场背景，为西藏区域经济以及国家整体经济发展创造出新的动力源和增长点，而西藏各族群众在深度参与到深化国家改革开放的征程当中，更加切身体会到中华民族伟大复兴事业的使命感和紧迫性。

一是以“中国窗口”在国际经济往来中发挥枢纽作用。首先，西藏自治区在对外经贸往来中充分利用自身地缘特点与区位优势，积极推动“一带一路”在西藏这

① 西藏自治区统计局：《2021年西藏自治区国民经济和社会发展统计公报》，http://www.xizang.gov.cn/zwgk/zfsj/ndtjgb/202204/t20220426_295819.html，2022年4月26日。

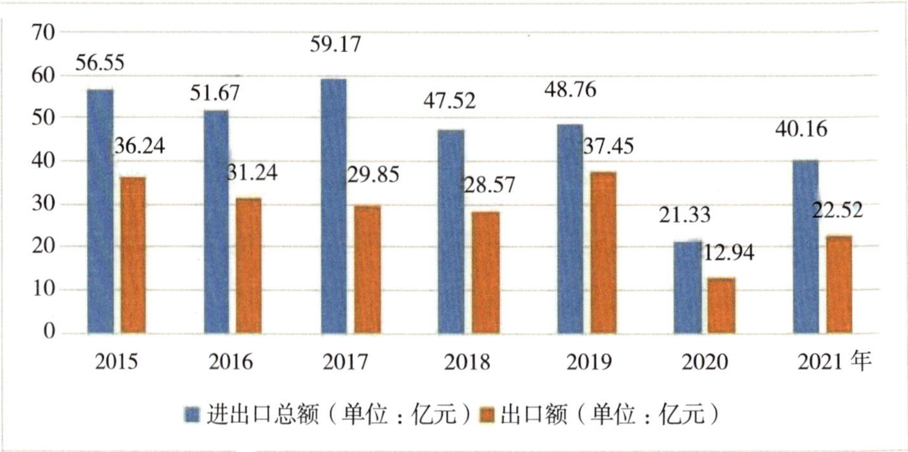

图 4–7　2015—2021 年货物进出口总额统计图

一关键环节的建设。西藏自治区不断完善吉隆、亚东、普兰等系列口岸和边境城市的交通基础设施，提升货物和人员流通的便利度和通畅度，为经济往来打下流量基础。其次，西藏自治区以开展贸易项目的综合试点为抓手，在拉萨市、日喀则市探索综合保税区建设道路，培养外贸行业人才，为发展西藏外贸事业建设骨干队伍。最后，西藏自治区积极推动与南亚各国间的发展资源互通与流转。中尼共同构建双边合作机制，以中尼经贸联委会、藏尼经贸洽谈会、藏尼经贸协调会、藏尼非政府合作论坛等双边合作内容为基础，深入发展双边经贸关系。随着西藏在国际市场上经济地位的提升，经贸的繁荣也为各族群众生活带来了更多实惠，西藏各族群众切身感受到作为中华民族成员屹立于世界民族之林的高度自豪感与自信心，使得中华民族共同体意识真正成为西藏群众充分信任、真正崇拜和由衷赞同的价值观。

二是在南亚经济带特色产业创新中发挥主体作用。西藏的畜产品、矿产品、中药材、土特产以及手工业品，受到印度、尼泊尔等南亚国家的欢迎，并且在欧美国家也有一定的市场影响力。同时，西藏民族特色的产品对南亚市场有一定的适应性，这为西藏参与“一带一路”以及环喜马拉雅经济合作带的发展提供了产品保证。西藏文化旅游产业、体育休闲产业、清洁能源产业、农牧特色产业、医药产业、民航运输业等在不断深化对外开放中成为新的突破点和需求点，[①] 而这些产业的发展，需要西藏乃至整个南亚地区的高原资源和自然生态所特有的市场需求的支撑。西藏在与南亚各国市场充分互惠互利的过程中，日益能够代表整个中华民族共同体发出

①《“一带一路”建设中的西藏角色》，http://www.xizang.cn/cn/zt2019/fzlt/ydyl/201906/t20190614_6610508.html，2023 年 4 月 25 日。

中国声音，提出中国对策，运用中国智慧，西藏各族群众的中华民族主人翁意识和荣辱与共意识都在不断增强，为中华民族共同体意识的铸牢铺垫与积蓄了深厚的人民共识。

（三）文化实践：西藏开展铸牢中华民族共同体意识工作的有效载体

习近平总书记指出："文化是一个国家、一个民族的灵魂，是民族生存和发展的重要力量。"中华文明，浩浩汤汤绵延上下五千年，见证着各民族在这片共同的土地上繁衍生息。各民族在长期交往交流交融中共同创造了灿烂的中华文化，对中华文化的认同更在各民族交往过程中不断得到巩固与发展。在漫长历史进程中形成的博大精深的西藏文化是中华民族共同体的精神载体，实现西藏文化的繁荣发展对提高各民族群众对中华文化的认同感具有重要意义。因此，铸牢中华民族共同体意识必须构建行之有效的文化路径。

党的二十大报告提出，要"以社会主义核心价值观为引领，发展社会主义先进文化，弘扬革命文化，传承中华优秀传统文化，满足人民日益增长的精神文化需求，巩固全党全国各族人民团结奋斗的共同思想基础"[①]。多年来，西藏自治区坚持以社会主义核心价值观引领文化建设，注重用优秀传统文化、革命文化、社会主义先进文化培根铸魂。西藏各族群众的思想觉悟、道德水准、文明素养和社会文明程度不断提高，中华民族共同体意识在文化实践中不断积淀。

1. 传承优秀传统文化，夯实铸牢中华民族共同体意识的文化基础

优秀传统文化是西藏的文化根脉，其蕴含的思想观念、道德理念是西藏各族群众思想和精神的内核，在铸牢中华民族共同体意识中坚定文化自信自觉自强具有重要意义。习近平总书记多次指出传承优秀传统文化的重要性，"中华优秀传统文化是中华民族的精神命脉，是涵养社会主义核心价值观的重要源泉"[②]。"要保护好前人留下的文化遗产，包括文物古迹，历史文化名城、名镇、名村，历史街区、历史建筑、工业遗产，以及非物质文化遗产。"[③] 多年来，西藏自治区始终坚持传承优秀传统文化，既保护蕴含深刻文化内涵的古迹古建筑，也保护独具一格的特色民居与风情民俗，不断夯实铸牢中华民族共同体意识的文化基础。

① 习近平：《高举中国特色社会主义伟大旗帜 为全面建设社会主义现代化国家而团结奋斗》，《人民日报》2022 年 10 月 26 日。

② 习近平：《坚持以人民为中心的创作导向传做更多无愧于时代的优秀作用》，《人民日报》2018 年 3 月 21 日。

③《中央城市工作会议在北京举行》，《人民日报》2015 年 12 月 23 日。

（1）实施重点文物保护工程

文物蕴含着丰富的各民族交往交流交融的元素，是中华民族多元一体格局形成过程的重要实证。挖掘、整理、阐释各类文物，能为深化和拓展中华民族共同体历史、中华民族多元一体格局研究提供科学实证，对促进各民族交流与融合、不断增进各民族共同性、铸牢中华民族共同体意识具有重要的意义。近年来，西藏自治区增加对文物保护的资金预算，加大对文物保护的资金支持力度与艺术品市场的监管力度，规范民间文物的征集与管理工作等。一系列举措推动西藏文物保护管理传承工作更上一层楼。

一是强化文物保护的法律支撑。西藏自治区先后颁布了《文物保护条例》《寺庙文物管理暂行条例》《文物保护单位消防安全管理办法》《流散文物管理暂行规定》《布达拉宫保护管理办法》等法律法规和规范性文件，使文物保护工作有法可依。

二是理清文物清单。西藏自治区通过开展文物调查工作，全面掌握了当前西藏地区文物的数量、分布、特征与保存现状等情况。当前全区拥有世界文化遗产 1 处 3 点（布达拉宫、大昭寺、罗布林卡），已调查登记的各类文物点 4468 处，各级文物保护单位 2373 处，其中全国重点文物保护单位 70 余处，拉萨市、日喀则市和江孜镇入选全国历史文化名城，[①] 明确了文物保护工作的目标对象，为综合施策指明了方向。

三是在保护与传承的基础上创新。西藏古建筑资源丰富且独特，对此我们不应仅止于保护，更应创新利用。以拉萨老城区建设保护为例，保留拉萨老城区传统特色建筑与街道，保留古城的传统面貌与居住方式，催生出“写生经济”新业态。让其作为承载体与活化石的老城区永不“过时”，与现代经济形态更好地融合。

四是着力保护古籍。近年来，西藏自治区古籍普查保护工作初步形成了以自治区古籍保护中心为主，地市、县（区）文化部门、收藏单位、个人参与的古籍普查和保护网络体系。截至 2021 年 1 月，西藏累计有 305 函珍贵古籍列入国家珍贵古籍名录。西藏博物馆、布达拉宫管理处、西藏自治区档案馆、罗布林卡管理处 4 家古籍收藏单位入选全国古籍重点保护单位。[②]

---

①《（中国这十年）西藏调查登记各类文物点 4468 处》，https://baijiahao.baidu.com/s?id=1746128836324159418&wfr=spider&for=pc，2023 年 4 月 25 日。

② 中国西藏网：《西藏 305 函珍贵古籍入选〈国家珍贵古籍名录〉》，http://ttt.xizang.cn/cn/culture/zx/202101/t20210108_6933357.html，2023 年 4 月 25 日。

（2）加强非物质文化遗产保护

非物质文化遗产是中华民族优秀的传统文化与精神财富。作为西藏各族人民生产生活的产物，西藏非物质文化遗产在凝聚民族认同、促进文化交流、树立文化自信等方面发挥着重要的作用，是铸牢中华民族共同体意识的重要精神纽带。

自西藏和平解放以来，从中央到地方都高度重视西藏非物质文化遗产的保护、传承和弘扬工作，投入大量的人力、物力和财力，对藏医藏药、传统戏剧、藏传佛教与寺庙、传统手工技艺、音乐舞蹈绘画等非物质文化遗产实施了有力、有效的保护。

一是全面摸底建立“非遗”名录。2005 年以来，西藏自治区坚持“保护为主、抢救第一、合理利用、传承发展”的工作方针，加强非物质文化遗产的挖掘和保护，基本形成了国家、自治区、市、县四级非物质文化遗产名录体系，一大批珍贵的非物质文化遗产获得有效保护。目前，西藏共有各级“非遗”代表性项目 2603 项、“非遗”工坊 151 家，其中西藏格萨尔、藏戏、藏医药浴法入选人类非物质文化遗产代表作名录；拉萨堆绣唐卡等 106 个项目列入国家级非物质文化遗产代表性项目名录。①

二是加大力度培养“非遗”传承人。根据西藏自治区文化厅数据显示，2006 年以来，国家投入超过 2 亿元，西藏自治区投入近 9600 万元，用于国家和自治区级非遗代表性项目保护、国家级代表性传承人抢救性记录、非遗传承人培训及扶持传承人开展传习活动等，目前全区共有各级非遗代表性项目传承人 1668 名，其中国家级非物质文化遗产代表性传承人 96 人。②

三是将“非遗”传承纳入国民教育体系。多年来，西藏自治区在基础教育和高等教育中大规模引入“非遗”课程，在职业教育中引入“非遗”专业，有效促进了非物质文化遗产的宣传、制作、研究等多样化传承。例如西藏大学艺术学院是藏族唐卡（勉唐派和钦泽派）的保护单位，开设有《藏族美术》《西藏唐卡》《西藏音乐史》《藏族歌曲作法》《藏族歌舞》《民间舞与史论》以及《西藏民俗》等民族特色鲜明的课程；拉萨市墨竹工卡县扎西岗乡南京希望小学的学生们在课外活动时喜爱下藏棋，学生们在对弈中锻炼思维、开发智力。

① 中国西藏新闻网：《非遗目录》，http://www.xzxw.com/fy/#fyml，2023 年 4 月 25 日。

②《彩非遗让生活更美——西藏非遗保护传承工作综述》，https://baijiahao.baidu.com/s?id=1736935402460583227&wfr=spider&for=pc，2023 年 4 月 25 日。

（3）注重传统节庆、民俗活动

节日习俗作为一种文化现象，承载与传递着传统文化。作为优秀传统文化的重要组成部分，西藏自治区的传统节庆、民俗活动承载着民族的文化记忆，凝聚着民族的集体意识，是夯实各族人民群众交往交流交融的重要场域，对铸牢中华民族共同体意识具有强大的内聚力作用。①

一是尊重民族节日习俗。国家充分保障西藏各民族按照传统风俗习惯生活和进行社会活动的权利，各族群众在保持服饰、饮食、住房的传统方式和风格的同时，也吸收了不少新的现代文化习俗。②每年各地群众的节庆集会，既有大量的传统节日，如藏历新年、望果节、雪顿节、沐浴节、达玛节、噶尔恰钦节、赛马会等，又同时欢度春节、端午节、中秋节、妇女节、儿童节等各种节日。

二是为群众欢度民族节日做好配套保障。不仅为群众过好节日创造各种条件，还将“藏历新年”“雪顿节”等藏族节日列为西藏自治区的节假日，使得西藏的节假日多于国家法定节假日。藏历新年是藏族同胞最重视的传统民俗节日，表达了藏族人民对新春和新年的向往与期待。藏历新年期间，家家准备“卡赛”“切玛”，进行大扫除、摆新卡垫，除夕晚上，各家要吃团圆饭“古突”，吃完团圆饭，家家户户倾巢出动去举行隆重的送鬼仪式。藏历新年十多天期间，各地还会举办一些娱乐活动，如跳锅庄舞、弦子舞、唱藏戏、拔河、赛马、射箭等。新年期间的各种习俗和仪式，其背后都彰显着藏民族期盼团圆、向往美好幸福生活的思想观念、精神风貌及价值取向，千百年来未曾改变。包括藏历新年在内的各类传统节庆、民俗活动是藏族文化在历史发展演进中逐步形成的记忆符号，承载着西藏人民对民族历史的记忆、对民族心理的认同、对民族精神的凝聚、对民族文化的传承。③

2. 弘扬红色文化，渲染铸牢中华民族共同体意识的价值底色

红色文化蕴含着倡导践行革命理想信念、建立民族平等、促进团结进步、维护国家主权与领土完整、改善民生福祉的价值追求，为铸牢中华民族共同体意识提供重要的价值引领和经验启迪。④可从红色文化中延续中国共产党人与西藏各族人民

① 李玉雄、韦承艳：《以少数民族节庆为载体铸牢中华民族共同体意识——基于龙胜各族自治县节庆文化的调查》，《民族教育研究》2023 年第 1 期。

②《中华人民共和国国务院新闻办公室：西藏和平解放与繁荣发展》，《人民日报》2021 年 5 月 22 日。

③ 李玲：《打造藏历新年文化品牌 创新西藏民俗文艺精品——浅析新时期如何办好“藏晚”》，《电视研究》2017 年第 3 期。

④ 曲姿璇、扎西：《西藏红色文化资源在铸牢中华民族共同体意识的价值诠释与经验启迪》，《西藏大学学报（社会科学版）》2022 年第 3 期。

共同奋斗的红色基因与精神血脉，可见西藏红色文化是中华民族共同体意识的典型写照。西藏自治区始终坚持贯彻习近平总书记关于加强和改进民族工作的重要思想和“把红色资源利用好、把红色传统发扬好、把红色基因传承好”的重要指示，在弘扬红色文化的过程中渲染铸牢中华民族共同体意识的价值底色。

（1）追寻红色记忆，挖掘红色资源

习近平总书记指出：“红色资源是我们党艰辛而辉煌奋斗历程的见证，是最宝贵的精神财富。红色血脉是中国共产党政治本色的集中体现，是新时代中国共产党人的精神力量源泉。”① 西藏具有丰厚的红色资源，它们记录着一代又一代共产党人坚守初心使命，全心全意为西藏谋发展、为西藏各族人民谋幸福的理想信念和奋斗历程，是红色精神和中华民族共同体意识延续和传承的重要载体。西藏自治区党委、政府始终高度重视红色资源的挖掘、保护与利用工作，持续改善革命文物保护状况，增强革命文物教育传承功能，为传承红色基因汲取奋进力量，铸牢中华民族共同体意识作出贡献。

一是加强顶层设计。西藏自治区先后出台了《关于加强西藏革命历史类纪念设施、遗址和爱国主义教育示范基地工作的实施意见》《关于实施革命文物保护利用工程（2018 — 2022 年）的实施意见》等指导性文件，为做好新时代西藏革命文物工作提供了有力保障。

二是落实红色资源普查认定工作。西藏自治区坚持“红色遗迹保护要开展普遍调查、统一规划、系统保护、发挥作用”的理念，组织力量赴 7 地市 134 处革命文物点和 27 处革命文物收藏单位，开展馆藏革命文物（可移动）的认定、定级等工作，认定登记革命文物（可移动）1592 件 / 套，基本摸清了全区革命文物的家底。同时，组织开展了全区 138 处红色文化遗存和革命遗址、西藏地方与祖国关系史遗存遗址挂牌立碑工作。

三是加强红色资源的保护力度。据统计，中央预算内投资 5000 万元、国家文物保护专项补助资金 6780 万元、自治区财政安排资金 1.3 亿元，实施了中央人民政府驻藏代表办公处旧址、扎木中心县委红楼、中共阿里分工委旧址等 37 处重要历史和革命文物的保护展示工程，极大改善了全区革命文物的保护状况。同时，坚持科学规划，印发《西藏自治区革命文物保护利用总体规划》，启动《西藏自治区

① 习近平：《用好红色资源、赓续红色血脉，努力创造无愧于历史和人民的新业绩》，《求是》，第 19 期。

革命文物保护利用片区保护规划》编制工作，确保全区各级各类革命文物得到科学合理保护。编制自治区“十四五”时期红色遗迹保护规划项目，拟申报项目 29 个、总花费资金 3.2 亿元。[①]

四是充分利用红色资源。为让红色基因代代相传，西藏自治区最大限度地挖掘了各类红色资源的文化价值。如表 4–1 所示，红色资源包括烈士陵园、战争遗址、重要会议场所、纪念碑、纪念博物馆等类型，西藏自治区对其中所有具备对外开放条件的革命文物纪念设施，每年开展缅怀祭扫、“追悼先烈英魂，缅怀先烈功绩”“祭奠革命先烈”“重温入党誓词”、瞻仰遗物等有庄严感和教育意义的各类活动。同时，深入挖掘革命文物的价值内涵和文化元素，精心设计打造导向鲜明、内涵丰富的革命文物陈列展览，革命文物的教育功能日益彰显。

表 4–1　西藏红色资源汇总表

类型	组成要素	名称
烈士陵园型资源	主要由烈士纪念碑、碑文、烈士陵墓（群）、陈列室祭奠广场、多组群雕、多功能厅、烈士遗留物品、书信、照片等遗物组成	昌都市烈士陵园、拉萨烈士陵园、樟木烈士陵园、洛扎烈士陵园、山南烈士陵园、那曲烈士陵园、狮泉河烈士陵园、日喀则市烈士陵园、波密烈士陵园、江达县烈士陵园、丁青县烈士陵园、张贵荣烈士纪念馆等
战争遗址型资源	主要由战争发生地遗址组成	昌都市江达县岗托镇十八军渡江遗址、江达县邓柯乡十八军渡江遗址、阿里改则县先遣连遗址、江达县金沙江碉堡、芒康县宁静十八军战斗遗址、察隅竹巴笼十八军渡江遗址、拉萨市尼木县麻江碉堡、察雅碉堡、拉萨市药王山遗址等
重要会议、场所型资源	主要由遗址建筑、遗址建筑内陈列室、重要会议场景文史资料、图片影视资料等组成	昌都解放委员会办公旧址、十八军军部旧址、十八军五十二师师部办公旧址、扎木中心县委红楼、亚东县委外办、亚东东嘎寺、中央人民政府驻藏代表旧址、军区一二号院、西藏自治区筹备委员会办公楼、西藏民主改革第一村克松村党支部旧址、西藏第一朗生互助组成立旧址、十八军开荒生产指挥部旧址、易贡将军楼、西藏工委办公处、日喀则行署老会议室、定结宗山政府机关遗址等

① 国家文物局：《强化保护利用 传承红色基因 奋力开创新时代西藏革命文物工作新局面》，http://www.ncha.gov.cn/art/2021/9/20/art_722_170897.html，2023 年 4 月 25 日。

类型	组成要素	名称
纪念碑型资源	主要由纪念碑纪念塑像等建筑组成	西藏和平解放纪念碑、昌都市芒康如美镇的巴帮公路纪念碑、张贵荣烈士纪念碑、川藏线上十英雄纪念碑、洛隆县康沙烈士纪念碑、八宿县“献身机场建设烈士千古”碑、米林县卧龙镇麦村“护林灭火十二烈士纪念碑”、青藏电力联网工程纪念碑、唐古拉山口的纪念碑、唐拉中国汽车工业五十周年纪念碑、亚运会取火点纪念像、“光明天路”石碑中国汽车等
纪念博物馆型资源	主要由博物馆纪念馆、珍贵档案资料、历史照片、回忆录、文物器件、旧建筑等实物组成	西藏百万农奴解放纪念馆、西藏档案馆、西藏博物馆、西藏军区军史馆、阿里进藏先遣连纪念馆、自治区群众艺术馆、珠峰登山博物馆、毛泽东像章馆以及各地市历史博物馆、纪念馆、群众艺术馆、谭冠三纪念园（馆）、拉萨市城关区北京西路“吉彩洛定”房屋建筑等

资料来源：根据西藏旅游网相关数据整理。

（2）发扬红色传统，感悟红色精神

红军长征时期藏汉同胞同甘共苦并肩战斗的革命情谊、西藏和平解放、民主改革、百万农奴翻身做主、社会主义建设与改革开放、中央召开的七次西藏工作座谈会等，都要站在新的历史方位上加以阐释和宣传。西藏的红色传统作为西藏各族人民中华民族共同体意识的典型写照，是对一代代共产党人在雪域高原上弘扬一系列宝贵精神的生动诠释，如表 4-2 所示，包括“老西藏精神”、“两路”精神、孔繁森精神、先遣连精神、玉麦精神等，持续丰富着共产党人精神谱系的生动实践和感人事迹。多年来，西藏自治区不断发扬红色传统，感悟红色精神，增强红色文化的表现力、传播力与影响力。

表 4-2 西藏典型的红色精神

名称	简述
“老西藏精神”	1950 年 3 月，以十八军为主力的进藏部队按照党中央、毛主席“一面进军，一面修路，一面进军，一面建设”的重要指示，从多个方向同时向西藏挺进，拉开了人民解放军进军西藏、解放西藏的大幕，孕育出了“特别能吃苦、特别能战斗、特别能忍耐、特别能团结、特别能奉献”的“老西藏精神”
“两路”精神	西藏和平解放后，中国人民解放军和四川、青海等省各族人民群众以及工程技术人员组成了 11 万人的筑路大军。在物资短缺、高寒缺氧，可谓是人类生命禁区的世界屋脊之上于 1954 年建成总长为 4360 公里的川藏、青藏公路。结束了西藏没有现代公路的历史，创造了世界公路建设史上的奇迹，用生命凝练出了“一不怕苦、二不怕死、顽强拼搏、甘当路石、军民一家、民族团结”的“两路”精神

名称	简述
孔繁森精神	“我在哪里发生不幸，就把我埋在哪里。”西藏林芝市鲁朗镇全国援藏展览馆里，孔繁森的日记震撼着每一位参观者。这位援藏干部生前两次进藏工作，1992 年底被任命为阿里地委书记，工作期间跑遍了全地区 106 个乡中的 98 个，行程 8 万多公里与藏族群众结下了深厚情谊。1994 年 11 月 29 日，孔繁森前往新疆塔城考察边贸事宜，途中因车祸不幸以身殉职
先遣连精神	为尽快解放西藏，1950 年夏末，新疆独立骑兵师一团保卫股长李狄三奉命，率一支由 7 个民族 130 余名官兵组成的先遣连，从昆仑山脉脚下的新疆于田县普鲁村出发，向西藏进军。这支部队，也是第一支进入西藏的解放军部队。数十年来，先遣连官兵不怕牺牲、不畏艰难、坚守信念、军民团结的精神，深深植根在高原人民的心中，激励军民为建设新西藏奉献青春热血
玉麦精神	卓嘎、央宗两姐妹和她们的父亲桑杰曲巴生活的玉麦乡隶属西藏山南市隆子县，位于中印边境，是我国人口最少的行政乡。在 20 世纪，这里曾被外界称作“三人乡”。因为从 1983 年到 1995 年 12 年间，玉麦乡仅有乡长桑杰曲巴和卓嘎央宗一家 3 口，他们默默地守护着这片国土，铸就了“爱国守边、忠诚奉献”的玉麦精神

资料来源：根据央视网相关资料整理。

一是整理研究宣传好红色精神。以“老西藏精神”、“两路”精神为代表的红色精神，是中华民族的宝贵精神财富，是雪域高原各族人民能够感知和触摸到的具有高原特点的中国共产党人精神谱系。多年来，西藏自治区通过坚持让红色精神进学校、进企业、进社区、进乡村、进党政机关、进部队军营等，向西藏各族人民讲述党史、新中国史、改革开放史、社会主义发展史以及西藏地方与祖国关系史，营造浓厚氛围，将红色精神转化为人民群众干事创业的强大动力，让红色血脉薪火相传。

二是深入发掘红色精神的时代内涵，发挥育人作用。西藏自治区利用重要的时间节点，不断拓宽红色精神的育人渠道，开展主题纪念活动，以参观走访、情景模拟等形式，让红色精神不断融入思政教育，教育引导藏区人民群众在外化于行中深刻领会红色精神的价值方向、精神动力，不断谱写中华民族共同体意识在西藏伟大实践的新篇章。

三是用红色精神凝聚起民族团结进步力量。红色精神是铸牢中华民族共同体意识的精神力量和生动载体。多年来，西藏自治区用红色精神培根铸魂，传承红色基因，让中华民族共同体意识根植于人民群众的心灵深处。社会主义新西藏发展建设中产生的一系列宝贵精神是中华民族团结奋进、自强不息的民族品格在雪域高原的生动体现，是鼓励西藏人民群众不畏艰难、勇往直前的宝贵精神财富。在新时代，西藏自治区在红色精神中汲取团结奋进的力量，团结一心、守望相助，共同奏响西藏各民族大团结、大发展、大繁荣的时代强音，凝聚起共同团结奋斗、共同发展繁荣的时代伟力，携手建设团结富裕文明和谐美丽的社会主义现代化新西藏。

3. 发展社会主义先进文化，增强铸牢中华民族共同体意识的文化认同

社会主义先进文化的生成与发展符合历史规律，适应当代社会发展的具体要求，生动阐释着个体、社会和国家的价值标准和追求。习近平总书记指出："文化认同是最深层次的认同，是民族团结之根、民族和睦之魂。"社会主义先进文化维系着中华儿女共同的情感、凝聚着中华儿女共同的认知，指引着中华儿女共同的追求，为铸牢中华民族共同体意识注入了源源不竭的动力。党的十八大以来，西藏自治区始终坚持社会主义文化的正确建设方向，各项工作聚焦铸牢中华民族共同体意识中心，扎实改善文化基础设施建设、不断健全公共文化服务水平、加快推进文化事业和文化产业高质量发展，以强大的精神力量促进各民族在新时代共擎现代化西藏的美丽画卷。

（1）改善文化基础设施

文化基础设施既是公民实现基本文化权利的载体，也是各民族交往交流交融、心理和文化互嵌的公共空间。[①] 以公共空间为支撑构建起的公共传播机制，发挥了沟通社会各阶层、培育市民社会的功能，为构筑中华民族共同体意识的现代性认同奠定了基础。[②] 西藏自治区通过改善文化基础设施，实现各民族群众在公共文化生活中的互动交流、情感上的相互黏合和文化上的融合创新，构建起对于中华民族共同体的归属感与认同感。

一是构建社会公共文化服务体系。据《西藏和平解放与繁荣发展》白皮书显示，西藏已建成区、市（地）、县（区）、乡（镇）、村（居）五级公共文化服务体系，公共文化服务覆盖率达 100%。截至 2022 年 4 月，全区共有 4 家图书、音像电子出版单位、24 种汉藏文报纸、40 种汉藏文期刊、219 家出版物发行单位、5464 家农家书屋、1787 家寺庙书屋、74 个县（区）综合文化活动中心，692 个乡（镇）综合文化站、8 个市（地）图书馆。[③]

二是强化基础公共文化服务体系建设。西藏自治区配备了 74 个县区综合文化活动中心和艺术团流动图书车、流动文化车、流动舞台车。实施智慧图书馆体系和

① 常安：《铸牢中华民族共同体意识的文化法治路径》，《西南民族大学学报（人文社会科学版）》2023 年第 1 期。
② 刘春呈：《铸牢中华民族共同体意识视域下的公共空间再造》，《新疆大学学报（哲学·社会科学版）》2022 年第 2 期。
③《西藏和平解放与繁荣发展》，《人民日报》2021 年 5 月 22 日。

公共文化云建设、县（区）级公共文化服务体系示范区创建，推进县（区）级图书馆文化馆总分馆制建设试点。那曲班戈县“乡音乡情——牧区流动文化服务机制”、阿里噶尔县“县(区)艺术团建设机制”等7个项目列入国家公共文化服务体系示范项目创建内容。

三是健全城乡基础文化设施。西藏自治区群艺馆、图书馆分别建成为国家一、二级馆。通过公共服务的标准化与均等化建设，逐步健全城乡一体的文化服务设施网络，努力为各族群众提供更加丰富、便捷与精准的文化产品与服务。构建具有地区特色的文化基础设施，为各族群众增强文化认同，提升文化自信，推进中华民族共有精神家园建设铸牢文化根基。

（2）健全公共文化服务

公共文化服务体系建设是保障人民群众基本文化权益、发展社会主义先进文化的重要基础和主要实现方式。公共文化服务的富足与提升是铸牢中华民族共同体意识的不竭动力和精神来源。西藏自治区努力提升公共文化服务,为幸福“西藏”加码。着力加快公共服务的标准化、均等化与高质量发展的前进步伐，让百姓身边触手可及的公共服务设施带给其更多的获得感与幸福感，促进人民精神生活共同富裕。近年来，自治区公共文化服务体系不断健全，人民群众文化需求日益得到满足，公共文化建设取得了显著成绩。

一是推进基层文艺工作队伍建设。西藏自治区始终坚持以人民为中心，出台《关于加强县（区）艺术团建设管理的意见》和《关于组建行政村文艺演出队的意见》，不断推动全区基层文艺演出队伍建设。截至2020年，西藏自治区已经建成5492支行政村文艺演出队、76个县区文艺演出团、153个民间藏戏队、10个专业文艺演出机构,文艺演出人员总数近10万人,平均每年举办公益性演出4.4万余次,受益群众达300万余人次。[①]

二是坚持文艺作品贴近人民群众。西藏自治区始终立足于各族群众的现实生活与真情实感，坚持文艺创作深入人民群众生产生活，年均创作1000部以上优秀文艺作品,打造了《洗衣歌》《逛新城》《太阳的女儿》《共同家园》《六弦情缘》《天路》等一批文艺精品，深受人民群众喜爱。

三是重视文艺资源向基层倾斜。西藏自治区扎实推进“深入生活·扎根人民”

①《西藏着力加强基层文化建设》，https://baijiahao.baidu.com/s?id=1758568489197767717&wfr=spider&for=pc，2023年4月25日。

主题实践活动和“美丽西藏·可爱家乡”等优秀文化产品乡村供给工程，组织话剧《八廓街北院》全国巡演，编创《我们的节日》系列活动，每年开展文艺下乡、“文化进万家”等群众文化活动2万余场次，开展“春雨西藏”“阳光西藏”等文化志愿服务2.5万余场次，各族群众文化生活更加多彩、精神食粮更加丰富。①

（3）发展现代文化事业

现代文化事业的发展既能推动社会主义文化大发展、大繁荣，又有利于满足人民群众的精神文化需求，提高各族人民的思想道德素质和科学文化素质，增强各族人民对中华民族的归属感和对中华文化的认同感。西藏有着丰富的文化资源，拥有发展现代文化事业的巨大优势，这有利于进一步加快西藏现代文化事业发展，同时发挥其对于铸牢中华民族共同体意识的正向作用。

党的十八大以来，西藏自治区各级文化部门加快发展文化事业，大力推进文化铸魂和文化赋能，铸牢全区各民族的中华民族共同体意识。

一是丰富文化产品，打造特色文化品牌。在多年的文化实践中，西藏自治区逐渐形成拉萨雪顿节、日喀则珠峰文化旅游节等群众性、常态化品牌文化活动90多个。特色文化品牌主要包括：“春雨工程”“乡村村晚”“美丽西藏 可爱家乡”等优秀文化产品乡村供给工程，区图书馆“阿佳讲故事”“西图讲坛”，区群艺馆“少儿才艺大赛”“指尖神韵——唐卡艺术展”“新年笑星汇”，山南市“阿布洛卡讲故事”，林芝市“超级读者”等阅读推广及艺术普及活动模式。

二是以“文化+”模式深度融合社会经济各领域。“文化+”即是以文化为主体中心，着力实现经济的跨产业、跨领域深度融合发展。西藏旅游资源丰富，“文化+旅游”将西藏旅游这张响亮的名片打出打好，实现社会效益与经济效益的双丰收。如全力打造的大型实景剧《文成公主》和舞台剧《金城公主》，成为见证西藏地方与祖国关系史的文化窗口，成为西藏特色文化旅游产业的靓丽名片，带动6700余名农牧民就业、500余户贫困户脱贫致富，各族群众享受到更多文化红利。②

三是加强对外交流，讲好西藏故事。在文化交流工作中，西藏自治区坚持对外展形象、对内促团结，主动作为，不断讲好中国西藏故事、传播中国西藏声音。全区文化信息化扎实起步，以“文化西藏”为总品牌，打造新媒体平台账号10余个，

① 汪海洲：《以铸牢中华民族共同体意识为主线 着力构筑各族群众共有精神家园》，《党建》2022年第5期。
② 汪海洲：《以铸牢中华民族共同体意识为主线 着力构筑各族群众共有精神家园》，《党建》2022年第5期。

建立与《人民日报》新华社等中央驻藏媒体和西藏日报等区内主要媒体互联互通机制，策划"'我和西藏这十年'文化专题专栏""同心抗'疫'线上画展"等重大选题，撰写专题稿件、文艺评论逾100篇，开展各类直播活动300余场次，供给文化影音内容万余部。①

（四）民生实践：西藏开展铸牢中华民族共同体意识工作的基本载体

习近平总书记在二十大报告中指出："江山就是人民，人民就是江山。中国共产党领导人民打江山、守江山，守的是人民的心。治国有常，利民为本。为民造福是立党为公、执政为民的本质要求。必须坚持在发展中保障和改善民生，鼓励共同奋斗创造美好生活，不断实现人民对美好生活的向往。"②党的十八大以来，西藏自治区以民生工作作为铸牢中华民族共同体意识的基本载体，致力于完善民生基础设施、优化基本公共服务和维护美丽宜居环境等重大民生事业，以交通、水利、通信、就业、医疗、教育、人居环境、生态环境和社会环境等民生事业的关键环节为工作抓手，使西藏民生面貌焕然一新，西藏各族群众得以共享美好生活，铸牢中华民族共同体意识的工作与西藏百姓安居乐业的美好前程深度融合，中华民族共同体意识成为西藏各族群众公认的基本价值观。

1. 建设民生基础设施，强化铸牢中华民族共同体意识的硬件支撑

习近平总书记强调："基础设施是经济社会发展的重要支撑，要统筹发展和安全，优化基础设施布局、结构、功能和发展模式，构建现代化基础设施体系，为全面建设社会主义现代化国家打下坚实基础。"③阐明了基础设施建设对促进落后地区经济社会发展的基础性作用。长期以来，西藏基础设施不健全，发展建设严重滞后，交通不便、缺水缺电、通信鸿沟等问题常年阻滞着西藏民生事业的发展。党的十八大以来，自治区狠抓民生基础设施建设，快速建设道路、兴修水利、铺开通信，为西藏民生发展奠定了坚实的设施基础，为铸牢中华民族共同体意识提供了强大的硬件支撑。

（1）加快建设交通基础设施

党的十八大以来，西藏自治区加快推进交通基础设施建设，在中华民族儿女

① 西藏应急厅：《西藏这十年：文化发展成果丰硕》，http://yjt.xizang.gov.cn/sitesources/xzajj/page_pc/sylm/zhbd/articlebdbcb999fe0e4518b45e25562898812e.html，2023年4月25日。

② 中国政府网：《习近平：高举中国特色社会主义伟大旗帜 为全面建设社会主义现代化国家而团结奋斗——在中国共产党第二十次全国代表大会上的报告》，http://www.gov.cn/xinwen/2022-10/25/content_5721685.htm，2022年10月25日。

③ 中国政府网：《习近平：高举中国特色社会主义伟大旗帜 为全面建设社会主义现代化国家而团结奋斗——在中国共产党第二十次全国代表大会上的报告》，http://www.gov.cn/xinwen/2022-10/25/content_5721685.htm，2022年10月25日。

的通力合作下，一批交通重点工程落地见效，给西藏带来了翻天覆地的变化。如图 4-8 和图 4-9 所示，截至 2021 年底，西藏公路通车总里程达 12.01 万千米，较 2010 年翻了近一番，公路设施建设有了重大进展；[①] 西藏铁路营业里程达 1359 千米，是 2010 年的 2.55 倍，铁路重点工程的建设尤为迅速。[②] 其中川藏铁路建设是贯彻落实党中央治藏方略的重大举措，对提升交通便利度、拉动经济社会发展、促进城乡一体协调发展、促进民族团结等具有重大意义。

图 4-8　2010—2021 年西藏自治区公路线路里程数量统计图

图 4-9　2010—2021 年西藏铁路营业里程数量统计图

① 中国政府网：《习近平：高举中国特色社会主义伟大旗帜 为全面建设社会主义现代化国家而团结奋斗——在中国共产党第二十次全国代表大会上的报告》，http://www.gov.cn/xinwen/2022-10/25/content_5721685.htm，2022 年 10 月 25 日。

② 中国政府网：《习近平：高举中国特色社会主义伟大旗帜 为全面建设社会主义现代化国家而团结奋斗——在中国共产党第二十次全国代表大会上的报告》，http://www.gov.cn/xinwen/2022-10/25/content_5721685.htm，2022 年 10 月 25 日。

一是交通设施健全促进各族群众共创团结富强生活。习近平同志指出："要围绕川藏铁路建设等项目，推动建设一批重大基础设施、公共服务设施，建设更多团结线、幸福路。"[①]川藏铁路的建设，带动了一大批创业就业机会，一系列激励政策有效激发了项目建设沿线群众的参与意识，为当地群众带来可持续的经济收入和共建家乡的民族凝聚力。各族人民在各个岗位上高举中华民族大团结旗帜并肩作战，共同克服崇山峻岭河谷、地形地质复杂、季节性冻土、各类自然灾害、作业环境缺氧及生态环保任务等诸多建设难题。西藏各族人民弘扬"两路"精神和青藏铁路精神，将工程设计、施工、延伸工程的进程转变为铸牢中华民族共同体意识的过程，各民族在工程中逐步交往、交流、交融，中华民族共同体意识不断深入人心。

二是交通设施健全刺激经济互通与发展。交通基础设施建设链接了西藏自治区与祖国内地的经济要素，加速了两地市场相互交融，形成了全新的经济圈。如图 4–10 和图 4–11 所示，截至 2021 年，西藏货物周转量达到 150.15 亿吨 / 千米，是 2010 年的 3.7 倍，[②]西藏物流运输能力显著增强。同时铁路货物周转量在 2021 年达到 31.23 亿吨 / 千米，[③]尤其拉萨西站货物到发量由 2006 年的 30 多万吨增至 2021 年的 600 多万吨，[④]铁路设施建设对经济活力的硬件支撑作用尤其显著。2021 年西

图 4–10　2010—2021 年西藏自治区货物周转量统计图

---

① 中国政府网：《习近平：高举中国特色社会主义伟大旗帜 为全面建设社会主义现代化国家而团结奋斗——在中国共产党第二十次全国代表大会上的报告》，http://www.gov.cn/xinwen/2022–10/25/content_5721685.htm，2022 年 10 月 25 日。

② 数据说明：根据国家统计局关于 2010–2021 年西藏自治区货物周转量历年统计数据整理。

③ 数据说明：根据国家统计局关于 2010–2021 年西藏自治区不同交通方式货物周转量历年统计数据整理。

④《拉萨西站见证西藏经济社会飞速发展，货运量 15 年间增长 20 多倍》，https://www.163.com/dy/article/GNG1OTGO05493UL4.html，2023 年 3 月 23 日。

图 4–11　2010—2021 年西藏自治区不同交通方式货物周转量统计图

藏网上零售额已达到 189.7 亿元，到 2022 年货运量已达 3932.5 万吨，[①] 交通设施建设拉动了自治区经济发展，带动了西藏各族群众增产增收，给自治区人民带来实实在在的收益，铸牢了当地各族群众与祖国内地的利益纽带，增进了中华民族共同体意识的现实吸引力。

三是交通设施健全强化民族交往与家国意识。交通基础设施的发展同时缩短了自治区与祖国内地的空间距离，形成了更便于交流互鉴的生活圈。如图 4–12 和图 4–13 所示，截至 2021 年，在新冠疫情的压力下，西藏旅客周转量达到 95.32 亿人 / 千米，是 2010 年的近 3 倍，旅客周转运输能力得到大幅增强；[②] 同时，12 年间铁路旅客周转量在 2014 年最高达到 32.78 亿人 / 千米，是公路周转量的 2.6 倍，在 2021 年达到 14.77 亿人 / 千米，到 2022 年客运量已达 398 万人次，[③] 铁路设施对旅客运输工作起到了关键支撑作用。随着交通设施的发展，国家的政治空间表现得到强化，西藏与祖国内地间多民族的跨地域日常生活流动大大增加，更多群众游览了承载着中华文化和重要政治意义的国家景观，满足了中华民族成员渴望国家领土连续性的心理需求，增进了人们对多民族国家的认知，增强了民族国家的社会凝聚力。[④] 西藏自治区越来越多的群众开始走进祖国内地、通向世界，加速了涉藏区域传统社会的转型进程，逐步融入现代国家，西藏各族群众对中华民族共同体的认同

①《「商务厅」西藏电子商务发展按下“加速键”》，https://baijiahao.baidu.com/s?id=1757229605368918436&wfr=spider&for=pc，2023 年 3 月 23 日。

② 数据说明：根据国家统计局关于 2010–2021 年西藏自治区旅客周转量历年统计数据整理。

③ 数据说明：根据国家统计局关于 2010–2021 年西藏自治区不同交通方式旅客周转量历年统计数据整理。

④ 严庆：《“互嵌”的机理与路径》，《民族论坛》2015 年第 11 期。

感得以强化。

图 4-12　2010—2021 年西藏自治区旅客周转量统计图

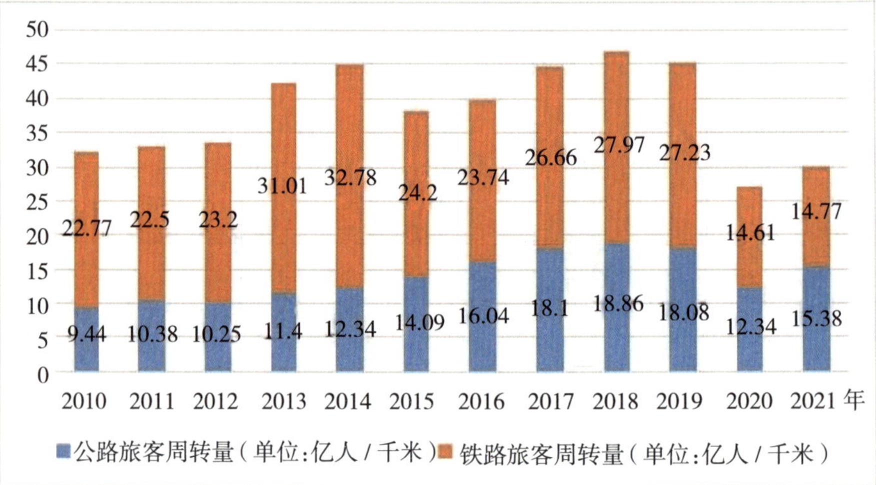

图 4-13　2010—2021 年西藏自治区不同交通方式旅客周转量统计图

（2）扎实推进民生水利事业

党的十八大以来，西藏自治区扎实推进水利事业，注意民生导向，建设了一批水利枢纽工程及配套水利设施，使自治区水利面貌发生翻天覆地的变化。

一是水利设施建设促使农业生产面貌发生质变。如表 4-3 和表 4-4 所示，随着一系列水利工程落地见效，截至 2020 年，灌区有效灌溉面积稳步增长，达到 33638 千公顷，其中 3.3 万公顷以上灌区有效灌溉面积达 12344 千公顷，是 2013 年的 1.9 倍，实现了当地水资源优化配置，大大改善了灌区的生产条件；截至 2020 年，西藏供水总量达到 32.2 亿立方米，与当年用水总量持平，其中地表水供水总量增长最为明显，达到28.5亿立方米，均较2013年有一定增长，水利设施建设为自治区农牧民生产生活用水提供了民生保障。同时，如图4–14所示，到2022年，西藏水力发电量达到103.1亿千瓦时，约占自治区发电总量的90.2%，[①]水利基础设施建设为西藏人民生产生活提供了充足的电力能源保障。西藏民生水利事业的推进，切实提升了当地农牧民的生活条件，改变了自治区的工农业生产面貌，全面解决了因水致病、因水致贫、因水受困等问题，为西藏实现长治久安和高质量发展提供了强有力的基础支撑，为自治区群众带来了实实在在的收益。

表4–3　灌溉、水库和除涝、治水情况历年统计

年份	灌溉区有效灌溉面积（千公顷）	3.3万公顷以上灌区有效灌溉面积（千公顷）	2.0万–3.3万公顷灌区有效灌溉面积（千公顷）	水库数（座）	大型水库数（座）	中型水库数（座）
2021				97306	805	4174
2020	33638	12344	5478	98566	774	4098
2019	33501	12609	5386	98112	744	3978
2018	33324	12399	5400	98822	736	3954
2017	33262	12457	5425	98795	732	3934
2016	33046	12394	5430	98461	721	3890
2015	32302	12024	5663	97988	707	3844
2014	30216	6241	5010	97735	697	3799
2013	30216	6241	5010	97721	687	3774

资料来源：根据国家统计局关于西藏灌溉、水库和除涝、治水情况历年统计数据整理。

表4–4　西藏自治区供水用水情况历年统计

年份	供水总量（亿立方米）	地表水供水总量（亿立方米）	地下水供水总量（亿立方米）	其他供水总量（亿立方米）	用水总量（亿立方米）	农业用水总量（亿立方米）
2020	32.2	28.5	3.6	0.1	32.2	27.4
2019	32	28.2	3.7	0.1	32	27.2
2018	31.7	27.9	3.7		31.7	27
2017	31.4	27.8	3.6		31.4	26.9
2016	31.1	28.6	2.5	0	31.1	26.9
2015	30.8	27.7	3.1		30.8	27.2
2014	30.5	26.7	3.8		30.5	27.7
2013	30.3	26.8	3.5		30.3	27.6

资料来源：根据国家统计局关于西藏供水用水情况历年统计数据整理。

① 数据说明：根据国家统计局关于2022年西藏自治区发电量结构占比统计数据整理。

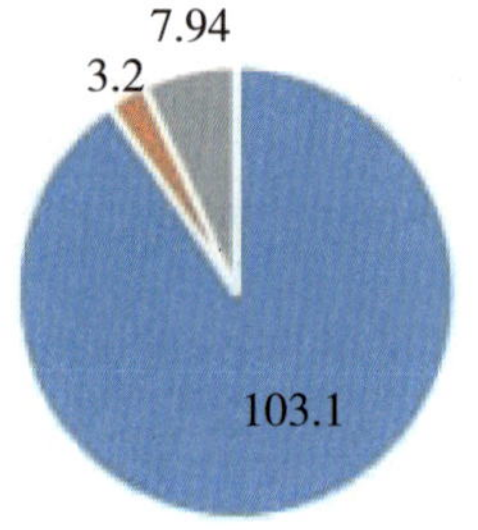

图 4–14　2022 年西藏自治区发电量结构占比图

二是水利设施建设为西藏防灾减灾、改善生态环境提供支撑。如表 4–5 所示，随着水利设施建设的推进，2021 年西藏洪涝、地质灾害受灾面积减少至 2.1 千公顷，约为 2013 年受灾面积的六分之一，灾害造成的绝收面积减少至 0.6 千公顷，比 2013 年的绝收面积减少一半；表 4–6 所示，截至 2020 年，西藏水土流失治理面积达到 804.18 千公顷，约是 2012 年治理面积的 18 倍，2020 年除涝面积减少为 4.1 千公顷，约为 2014 年除涝面积峰值时的一百九十分之一。水利设施建设对防治土地沙化、治理水土流失、洪涝和地质灾害的防灾减灾等工作都起着支撑作用。自治区民生水利事业为自治区人民带来了更美好的山川景观和更安全稳定的生产生活环境，使当地各族人民的获得感和安全感得到显著增强。

表 4–5　西藏自治区自然灾害历年统计

年份	农作物受灾面积（千公顷）	农作物绝收面积（千公顷）	旱灾受灾面积（千公顷）	旱灾绝收面积（千公顷）	洪涝、地质灾害和台风受灾而洪涝、地质灾害和台风受灾面积（千公顷）	洪涝、地质灾害和台风受灾而洪涝、地质灾害和台风绝收面积（千公顷）
2021	7.1	1.1	0.1	0	2.1	0.6
2020	9.2	1.8			3.6	0.8
2019	5.5	0.4			3	0.3
2018	9.7	31	0.3		9.4	3.1
2017	12.8	2.5			10.6	2.2
2016	14.5	6.7	0.8		12.9	6.4
2015	11.8	1.8	1.3	0.3	7.6	1.2
2014	12.9	4.6	4.1	1.5	3.9	1.1
2013	22.1	4			12.6	1.2

资料来源：根据国家统计局关于西藏自然灾害历年统计数据整理。

表 4–6　西藏自治区水利设施和除涝面积历年统计

年份	水库数（座）	水库总库容量（亿立方）	除涝面积（千公顷）	水土流失治理面积（千公顷）
2021	150	44	4.1	804.18
2020	149	41	3.98	711.91
2019	122	38.62	3.39	622.55
2018	116	38.43	3.39	528.5
2017	117	38.43	2.47	419.11
2016	110	34.01	336	323.27
2015	105	29.09	338.73	465.09
2014	102	34	21.96	779.76
2013	97	34.16	21.96	725.99

资料来源：根据国家统计局官网关于西藏水利设施和除涝面积历年统计数据整理。

三是水利设施建设助推民族团结共赢。拉洛水利枢纽及配套灌区工程是西藏投资规模最大的水利工程，面对复杂的自然条件和艰苦的施工环境，各族人民众志成城团结治水，凝心聚力将该工程建设成西藏目前综合效益最为显著的标杆工程，每年能提供 1 亿度以上清洁电能，预计到 2030 年控灌面积可以达到 45.39 亩，可新增土地 42.52 万亩，可安置农业人口 4.1 万人，每年可为四大灌区提供 1.5 亿立方米水源，对改善区域生态环境具有重大意义。[①] 拉洛水利工程在各族人民的通力协作下成功落地，各民族共享水利成果、同饮幸福甘泉、共享美好河山，将团结治水的文化内涵和宝贵经历内化为各族人民共有的精神力量和集体记忆，深化了西藏自治区各族群众与祖国内地的情感联系，强化了对中华民族共同体的情感认同。

（3）持续强化通信基本能力

党的十八大以来，西藏自治区持续提高通信基本能力，着力实施了通信村村通、移动网广覆盖、边境通信覆盖等重点工程，逐步破解了通信基础设施对民生发展的制约。

一是通信设施建设助推固边兴边事业。如表 4–7 所示，截至 2021 年，西藏光缆线路长度从 6 万千米增加到 27.2 万千米，增长了约 4 倍；截至 2020 年，十年来

①《西藏迄今水利投资规模最大工程“拉洛”建成发挥效益》，https://baijiahao.baidu.com/s?id=1687582486109671329&wfr=spider&for=pc，2023 年 3 月 22 日。

累计完成了 74 个抵边安置点的通信网络建设，624 个边境小康示范村全部通达光纤宽带和 4G 网络，累计完成了 923 个易地扶贫搬迁安置点的 4G 网络建设。[①] 自治区着力提升边境地区信息化水平，一方面提升了边境群众的通信质量和生活水平，另一方面保障了党中央的声音可以以优质高效的信息网络传播进广大农牧民心中，有利于深入贯彻总体国家安全观，有助于维护民族地区长治久安和社会稳定，使中华民族共同体意识直抵边境各族群众心中。

表 4–7　西藏自治区电信主要通信能力历年统计

年份	固定长途电话交换机容量（万路端）	局用交换机容量（万门）	移动电话交换机容量（万户）	光缆线路长度（千米）	长途光缆线路长度（万千米）
2021			2390	271990.45	4.64
2020			2820	247669	4.06
2019			2820	201862.31	4.06
2018			2820	194143.18	3.54
2017	0	10.75	2820	162078	3.66
2016	1.29	10.45	2423	135365	3.57
2015	1.29	11.46	448	120440	3.31
2014	1.43	128.77	393	101580.07	3.83
2013	1.66	133.7	393	81114.9	3.04

资料来源：根据国家统计局官网关于西藏电信主要通信能力历年统计数据整理。

二是通信设施建设消除“通信鸿沟”。自治区不断加快农牧区通信基础设施建设，逐步消除了长期存在于各民族间的通信隔阂，为各族群众相互交流搭起“连心桥”。如表 4–8 所示，截至 2021 年，十年间西藏电话普及率从最低的 93.71 部 / 百人提升为 113.05 部 / 百人，增长了约 22%，全区建成移动电话基站数超过 6.06 万个；截至 2021 年，固定宽带接入用户从 17 万户增加到 115 万户，增加了约 5.7 倍，5G终端用户数达到107.97万户。[②] 通信基础设施的完善增进了各民族间的通信交流，为民族地区群众的生产生活提供了实实在在的便利，人们得以获取更便利的服务、了解更多的祖国内地资讯，提升群众对公共事务与国家大事的参与感，强化了西藏各族群众对国家与中华民族的感知与情感纽带。

① 中共西藏自治区委员会网络安全和信息化委员会办公室：《西藏信息通信业：贯彻党的治藏方略为藏区百姓创造智慧生活》，https://wxb.xzdw.gov.cn/qwfb/xgbmfb/202210/t20221031_291539.html，2023 年 3 月 22 日。

② 中国政府网：《西藏 5G 终端用户数突破百万》，http://www.gov.cn/xinwen/2022-02/09/content_5672740.htm，2023 年 3 月 22 日。

表 4-8 西藏自治区电信通信服务水平历年统计

年份	电话普及率（含移动电话）（部 / 百人）	移动电话普及率（部 / 百人）	每千人拥有公用电话数（部）	开通互联网宽带业务的行政村比重 (%)	互联网普及率 (%)
2021	113.05	91.1			
2020	109	88.24			
2019	112.14	91.69			
2018	108.85	90.84			
2017	100.12	86.11	1		
2016	97.65	85.90	2.5	83	46.1
2015	93.71	82.93	3.09	80	44.6
2014	103.19	91.9	4.38	72	39.4
2013	98.08	85.13	7.98	30	37.4

资料来源：根据国家统计局官网关于西藏电信通信服务水平历年统计数据整理。

通信基础设施的发展推动"数字西藏"建设走向高潮，带动了数字民生的高速发展。西藏自治区大力推动"5G+"系列技术与业务，通过"5G ＋远程医疗"，在北京顶级专家可以在 3000 千米外遥控机器人在西藏昌都市卡若区人民医院实施手术，提供便利的医疗服务；通过"5G ＋智慧教育"，昌都市实验小学的语文老师可以通过智慧化校园管理平台将上课视频上传云端，与边远山区的学子们共享教育资源。通过"5G+ 数字产业"，将现有产业积极融入"东数西算"布局，打造拉萨绿色数据中心集群和核心节点，提升了群众收入水平。① 通信设施的进步使得西藏自治区各族群众的民生诉求得到满足，使各族群众切身感受到与国家互联互通的实在收益，进一步深化了西藏自治区各族群众的中华民族共同体意识的情感认同。

2. 优化基本公共服务，落实铸牢中华民族共同体意识的软件保障

习近平总书记提出："着力解决好人民群众急难愁盼问题，健全基本公共服务体系，提高公共服务水平，增强均衡性和可及性，扎实推进共同富裕。"② 阐明了基本公共服务与人民群众幸福生活的重要关系。长期以来，西藏公共服务资源极度匮乏，就业岗位少、看病治病难、教育保障差成为各族群众的急难愁盼问题，也成了推进民生事业的堵点和难点。党的十八大以来，自治区着力构建惠及全民的就业服务体系、提升医疗服务效能、推进教育保障事业，西藏各族群众的当下生活质量和

①《5G 应用领域广阔》，https://3g.china.com/act/news/13004216/20210818/39892675_3.html，2023 年 3 月 22 日。
②《提高公共服务水平 增强均衡性和可及性》，https://baijiahao.baidu.com/s?id=1749582151462804375&wfr=spider&for=pc，2023 年 3 月 22 日。

对未来的美好预期都得到显著提升，中华民族共同体意识指导下的公共服务提质提效解决了千百年来困扰西藏群众的民生服务问题，西藏各族群众产生出由衷的认同与感激，为铸牢中华民族共同体意识提供了坚强的软件保障。

（1）做优建强就业服务体系

西藏自治区践行以人民为中心的发展思想，推进共同富裕，不断优化就业服务，着力实现更加广覆盖、稳数量、高质量的就业。

一是实现了覆盖全域全人群的就业服务。到 2022 年，失业率控制在 5% 以内，十年间始终保持全国最低。西藏自治区针对城乡弱势人群精准实施了就业跟踪帮扶，截至 2021 年，城镇零就业家庭连续十年实现“动态清零”，累计清零 4000 户以上，尤其在新冠疫情爆发后，西藏自治区通过社保“减、免、缓”等纾困政策累计提供稳定就业岗位超过 11 万个。西藏自治区注重优化针对高校毕业生的就业服务，在 2017 年以前，西藏 80% 的高校毕业生依靠政府主导的公职岗位就业，到 2022 年，西藏大力推进市场化就业，构建了高校毕业生“多位一体”就业新格局，五年来，区外就业率达 8%，其中 2021 年达 2400 余名，是 2016 年的 16 倍，2017 年至 2022 年，高校毕业生市场就业率达 70% 以上，创业培训 3.17 万人，创业成功 7944 人，创业带动就业 1.69 万人。2018 年到 2022 年应届高校毕业生就业率保持在 95% 以上。[①]自治区为弱势人群提供更好的就业保障，社会失业风险得到控制，就业结构得到优化，群众积极融入区外市场，感受中华民族大家庭的帮助，其幸福感、安全感和认同感显著提升。

二是提升了就业服务的增收保障能力。西藏自治区以就业服务为抓手，不断增加居民可支配收入，提升农牧民生活水平。总体来看，如图 4–15 所示，2022 年西藏居民人均可支配收入达 26675 元，比 2016 年增加约 95%。[②]具体考察农牧民就业收入情况，西藏自治区累计建设了农牧民转移就业基地 771 个，累计吸纳 9 万余人实现就近就便就业，农牧民转移就业人数从 2012 年的 45 万人增至 2021 年的 69.3 万人，增长 54%；劳务收入从 2012 年的 18.5 亿元增至 2021 年的 58.1 亿元；截至 2022 年上半年，西藏农牧民人均可支配收入 5705 元，增长 11.1%。[③]西藏自

① 西藏旅游网：《西藏已形成“多位一体”就业新格局，调查失业率十年来始终保持全国最低》，https://lyw.xizang.gov.cn/yj_details-h9220.html，2023 年 3 月 30 日。

② 数据说明：根据国家统计局关于 2016-2022 年西藏自治区居民人均可支配收入统计数据整理。

③《「人社厅」西藏已形成“多位一体”就业新格局》，https://baijiahao.baidu.com/s?id=1747892770265184795&wfr=spider&for=pc，2023 年 3 月 30 日。

治区就业服务为有序推动脱贫人口稳岗就业提供了就业支撑，为经济社会发展提供了有力支撑，农牧民群众的获得感普遍得到提升，对国家和中华民族大家庭的认同更充实、更有保障、更可持续。

图 4-15　2016—2022 年西藏自治区居民人均可支配收入统计图

三是开创了互助共事的就业服务。西藏自治区紧紧围绕铸牢中华民族共同体意识这条主线，提升求职招聘、就业援助、技能培训、创业服务等公共就业服务水平，拓展就业空间，努力营造各民族共居、共学、共事、共乐、共享的社会环境和中华民族一家亲的良好社会氛围，增进各民族间交往交流交融、共谋发展致富，为铸牢中华民族共同体意识营造良好的社会氛围。

（2）稳步提升医疗服务能力

西藏自治区大幅提升了整体医疗服务水平，有效解决了各族群众看病难、看病贵的问题。

一是健全医疗服务设施提升医疗服务能力。如表 4-9 所示，截至 2020 年，西藏卫生医疗机构达到 6939 个，较 2013 年增加 214 家，其中医院达到 172 家，较 2013 年增加了约 62%，三级甲等医院增加到 11 家，每千人床位数从 4.5 张增至 4.9 张，400 多种较大疾病区内能治疗。“十三五”期间，西藏医疗卫生机构年度总诊疗人数由 2015 年的 1376 万人次增长到 2019 年的 1634 万人次，增长 18.75%。各类医院病床使用率控制在 70% 以上，出院者住院日控制在 8 天左右。[①] 医疗服务水平的提升显著提升了自治区群众的健康水平和人均寿命，使西藏人民分享到国家医

①《西藏自治区政协委员格桑罗布：奋力提高人民健康水平》，https://baijiahao.baidu.com/s?id=1689552076187497850&wfr=spider&for=pc，2023 年 3 月 30 日。

疗现代化的成果，将自身健康与国家发展、民族兴旺相链接，提升对中华民族共同体的认同感。

表 4-9　2013—2020 年西藏医疗卫生设施历年统计

年份	医疗卫生机构数（个）	医院数（个）	综合医院数（个）	中医医院数（个）	专科医院数（个）	基层医疗卫生机构（个）
2020	6939	172	112	1	11	6632
2019	6940	156	108		8	6635
2018	6844	158	108		11	6539
2017	6826	148	109		9	6533
2016	6835	145	105		9	6546
2015	6814	139	102		8	6531
2014	6795	112	88		3	6542
2013	6725	106	85		2	6479

资料来源：根据国家统计局官网关于西藏医疗卫生设施历年统计数据整理。

表 4-10　2012—2020 年西藏自治区基层医疗机构发展历年统计

年份	卫生机构床位数（万）	医院床位数（万）	基层医疗卫生机构床位数（万）	社区卫生服务中心床位数（万）	街道卫生院床位数（万）	乡镇卫生院床位数（万）
2020	1.86	1.43	0.39			0.37
2019	1.71	1.27	0.38			0.36
2018	1.68	1.26	0.38			0.37
2017	1.61	1.17	0.37			0.36
2016	1.45	1.04	0.33			0.33
2015	1.4	0.99	0.34			0.33
2014	1.19	0.8	0.34			0.33
2013	1.1	0.73	0.32			0.32
2012	0.84	0.54	0.26			0.26

资料来源：根据国家统计局官网关于西藏基层医疗机构发展历年统计数据整理。

二是注重医疗保障资源和服务向基层倾斜。在医疗服务发展的过程中，西藏重视将医疗服务资源向基层群众和弱势群体倾斜。如表 4-9 和表 4-10 所示，截至 2020 年，西藏基层医疗机构达到 6632 家，比 2013 年增加 153 家；[①] 截至 2020 年基层医疗卫生机构床位数达到 3900 张，较 2012 年增加 50%；十二五期间实现了

①《十年来，西藏累计落实近 76 亿元健全西藏医疗体系》，https://baijiahao.baidu.com/s?id=1746360129571866026&wfr=spider&for=pc，2023 年 3 月 30 日。

乡乡有卫生院、村村有卫生室。在医疗保障救助方面，自治区着力完善基本医疗保险、大病保险、医疗救助“三重保障”制度，全力构建多层次、可持续、高质量医疗保障体系。[①]截至2023年，西藏全面做实“全民参保”计划，全区基本医疗保险参保覆盖率持续稳定在95%以上，参保人员住院产生的合规医疗费用最高报销比例达到90%以上；普通、重特大疾病医疗救助最高年度救助金额分别达15万元、30万元。[②]西藏自治区为基层群众和困难人群提供医疗保障，为人民筑起健康防线，让各族群众直接受益、广泛受益、持续受益，提升了西藏群众对国家医疗卫生事业和民族健康事业的认同感和获得感。

三是用好医疗援助提升医疗服务水平。西藏自治区与各省一道，深入发展“组团式”医疗援藏。截至2021年，西藏受援医院开展三四级手术占比达到56%，危急重症患者抢救成功率达到89%，已有419种大病不出自治区，2413种一般病不出地市，小病不出县区就能得到治疗。截至2020年，西藏自治区人均预期寿命提高至72.19岁，孕产妇死亡率、婴儿死亡率近三年分别下降了19.5%和35.3%。[③]医疗援藏促进了民族交往交流，引导祖国内地先进医疗资源扶助西藏医疗事业发展，促进了不同民族间健康观念、健康卫生知识、生命观的交融，增进了各民族间的相互理解，为民族地区群众带来国家的医疗关爱和先进的医疗服务，增进了民族地区群众对中华民族大家庭的感情。

（3）谋实深推民生教育工程

西藏全面践行以人民为中心发展教育的理念，教育保障水平不断提高，教育公平得到深入贯彻，教育结构实现系统优化。

一是持续强化了教育保障水平。不断提高教育“三包”教育标准。2012—2021年，教育财政投入累计达到2154亿元；到2022年，已9次提高教育“三包”标准，达到4440元；受助学生达到1697万人次；[④]其中拉萨市利用“三包”教育经费开展国家营养改善计划，已实现当地农牧区学校食堂供餐全覆盖，标准为每生每天5

---

① 中国政府网：《政府工作报告——2016年1月27日在西藏自治区第十届人民代表大会第四次会议上》，http://www.gov.cn/guoqing/2016-02/20/content_5043819.htm，2023年3月30日。

②《2020年西藏基本医疗保险参保覆盖率持续稳定在95%以上》，https://baijiahao.baidu.com/s?id=1689818296491200594&wfr=spider&for=pc，2023年3月30日。

③ 新疆维吾尔自治区卫生健康委员会：《国家卫生健康委就党的十八大以来医疗人才“组团式”援藏援疆工作进展与成效举行发布会（实录全文）》，http://wjw.xinjiang.gov.cn/hfpc/zhgl9/202208/c60da843a09d412f87e3d0272b227d11.shtml，2023年3月30日。

④《西藏：教育“三包”再提高政府工作报告释放“民生红包”》，https://baijiahao.baidu.com/s?id=1721079020447728289&wfr=spider&for=pc，2023年3月31日。

元，每年共计 1000 元，已惠及 6.87 万名在校学生。[①] 西藏自治区加速落实教育保障，切实降低了受教育成本，确保国家关爱与保障惠及民族地区学生，将全体西藏学子纳入现代化教育体系和中华民族伟大复兴的征程中。

二是采取系统措施捍卫了教育公平。西藏自治区重视教育公平，重视保障农牧民子女和特殊群体的受教育权利，着力提升人口受教育水平。如表 4–11 所示，截至 2019 年，6 岁及 6 岁以上未上过学人口占该年龄段总人口数的比例约为 32.8%，比 2013 年的这一比例降低了约 8.7%。西藏长期实施义务教育就近免试入学，随迁子女基础教育阶段无障碍就学，特殊儿童随班就读、送教上门，实施“阳光招生”和贫困地区国家专项和高校专项计划等。教育公平可以显著提升自治区群众对社会公平的感知度、对国家政策的认可度，更多人群得以享受全国、全民族统一的教育服务，更易产生中华民族的自豪感。

表 4–11　西藏自治区接受教育程度分人口数（人口抽样调查）历年统计

年份	6 岁及 6 岁以上人口数（人口抽样调查）（人）	6 岁及 6 岁以上男性人口数（人口抽样调查）（人）	6 岁及 6 岁以上女性人口数（人口抽样调）（人）	6 岁及 6 岁以上未上过学人口数（人口抽样调）（人）	6 岁及 6 岁以上未上过学男性人口数（人口抽样调查）（人）	6 岁及 6 岁以上未上过学女性人口数（人口抽样调查）（人）
2019	2448	1217	1230	803	306	497
2018	2537	1256	1282	835	325	510
2017	2508	1253	1255	864	355	509
2016	2512	1272	1240	982	0	571
2015	45898	23178	22720	16503	6825	9678
2014	2343	1182	1161	1040	459	581
2013	2300	1169	1131	955	448	507

资料来源：根据国家统计局官网关于西藏接受教育程度分人口数历年统计数据整理。

三是建成了更科学合理高效的教育结构。西藏自治区不断调整优化教育结构，教育服务经济社会发展的能力显著增强。乡村小规模学校和乡镇寄宿制学校持续完善；对高中阶段学校和职业学校进行了建、改、扩；高等教育学科专业结构不断优化，建成国家级一流专业 32 个、一流课程 3 个、新工科新农科新文科项目 20 个，西藏

①《拉萨市“三包”经费受益学生达 12 万人》，https://baijiahao.baidu.com/s?id=1729881210912488172&wfr=spider&for=pc，2023 年 3 月 31 日。

大学成为“双一流”建设高校和部区合建高校。[①] 通过优化教育结构，教育内涵得到不断深化，促进教育成果和科研成果链接服务西藏经济社会发展，为实现中华民族伟大复兴提供人才支撑。

3. 维护美丽宜居环境，构建铸牢中华民族共同体意识的安全屏障

习近平总书记指出：“大自然是人类赖以生存发展的基本条件。尊重自然、顺应自然、保护自然，是全面建设社会主义现代化国家的内在要求。必须牢固树立和践行绿水青山就是金山银山的理念，站在人与自然和谐共生的高度谋划发展。”[②]“坚持人民安全、政治安全、国家利益至上的有机统一，人民安全是国家安全的宗旨，政治安全是国家安全的根本，国家利益至上是国家安全的准则，实现人民安居乐业、党的长期执政、国家长治久安。”[③] 这深刻阐明了美丽、卫生、稳定的环境与民生安全的重大关系。党的十八大以来，西藏自治区狠抓美丽宜居环境建设，紧盯人居环境整治、生态环境保护、社会治理等关键环节，为西藏各族群众带来了稳定团结、卫生健康、生态宜居的美好环境，西藏各族人民在中华民族共同体意识的大旗下得以安居乐业，为铸牢中华民族共同体意识构建了坚实的生态安全屏障。

（1）狠抓城乡人居环境安全

西藏自治区始终将人居环境安全放在突出位置，扎实推进城乡居住条件改善和人居环境卫生整治，并辐射带动了产业发展。

一是着力构建安全舒适的城乡居住环境。截至 2021 年，城镇供暖面积达到 3192 万平方米，较 2012 年底增长 120.5 倍；改造公租房 14.13 万套、棚户区 21.86 万户，实施了 126 个城镇老旧小区改造，全区城镇人均住房面积为 45.62 平方米，比 2012 年提高了 26.2 个百分点；乡村完成 4.36 万户建档立卡贫困户等 4 类重点对象危房改造和 3.92 万户农房抗震改造；开展 48.46 万户农村房屋安全隐患排查整治，确保农牧民住房安全。农牧民人均住房建筑面积达到 40.63 平方米，较 2012 年底人均增加 11.05 平方米。[④] 随着居住条件持续改善，西藏各族群众会切身感受到国家发展对自身生活质量的提升作用，将自身幸福感与满足感与民族兴旺相连接。

---

①《西藏教育与全国同步进入高质量发展新阶段》，https://m.thepaper.cn/baijiahao_20276251，2021 年 4 月 2 日。

② 习近平：《高举中国特色社会主义伟大旗帜 为全面建设社会主义现代化国家而团结奋斗——在中国共产党第二十次全国代表大会上的报告》，https://www.shanghai.gov.cn/nw4411/20221026/aa65753a0ac94ff291245a47d460a3ce.html，2022 年 10 月 25 日。

③ 人民网：《习近平：国家安全是民族复兴的根基》，https://m.gmw.cn/baijia/2022-08/05/35934315.html，2018 年 4 月 17 日。

④《西藏这十年：城乡面貌今非昔比，人民生活极大改善》，https://m.163.com/dy/article/HJAHMJI1055019NV.html，2021 年 4 月 2 日。

二是共同营造清洁卫生美丽安全的人居环境。西藏自治区大力推进城乡人居环境卫生整治，改善城乡人居环境面貌。如表 4–12 所示：截至 2020 年，城市公共厕所达到 778 座，约是 2013 年的 2.7 倍；生活垃圾清运量达到 62.34 万吨，约是 2013 年的约 2.5 倍。截至 2020 年，西藏自治区累计已完成 27 万座农村户用卫生厕所的改造工程，户用卫生厕所的普及率提升至 49.45%，比 2018 年增加了 24.05 个百分点。农村清理生活垃圾 5.4 万吨，90% 以上村庄生活垃圾得到治理；清理村内水塘 10612 口、沟渠 3.05 万千米，清理秸秆乱堆乱放 1.4 万处，清理畜禽粪污废弃物 2.05 万吨，40% 的村庄基本实现人畜分离。[①] 随着城乡人居环境卫生整治的推进，各族人民共创美好家园，家园宜居度显著提升，西藏各族群众能切身感受到家乡变化与各民族团结奋斗的高度相关性，进而认同国家政策和中华民族共同体的价值。

表 4–12　西藏自治区城市市容环境卫生历年统计

年份	道路清扫保洁面积（万平方米）	生活垃圾清运量（万吨）	粪便清运量（万吨）	市容环卫专用车辆设备（台）	公共厕所数量（座）	三类以上公共厕所数量（座）
2020	2140	62.34		1425	778	156
2019	1949	64.72		790	670	127
2018	1739	53.93		504	436	61
2017	976	46.5		412	360	40
2016	5811	46.09	0.12	332	317	160
2015	5714	32.92	0.12	337	317	160
2014	2413	30.78		251	303	172
2013	1739	24.11		156	285	160

资料来源：根据国家统计局官网关于西藏城市市容环境卫生历年统计数据整理。

三是发挥美丽人居环境优势促进产业发展。西藏自治区开展的人居环境整治行动取得良好成效，推动美丽乡村建设、大力发展乡村旅游产业，扎实推进乡村旅游惠民工程，让美丽乡村环境成为经济发展的新一轮驱动力。拉萨市墨竹工卡县工卡镇塔巴村通过人居环境整治推动乡村旅游产业发展，重新盘活了历史悠久的塔巴陶瓷厂，让当地村民实现增产增收。[②] 人居环境的完善提升为西藏脱贫致富提供了产业支撑，提升各族人民收入水平，使群众真正共享人居环境安全的经济效益，切实

① 那曲比如县政府网站：《西藏农牧区人居环境整治三年行动纪实》，http://www.xzbr.gov.cn/zwxw_4334/202105/t20210520_3663736.html，2021 年 4 月 3 日。

② 西藏人民网：《西藏农牧区人居环境整治三年行动纪实：加快建设宜居宜业乡村》，http://xz.people.com.cn/GB/n2/2021/0520/c138901-34736005.html，2021 年 4 月 3 日。

强化群众对共同生活环境的情感认同。

（2）铸牢生态环境安全防线

西藏自治区高度重视生态安全，并开展了一系列如环境保护、生态修复、污染防治、生态富民等卓有成效的工作，生态环境保护取得了有效进展。

一是打好生态环境保护及修复的“组合拳”。西藏十年累计投入 127 亿元，实施拉萨南北山绿化和“两江四河”流域植树造林工程，全面消除了“无树村”“无树户”，森林覆盖率提高至 12.31%，草原综合植被盖度达到 47.14%。[①] 如表 4–13 所示，2013—2021 年，累计造林 781.35 千公顷，累计封山育林 350.83 千公顷。截至 2020 年，西藏自治区设立自然保护区 47 个，国家级自然保护区达到 11 个，较 2013 年增加 2 个，使得 80% 以上的珍稀濒危野生动植物物种和典型生态系统得到有效保护。经过环保与生态修复，西藏各族群众可以切身感受到周围环境改善和承载着西藏文化内涵、中华民族共同记忆、重要政治意义的国家景观得到恢复，使其在游览青山绿水时更易产生中华民族的自豪感。

表 4–13　西藏自治区造林面积历年统计

年份	造林总面积（千公顷）	当年人工造林面积（千公顷）	当年飞机播种面积（千公顷）	封山育林（千公顷）	用材林当年造林面积（千公顷）	经济林当年造林面积（千公顷）
2021	70.56	5.34	38.87	20		
2020	96.99	38.45	14.53	44		
2019	87.12	36.03		51.1		
2018	75.04	39.88		35.16		
2017	82.67	37.48		45.19		
2016	55.28	42.86		12.41		
2015	82.79	29.44		53.35		
2014	82.67	32.14		50.53		17.01
2013	69.63	30.54		39.09		1.43

资料来源：根据国家统计局官网关于西藏造林面积历年统计数据整理。

二是跑出污染防范与治理的“加速度”。西藏自治区系统推进污染防治，构建了天地一体化监测网络和线上线下融合监管体系，铸牢了生态安全屏障。西藏开展重点河湖控制断面水质监测全覆盖，全区 50% 以上国土面积纳入生态保护红线范围，农用地安全利用达到 90% 以上。近年，7 地市空气环境质量平均优良天数保

① 那曲比如县政府网站：《西藏农牧区人居环境整治三年行动纪实》，http://www.xzbr.gov.cn/zwxw_4334/202105/t20210520_3663736.html，2021 年 4 月 3 日。

表 4–14　西藏自治区自然保护区基本情况历年统计

年份	自然保护区个数（个）	国家级自然保护区个数（个）	自然保护区面积（万公顷）	国家级自然保护区面积（万公顷）	自然保护区占辖区面积比重（%）
2020		11		3712.3	
2019		11		3720.5	
2018		11		3720.4	
2017	47		4137.1		33.7
2016	47		4136.7		33.7
2015	47	9	4136.9	3715.3	
2014	47	9	4136.9	3715.3	
2013	47	9	4136.9	3715.3	33.9

资料来源：根据国家统计局官网关于西藏自然保护区基本情况历年统计数据整理。

持 99% 以上；主要江河湖泊水质达到或优于Ⅲ类标准，7 地市行署（政府）所在地城镇集中式生活饮用水水源地水质达标率 100%；土壤环境质量总体稳定。[①] 卓有成效的污染防治使西藏人民祖祖辈辈生活的民族生存环境得到有效保护，人民日益增长的优美生态环境的需要得到满足，自觉地将乡愁及故土情结与中华民族的兴旺相绑定，为铸牢中华民族共同体增添深厚的情感动力。

三是谱好生态保护与群众增收的“协奏曲”。西藏自治区严格贯彻中央政策文件精神，不断建立健全本区域内生态利益保护补偿机制，努力建设生态文明高地，推动符合政策的新增公益林纳入国家补偿范围，扩大生态保护就业。例如，拉萨南北山工程建设完成后，年生态价值 14.85 亿元；年均可生长木材 10.49 万立方米，按每立方米木材价值 2000 元保守计算，年产值 2.1 亿元；可为社会提供 1358.2 万个就业机会，带动农牧民增收约 40 亿元。[②] 西藏自治区将环保成果与物质收入联系起来，激发各族群众的环保积极性，在各族群众参与环保的团结奋斗中书写中华民族手足之情的新篇章。

（3）确保社会环境安全稳定

西藏自治区树牢总体国家安全观，以人民安全为宗旨，推广发扬“枫桥经验”，狠抓治安，远谋深推社会治理新模式，平安西藏基层建设显著提升。

① 国务院新闻办公室：《西藏举行党的十八大以来生态环境保护成就新闻发布会》，http://www.scio.gov.cn/xwfbh/gssxwfbh/xwfbh/xizang/Document/1731583/1731583.htm，2023 年 4 月 4 日。

②《2022 年拉萨南北山绿化完成造林 14 万亩》，https://baijiahao.baidu.com/s?id=1760848389889314419&wfr=spider&for=pc，2021 年 4 月 4 日。

一是通过坚决打击违法犯罪守护治安良好的社会环境。至 2022 年公安经侦部门破获经济犯罪案件 807 起，刑侦部门破获盗抢骗案件 14 万余起，连续数年保持 100% 破案率。群众对政法机关执法满意度达 92.61%，对扫黑除恶斗争满意度达 96.73%，西藏各族群众安全感和满意度连续五年超过 98%，2021 年，西藏群众安全感达 99.41%。[①] 西藏持续开展扫黑除恶专项斗争，严厉打击违法犯罪，为西藏各族群众营造了治安良好的社会环境，各族群众安居乐业，共同反对敌对势力和犯罪集团，形成基于中华民族共同体意识的各民族安全共同体。

二是通过开辟社会治理新路径紧盯政治安全。西藏自治区始终以政治安全为根本，不断创新社会治理模式，推进社会治理体系和治理能力现代化，落实各项维稳措施，完善维稳长效机制。2012 年自治区开始推行“网格化”管理，城乡社区原则上按照 300 户至 500 户或 1000 人左右为单位划分网格，截至 2022 年，全区共划分网格 8000 余个，配备专兼职网格工作人员 5.3 万余名，网格化服务管理覆盖率达 100%。[②] 如今，网格化管理已成为社会服务管理无缝隙、无盲点、无空白的西藏特色社会治理模式；“双联户”是网格化管理最基本的单元，截至 2022 年，全区共有双联户长 9.2 万余名，引导人民群众齐抓共管社会治理，织密城乡维稳防控网络。自治区将“双联户”工作与网格化服务管理紧密对接，实行“多网合一”，深入开展反分裂斗争。[③] 西藏各族群众在共创安全稳定社会环境的过程中，人民群众的获得感、幸福感和安全感进一步增强，“我要稳定”“我要团结”的决心更加坚定，对铸牢中华民族共同体意识的认同感与日俱增。

①《治边稳藏确保雪域高原长治久安》，https://baijiahao.baidu.com/s?id=1723186512682982548&wfr=spider&for=pc，2021 年 4 月 4 日。

②《治边稳藏确保雪域高原长治久安》，https://baijiahao.baidu.com/s?id=1723186512682982548&wfr=spider&for=pc，2021 年 4 月 4 日。

③《治边稳藏确保雪域高原长治久安》，https://baijiahao.baidu.com/s?id=1723186512682982548&wfr=spider&for=pc，2021 年 4 月 4 日。

第五章 新时代西藏做好铸牢中华民族共同体意识工作的路径

习近平总书记强调："铸牢中华民族共同体意识，是全党全国的一件大事。"要贯彻落实"国之大者"这一治国理念，必须牢牢把握西藏着力铸牢中华民族共同体意识的根本保证和工作重点，围绕党的领导、共同富裕、文化纽带、社会治理等关键环节，探索优化西藏开展铸牢中华民族共同体意识工作的科学路径，让铸牢中华民族共同体意识落实到西藏各领域各部门的具体工作中，在新的历史起点上不断开拓西藏民族团结进步事业的新局面。

一、坚持党的领导：为西藏开展铸牢中华民族共同体意识工作夯实政治基石

新中国成立以来，党从中国国情出发，创造性地将马克思主义民族理论与中国民族问题的具体实际相结合，走出了一条具有中国特色的解决西藏民族问题的道路。党带领西藏人民完成了波澜壮阔的民主改革，构建了平等、团结、互助、和谐的社会主义民族关系，给西藏经济社会带来翻天覆地的变化。党的十八大以来，在中国共产党的坚强领导下，西藏民族工作取得举世瞩目的成就，经济社会稳步发展，人民生活水平显著提升，人民获得感、幸福感、安全感持续增强，西藏各族群众对伟大祖国、中华民族、中华文化、中国共产党、中国特色社会主义的认同不断深化。历史和实践充分证明，党的领导是民族工作顺利开展和中华民族团结发展的根本保证，也是在全社会铸牢中华民族共同体意识的根本保证。在新时代，必须要继续坚定不移地坚持党的领导，夯实铸牢中华民族共同体意识的政治基石。只有这样，才

能实现中华民族伟大复兴的共同目标，把我国建设成为富强民主文明和谐美丽的社会主义现代化强国。

（一）深入推进西藏中华民族共有精神家园建设

习近平总书记在 2014 年的中央民族工作会议上提出，强化中华民族大团结，长远和根本的是增强文化认同，建设各民族共有精神家园，培养中华民族共同体意识，宣示着全面推进中华民族共有精神家园建设成为全社会的一项长期、重大的战略性任务。在 2021 年中央民族工作会议上，习近平再次强调："必须构筑中华民族共有精神家园，使各民族人心归聚、精神相依，形成人心凝聚、团结奋进的强大精神纽带。"这标志着党对民族工作更深层次的认识。做好新时期民族工作，根本在解决文化认同问题，关键在铸牢中华民族共同体意识。

1. 以习近平新时代中国特色社会主义思想为统领，铸牢西藏各族群众团结奋斗的思想基础

实现中华民族伟大复兴，需要用习近平新时代中国特色社会主义思想凝心铸魂。党的二十大报告明确指出，"我国发展进入战略机遇和风险挑战并存、不确定难预料因素增多的时期。"[①] 中国站在为全面建设社会主义现代化强国而奋斗的新起点，面临着一系列的风险与挑战。从国际来看，国际力量对比不断调整，逆全球化思潮抬头，世界经济复苏乏力，局部动荡不断等现象深刻影响着中国的发展。从国内来看，意识形态领域挑战不断，发展不平衡不充分问题仍然突出，各族群众在住房、医疗、教育等方面仍有不少难题亟待解决。总的来看，未来中国将在更为复杂的国际国内战略环境中推动自身发展，以谋求中华民族伟大复兴。随着国际环境发生重大变化，西藏作为边疆民族地区，民族工作也呈现出一些新的阶段性特征。例如，西藏各民族间交往交流交融深度增强、西藏经济社会发展也呈现良好的局面。但是，影响西藏各族群众民族团结的因素更为复杂、隐蔽，民族矛盾更易滋生。

习近平总书记指出："以铸牢中华民族共同体意识为主线……全面推进民族团结进步事业。"[②] 新时代，做好西藏的民族工作必须看清当前西藏民族工作的历史方位，必须以习近平新时代中国特色社会主义思想作为思想统领，以习近平关于铸牢

---

① 习近平：《高举中国特色社会主义伟大旗帜为全面建设社会主义现代化国家而团结奋斗——在中国共产党第二十次全国代表大会上的报告》，北京：人民出版社，2022 年，第 26 页。

② 习近平：《高举中国特色社会主义伟大旗帜为全面建设社会主义现代化国家而团结奋斗——在中国共产党第二十次全国代表大会上的报告》，北京：人民出版社，2022 年，第 39–40 页。

中华民族共同体意识的重要论述武装头脑、指导实践，不断推动西藏中华民族共同体建设，有效抵御敌对势力的思想侵蚀，凝聚西藏各族群众精神共识，推动党的民族工作迈上新征程，为中国梦的实现奠定思想基础。

2. 以增强中华文化认同为基础，厚植西藏各族群众中华民族共同体的精神根脉

习近平总书记在中央民族会议上要求，“全面推进中华民族共有精神家园建设”，[①] 并进一步提出，构筑中华民族共有精神家园，使各族人民人心归聚、精神相依，形成人心凝聚、团结奋进的强大精神纽带，为进一步增强中华文化认同，铸牢中华民族共同体意识指明了方向。

建设中华民族共有精神家园，增强中华文化认同是其关键。中华民族共有精神家园本质上属于精神文化认同的范畴，构建中华民族共有精神家园即构建整个中华民族共同认同、共同传承的精神文化和价值观念，并在文化认同的基础上形成一致的精神归宿。习近平总书记指出：“各民族优秀传统文化都是中华文化的组成部分……根深干壮才能枝繁叶茂。”[②] 中华文化是集大成者。各民族文化在历史发展的相互碰撞、互鉴融通的过程中共同构成了你中有我、我中有你，血脉相连的中华文化。正如习近平总书记所言：“把汉文化等同于中华文化、忽略少数民族文化……都要坚决克服。”[③] 在建设中华文化的历史发展进程中，各民族逐渐凝聚起共同的价值取向，中华民族“多元一体”的格局得以确立和巩固。

正如费孝通所讲“各美其美，美人之美”，西藏各民族文化同样是中华文化的重要组成部分。西藏各族群众要深刻认清西藏文化与中华文化之间的从属关系，认同中华文化与认同西藏文化并育而不悖，西藏文化同其他各民族文化共同熔铸于中华文化之中。要明确中华文化是主干，西藏文化是枝叶，正是多姿多彩的西藏文化和其他各族文化共同汇聚成璀璨的中华文化。因此，要打造中华民族共建共享的中华文化符号，以精神文化纽带将西藏各族群众紧紧团结起来，深化西藏各族人民对中华文化的情感归属，增强文化自信。同时，语言文字是中华民族共有精神家园建设的重要载体，“国家通用语言”是各民族进行交流的重要桥梁，是中华民族认同的文化基座，要持续深入推进国家通用语言文字的普及教育，有效推进各民族交往

① 习近平：《以铸牢中华民族共同体意识为主线 推动新时代党的民族工作高质量发展》，《人民日报》2021 年 8 月 29 日。

② 习近平：《以铸牢中华民族共同体意识为主线 推动新时代党的民族工作高质量发展》，《人民日报》2021 年 8 月 29 日。

③ 习近平：《中央民族工作会议暨国务院第六次全国民族团结进步表彰大会在北京举行》，《人民日报》2014 年 9 月 30 日。

交流交融，系牢铸牢中华民族共同体意识的文化纽带。

3. 以全覆盖渗透式民族团结教育活动为载体，促进西藏各民族深入交往交流交融

习近平总书记指出“推进中华民族共有精神家园建设，促进各民族交往交流交融……要有形、有感、有效”[①]。在新时代，西藏自治区以民族团结宣传教育活动为载体，紧密结合边疆民族地区实际情况，更要以“全覆盖渗透式”的方式深化民族团结进步宣传教育，以不断提升西藏各族群众对该工作的参与度，推动西藏各民族深入交往交流交融。

民族团结宣传教育活动是一项长期性、系统性的工程，要进一步创新民族团结教育活动的载体和方式，线上线下相结合，以全覆盖渗透式的方式多角度、全方位扩大宣传教育范围，增强民族团结教育的效果。首先，西藏要完善民族团结进步教育体系。一方面西藏着力推进民族团结进步教育“七进”，以群众喜闻乐见的方式加强民族团结进步教育，例如以课堂教学、集中宣讲、文艺表演等多样的宣传活动，将铸牢中华民族共同体意识、民族团结进步等教育内容纳入国民教育和社会教育全过程。另一方面，在民族团结教育活动具体推进过程中，西藏各地区要注重因材施教，针对不同的对象，多做“滴灌式”教育和精准化引导，进一步推进民族团结工作深入人心，使各族群众将中华民族一家亲理念入脑入心。其次，通过开展民族团结知识竞赛、座谈会、文艺演出、民族团结进步表彰活动及制作石榴造像、宣传牌匾、人幅墙画等群众喜闻乐见的传统方式，还充分依托微信公众号、微博、抖音、小红书等宣传载体，打造“互联网 + 民族团结”育人空间。最后，选树典型，抓好民族团结示范创建工作。西藏要持续以民族团结进步表彰大会、提名评选全国及省区级民族团结进步示范单位为抓手选树优秀典型，将开展民族团结创建工作向群众自我创建转变，激励和引导各族人民内化榜样精神品质，形成“民族团结人人做”的浓厚氛围。

（二）坚持马克思主义在意识形态领域的指导地位

党的二十大报告提出：“意识形态工作是为国家立心、为民族立魂的工作。”在马克思主义的指导下，中国共产党人带领西藏各族人民建立了社会主义新西藏，创造了举世瞩目的发展成就，共同应对国家安全的诸多风险和挑战，携手迈向中华民

---

① 习近平：《以铸牢中华民族共同体意识为主线 推动新时代党的民族工作高质量发展》，《人民日报》2021 年 8 月 29 日。

族伟大复兴。做好新时代西藏民族工作，只有毫不动摇地坚持马克思主义在意识形态领域的指导地位，以马克思主义的立场和方法诠释、部署和引领西藏开展铸牢中华民族共同体意识工作，才能确保文化建设不跑偏、重大风险不失控、意识形态安全线不失守。

1. 坚持将马克思主义贯穿到文化建设各方面，落实意识形态工作责任制

文化兴，国运兴；文化强，民族强。“意识形态决定文化前进方向和发展道路。”① 文化建设是国家强盛、民族复兴的深层力量，坚持以什么思想为指导，是文化建设的首要问题，决定着文化建设的性质和发展前途。文化建设具有鲜明的意识形态属性，如果文化建设中意识形态的方向被错误引导，将犯下颠覆性的错误。当前，我国文化建设面临日趋复杂多变的国际环境以及社会价值取向日益多元的国内环境，必须牢牢坚持马克思主义在意识形态领域的指导地位，将马克思主义的指导地位贯穿到文化建设的方方面面，才能坚定中国特色社会主义文化的前进方向。

随着全球信息化时代的到来，各类文化、思想相互交流与碰撞。文化有可能成为敌对势力和别有用心者解构我国主流意识形态的武器。其中，西藏意识形态领域的交锋和斗争十分尖锐，一直是应对西方敌对势力文化渗透和反分裂斗争的主战场。例如，通过割断西藏文化与中华文化的纽带、阻碍国家通用语言文字在西藏的普及、“西藏文化毁灭论”、进行“普世价值”的渗透等多种方式进行文化渗透与腐蚀，其目的在于以错误思潮造成中国思想领域的混乱，撼动马克思主义在我国文化领域和意识形态领域的稳固地位，进而威胁党的领导。因此，要明确党管意识形态这一根本原则，各级党委切实担负起意识形态工作的主体责任，做好西藏意识形态工作；要坚持将马克思主义贯穿到文化建设各方面，要过“政治关”；同时，牢牢把握住宣传思想工作的主动权、话语权，只有牢牢把握住意识形态的领导权，才能够确保文化建设行稳致远。

2. 完善防范化解意识形态领域重大风险机制，推进意识形态安全制度化建设

“意识形态工作是党的一项极端重要的工作。”当前百年变局和疫情影响交织叠加，使得国内外安全形势不稳定不确定性明显增加。在意识形态领域，国内国外、党内党外、线上线下各类思潮和矛盾层层叠加，复杂的舆论场带来了极大的意识形

① 习近平：《决胜全面建成小康社会夺取新时代中国特色社会主义伟大胜利——在中国共产党第十九次全国代表大会上的报告》，北京：人民出版社，2017 年，第 41 页。

态风险。同时，西方反华势力也一直通过意识形态领域的渗透遏制中国的发展，因此，我们要牢牢掌握住意识形态的领导权、管理权、话语权。近年来，美国与“藏独”势力相勾结，花样层出不穷。例如，美国2019年通过涉藏法案，2020年公开邀请达赖流亡集团头目窜访白宫。面对这类舆论性较大的事件，要有效做好意识形态领域的化解工作，一旦意识形态领域与政治、经济等其他方面的重大风险相交织，将进一步提升风险等级。当前互联网技术的发展，带来了媒体格局和舆论场域的变化，使得互联网日益成为意识形态领域斗争的主战场，也成为防范意识形态风险的重要阵地。

西藏作为意识形态领域斗争较为激烈的民族地区，意识形态的斗争无处不在，要健全意识形态领域重大风险机制。首先，“防范”是前提，要建立健全意识形态风险研判和评估机制，对于重点关注人群、重点发生区域的思想动态，借助于大数据做好风险预判工作，尤其预防“黑天鹅”“灰犀牛”等事件，做到未雨绸缪，“防范”为先。其次，“化解”是关键，对于已经发生的意识形态领域相关事件，要完善意识形态风险阻断和治理机制，做到早发现、早解决，尽量将苗头扼杀在萌芽状态，降低其影响范围。最后，完善意识形态风险防控和协同机制，在风险预警、发生、解决等各个环节，不同主体部门之间要广泛合作，主动担当，形成高效运转，促进重大事件的解决。同时，不断加强理论武装，做好中华民族共同体意识教育引导工作，促使西藏各族群众有明辨是非的能力，做维护西藏意识形态安全的主动参与者，合力打赢防范意识形态领域重大风险主动战。

3. 全方位推进“五个认同”教育，铸牢主流意识形态的思想安全防线

“五个认同”是铸牢中华民族共同体意识的核心内容，是促进民族团结进步的重要举措，也是铸牢西藏主流意识形态思想安全防线的坚强思想堡垒。西藏在高质量铸牢中华民族共同体意识的实践过程中，要以“五个认同”为教育核心，将其贯穿于铸牢中华民族共同体意识教育。首先，加强理论学习教育。正如马克思所言“批判的武器当然不能代替武器的批判，物质力量只能用物质力量来摧毁；但是理论一经群众掌握，也会变成物质力量”[①]。要用群众听得懂的语言加强“五个认同”的教育，使西藏各族群众在深刻理解“五个认同”重要性和内涵的基础之上，做到思想上认同，行动上践行。其次，要在全社会加强“五个认同”的宣传工作。要想在西藏铸

①《马克思恩格斯选集》（第1卷），北京：人民出版社，2012年，第9页

牢主流意识形态的思想安全防线，必须让主流意识形态占领主渠道、主阵地、主空间。要充分创新载体、方式，用群众喜闻乐见的方式，促使“五个认同”深入到群众生活的各个环节和方方面面。例如，通过广播、电视新闻、宣传栏板报、文艺节目等多种方式，加强对“五个认同”的宣传，做到线上线下多层次全覆盖，让所有宣传途径都成为增强“五个认同”的有效阵地,使“五个认同”思想深入人心。最后，扎实推进“五个认同”进学校。学校是意识形态的主阵地之一，“民族团结教育要从娃娃抓起，”要用“五个认同”做好青少年的“筑基”工程。因此，要在各级各类学校广泛开展“五个认同”进思想政治理论课，通过加强宣传教育，拓宽宣传教育渠道，使西藏各族人民在实践中切实增强“五个认同”，不断提高各族人民对中华民族共同体的认同度。

（三）以社会主义核心价值观为引领，高度重视各族群众价值观导向

党的二十大报告指出：“社会主义核心价值观是凝聚人心、汇聚民力的强大力量。”社会主义核心价值观对于系牢全民族薪火相传的精神纽带、夯实全民族和谐共生的道德基础、引领全民族团结奋进的先进文化具有重大意义。在新时代做好民族工作，必须准确把握社会主义核心价值观的深刻内涵，不断增强社会主义核心价值观对于西藏各族人民思想的穿透力和凝聚力，使社会主义核心价值观的要求真正引领西藏各族人民的思想认知、价值追求和行为准则，为铸牢中华民族共同体意识深培价值观厚土。

1. 突出理论引领，深入阐释社会主义核心价值观的深刻内涵和实践要求

当今世界各种文化之争，其本质在于价值观之争，可以说核心价值观是一个国家稳定器。党的二十大报告中指出“以社会主义核心价值观为引领，发展社会主义先进文化，弘扬革命文化，传承中华优秀传统文化”，[①] 更加凸显出社会主义核心价值观的对国家和社会建设的重要引领作用。

社会主义核心价值观作为凝魂聚气、价值引领的一项基础性工程，分别从国家、社会、个人层面体现了我们在国家、社会、公民层面的价值目标。当前，社会主义核心价值观已经在宣传上做了大量工作，并取得了一定的效果。但是，也存在仅仅会背诵其内容，而对理论的理解认知不到位的情况。科学的理论，只有在理论上说

① 习近平：《决胜全面建成小康社会夺取新时代中国特色社会主义伟大胜利——在中国共产党第十九次全国代表大会上的报告》，北京：人民出版社，2017 年，第 43 页。

服人，才能够被人民群众广泛地信服、接受、理解、认同，人民群众才会按照社会主义核心价值观的要求进行实践，进而转化为真正的社会共识和价值认同。正如马克思指出“理论只要说服人，就能掌握群众；而理论只要彻底，就能说服人”①。因此，要想使得社会主义核心价值观深入人心，一方面，必须加强其学理性研究，这就要求专家学者对社会主义核心价值观有深入浅出、精准易懂的阐述，让各族群众能够听得懂、学得会、想得通、做得到，使人们在理性层面对其产生认可和认同，引导人们达成共同的理性共识，做到“以理服人”。另一方面，恩格斯指出，“一个民族要想站在科学的最高峰，就一刻也不能没有理论思维”②。这就要求不断提高西藏各族群众对社会主义核心价值观的理论认知水平，只有在理论上认同，才能达到心理上的认同，才会有实践上的践行。

2. 融入日常生活，全面营造社会主义核心价值观的文化氛围和知行常态

习近平总书记指出：“坚持依法治国和以德治国相结合，把社会主义核心价值观融入法治建设、融入社会发展、融入日常生活。”社会主义核心价值观具有凝聚人心的精神力量，要想充分发挥社会主义核心价值观的引领作用，关键在于将社会主义核心价值观融入各族群众的日常生活之中。

日常生活是人民群众理解、培育和践行社会主义核心价值观的重要场景。正如列宁指出“只有那些已经深入文化、深入日常生活和成为习惯的东西，才能算作已达到的成就。”③日常生活作为人们社会存在的基本组成部分，只有人们的基本需求得到满足之后，才有精力去从事其他非生活必需的活动。因此，加强西藏各族群众对社会主义核心价值观的认知，必须重视日常生活的基础性作用。但是将社会主义核心价值观融入西藏各族群众日常生活之中，“不能强迫农民接受社会主义，而只能靠榜样的力量，靠农民群众对日常实际生活的认识”④。首先，语言是连接社会主义核心价值观与人民日常生活的有效媒介，在具体的宣传手段和教育方法上，注重话语表达的通俗性和易懂性，用贴近西藏各族群众日常生活，人民能够听得懂的语言，促进社会主义核心价值观和西藏人民日常生活的有机连结。其次，积极关注回应西藏各族群众关心的现实难题，尤其是关系到各族群众切身利益的事情，促使西

①《马克思恩格斯选集》（第1卷），北京：人民出版社，2012年，第9–10页。
②《马克思恩格斯选集》（第3卷），北京：人民出版社，2012年，第9页。
③《列宁选集》（第4卷），北京：人民出版社，2012年，第785页。
④《列宁选集》（第3卷），北京：人民出版社，2012年，第402–403页。

藏各族群众在解决现实难题和改善日常生活的过程中，感受社会主义核心价值观带来的实践价值。同时，引导西藏各族群众运用社会主义核心价值观去解决现实生活中的矛盾，树立正确的价值判断和价值选择。最后，将社会主义核心价值观融进西藏各族群众的日常生活习惯之中。日常生活具有周而复始的重复性和长期性特征，在特定的情境之下人们形成特定的行为习惯和生活习惯，在日常生活之中总是伴随着“价值观”的使用。一方面需要以与西藏各族人民日常生活息息相关的节日活动为依托，通过良好社会风尚的引导和熏陶，营造浓厚的文化氛围。以传统节日（如春节、中秋节等）和西藏特色节庆活动（如雪顿节、赛马节等）为依托，不断强化社会主义核心价值观的感染力。另一方面，积极发挥西藏各族群众的“主观能动性”，自觉接受社会主义核心价值观的浸染，主动在日常生活中养成良好的行为习惯，提升个人道德境界，做到知行合一。

3. 加强制度保障，夯实践履社会主义核心价值观的政策环境和制度支撑

培育和践行社会主义核心价值观是一项长期的系统工程，既要靠理论学习、教育引导和实践养成，也要靠制度规范和政策保障。如果现实生活中一些道德败坏、价值扭曲的事件得不到有效遏制和约束，社会主义核心价值观就不会真正落地生根，就不会真正赢得人民群众的信任。因此，加强培育和践行社会主义核心价值观的制度保障是确保其有效转化的关键。

法律和政策对培育践行社会主义核心价值观有着重要的导向作用。党的十八大以来，我国在治国理政的过程中始终坚持依法治国和以德治国相结合，用法律的权威来提高人们培育和践行社会主义核心价值观的自觉性，同时，制定了一系列的法律法规和规章制度来培育和践行社会主义核心价值观，有效引领了社会发展。事实证明，在关键领域、重点行业加强观念建设，有利于增强全社会对核心价值观的认同感、归属感和自觉践行力。因此，要将社会主义核心价值观融入法治国家和法治社会发展的全过程、全方位，充分体现其惩恶扬善、捍卫正义的价值导向。用法治手段更好地维护社会公平正义，弘扬真善美，为法律政策的制定完善提供正确的精神指引，形成培育和践行社会主义核心价值观的良好的法治环境。此外，完善社会主义核心价值观激励考核机制。一方面，要建立正向激励机制，对践行社会主义核心价值观的行为进行鼓励和奖励，对违反社会主义核心价值观的行为进行道德约束，情节严重的进行法律制裁。只有这样，社会主义核心价值观才能真正在实践中

内化于心、外化于行。另一方面，完善考核评价机制，将社会主义核心价值观纳入考核评价体系，推动社会主义核心价值观向各领域延伸，发挥社会主义核心价值观对干部群众的激励引导作用。

二、实现共同富裕：为西藏铸牢中华民族共同体意识奠定物质基础

发展是硬道理，是解决西藏问题的关键。新中国成立伊始，全国专业技术人才就开始“进藏建藏”。改革开放四十多年来，在中国共产党的领导下，西藏社会经济发展取得了举世瞩目的成就。但受到自然地理环境和历史因素的影响，西藏经济相较我国中部、东部地区发展仍较为落后，存在城乡发展不充分不平衡的问题。习近平总书记强调，“发展是解决民族地区各种问题的总钥匙”[①]。“如果民族地区发展差距持续扩大的趋势长期得不到根本扭转，就会造成发展失衡乃至民族关系和地区关系失衡。”[②]西藏铸牢中华民族共同体意识的关键就是要贯彻落实好经济政策，充分利用援藏政策，激发西藏基层的生产发展活力，如加快发展特色优势产业、改善广大农牧区基础公共设施、提升教育和医疗卫生水平等，不断提升西藏各族群众的获得感与幸福感，最终实现共同富裕，为铸牢中华民族共同体意识奠定物质基础。

（一）推动西藏经济建设高质量发展

西藏实现的高质量发展，不仅是能够体现新发展理念的发展，也是能够满足人民日益增长的美好生活需要的发展，更是夯实西藏铸牢中华民族共同体意识共享基础的发展。根据统计数据，2012 年至 2021 年，西藏自治区地区生产总值年均增长 9.5%，高出全国平均水平 2.9 个百分点，经济增速连续多年稳居全国前列；人均地区生产总值年均增长 7.6%，2021 年人均地区生产总值达到 56831 元，在全国 31 个省（区、市）中的排位由 2012 年的第 29 位提升至 2021 年的第 24 位，[③]经济建设取得长足进步。但对于西藏而言，经济建设起步晚、发展难度大等桎梏仍将长期存在于经济发展进程中。为克服这些困难，习近平总书记在中央第七次西藏工作座谈会上明确指出：“要走出一条符合西藏实际的高质量发展之路。”西藏自治区要实现经济高质量发展，就要以提高经济发展的平衡性、协调性与包容性为重心。

①《发展是解决民族地区各种问题的总钥匙》，《宁夏日报》2018 年 9 月 26 日。
②《中央民族工作会议暨国务院第六次全国民族团结进步表彰大会在北京举行》，《人民日报》2014 年 9 月 30 日。
③ 参考《十年来西藏经济社会发展取得全方位进步历史性成就》，2023 年 4 月 26 日。

1. 提高发展平衡性，统一发展步调

一是推动相关区域联合发展。实现西藏同其他区域联合发展，是增进各地区人民感情、促进民族团结的重要途径。要完善区域间交通、能源、信息的互联互通体系，打破区域发展的空间障碍。通过财政转移支付、税收优惠等政策，引导社会资本向欠发达地区倾斜。鼓励高校、科研机构等人才力量到欠发达地区开展科研、创新活动。建立跨区域协调机制，加强政策协同和合作，制定统一的规划和标准，优化产业布局，加强科技、人才、信息等领域的合作。融入跨区域经济合作组织，如加入成渝经济圈、南亚经济圈等，发挥组织的协调作用，整合发展资源，打造区域经济增长极，推动区域间的经济协同发展。

二是联动城市乡村一体发展。城乡一体化是推动发展平衡，实现西藏全体人民共同富裕的必由之路。要加快城市化进程，促进城乡互补发展。同时，也要引导城市产业、资源和人才要素向乡村转移，助力农业现代化和乡村振兴。加强农村公共基础设施建设，如道路、桥梁、供水、供电等，提高农民群众的生产生活条件，推动农村经济发展。通过城市和乡村联动发展，推进乡村环境整治，提高乡村生态、环境和文化品位，形成宜居、宜业、宜游的乡村发展格局，吸引更多城市人口返乡创业和休闲度假。加强城乡信息沟通和合作交流，促进城市向乡村输送先进技术和管理经验，让乡村资源和文化得到更好地利用和保护。

三是带动不同群体共同发展。共同富裕是西藏全体人民的共同富裕，必须重视发展资源匮乏的群体。为此要促进城乡融合发展，缩小城乡差距，让农民分享到城市化红利。要加大对贫困地区和贫困人口的扶持力度，带领他们脱贫致富，实现共同发展。支持和鼓励新型职业农民、创业者等人才在农村创业发展，拉动农村经济发展，促进不同群体共同发展。鼓励企业加大对边远地区和农村地区的投资，发展多元化产业，增加就业岗位，增加当地居民收入。

2. 提高发展协调性，理清发展关系

一是实现经济发展与精神富足齐头并进。自治区要统筹兼顾经济发展和精神建设，在实现共同富裕的同时强化人民共识。要促进教育和文化事业的发展，提升人民群众的文化素质和道德水平。在发展旅游业时，要着重展示西藏独特的历史、文化、自然风光和人文景观，带动相关产业发展，提高当地群众的生活水平和幸福感。在社会保障体系建设过程中，要注重保障人民群众的基本权益，加强社会管理和公共安全保障，维护社会稳定。

二是促进经济发展与绿色生态并行不悖。“绿水青山就是金山银山”，只有维护好生态环境，才能为西藏各族人民创造美好的生活环境。政府应加大环保投入，提高环保产业的发展水平。通过建立完善的生态补偿机制，引导企业、公众等各种力量积极参与生态保护，使生态保护成为经济发展的重要环节。在能源开发利用中，要优先考虑清洁能源，减少污染和环境破坏，实现经济的可持续发展。加大环境监管执法力度，遏制生态破坏行为，严厉打击相关违法犯罪活动，增强企业遵纪守法、承担环境责任的意识。最后，鼓励绿色产业发展，加快经济转型升级，实现经济发展与生态保护的双赢。

三是确保经济发展与民族团结同向而行。“广大人民群众共享改革发展成果，是社会主义的本质要求”[①],经济发展要团结各民族共同前进。要保证民族地区文化的传承与保护，就要发挥民族文化的独特魅力，促进旅游创意产业的发展，实现文化与经济的良性互动。加大对民族地区的扶持力度，建设符合当地发展实际的基础设施，提高民族地区的生产力和生活水平。向少数民族提供优惠政策，鼓励和支持少数民族参与经济建设和社会发展，增强少数民族的获得感和归属感。加强民族团结教育宣传，促进各族人民之间的交流互鉴，加强不同民族之间的情感联系，构建和谐稳定的社会环境。

3. 提高发展包容性，汇集发展合力

一是促进机会公平，推动全民共享发展成果。公平公正的发展环境具有极强的包容性，尤其在提高弱势群体的幸福感和获得感方面作用显著。要推动教育公平，落实义务教育均衡发展、农村教育优先发展等政策，为孩子提供机会平等的教育资源，提高教育质量。实施就业政策，推动就业机会均等分配，注重扶持贫困地区和青年群体的就业，加强职业培训，提高就业能力。支持创业创新，鼓励和帮助创业者，重点关注女性、贫困人口、残疾人等弱势群体的创业。加强社会保障体系建设，特别是关注对农村和城市低保户、老年人、儿童、残疾人等弱势群体的生活保障，让他们共享发展成果。

二是深化跨界融合，发挥不同领域的协同效应。提升发展包容性以促进融合发展，有助于汇集多种合力提高各族人民的收入。推动产业结构优化调整，鼓励不同

① 任理轩：《坚持共享发展》，《人民日报》2015 年 12 月 24 日。

领域间合作，加强技术交流创新，打破行业壁垒，促进产业融合，形成新的产业发展模式。鼓励不同学科间交叉合作，促进技术与产业、学术与产业深度融合，推动科技创新。加强国内外交往互鉴，促进资源优化配置，借鉴国际先进经验和技术，引导国内产业走向国际。

三是推动交流合作，吸引更多优秀人才和资源。进一步扩大内外双开放，实现西藏各族人民与祖国各族人民持续深入的交流，凝聚民族合力。要加强与其他国家和地区的经贸与文化交流，积极引进外来先进技术和管理经验，合理利用外资，推动西藏经济的快速发展。加强对外合作，拓展与其他国家和地区的交流渠道，吸引更多的国内外企业来藏投资兴业，共同参与西藏经济建设。同时，鼓励和支持本地企业与外部企业开展合作，实现互利共赢。加大对高层次人才的引进力度，鼓励他们来藏就业创业，提升人才水平，为西藏经济建设注入新活力。

（二）推进西藏巩固脱贫攻坚成果与乡村振兴有效衔接

实现共同富裕，最为重要的目标是实现脱贫攻坚成果与乡村振兴有效衔接。铸牢中华民族共同体意识既需要社会物质基础作为坚实的后盾和保障，更需要将发展成果惠及各族人民，推动西藏各民族实现共同富裕。根据数据统计，2019 年西藏实现了全区脱贫摘帽，74 个贫困县（区）全部摘帽，62.8 万贫困人口全部脱贫，历史性地消除了绝对贫困，这是西藏发展所取得的巨大成就。① 但在实现西藏乡村振兴和共同富裕的过程中，不能忽视西藏自然环境较为恶劣、经济发展内生动力不足、存在潜在返贫危险等局限性因素。因此，为实现脱贫攻坚成果与乡村振兴有效衔接，要充分调动西藏各族群众参与社会发展和建设的积极性，将发展成果惠及民生，激励各族群众共同投身于实现“中国梦”的奋斗中，提高各族群众对中华民族的身份认同，铸牢中华民族共同体意识。

1. 加强脱贫地区可持续发展能力

巩固脱贫攻坚成果与乡村振兴的有效衔接，既要立足于当前的目标任务，又要兼顾长远发展目标，深刻认识领会巩固脱贫攻坚与乡村振兴有效衔接的真正意义。② 因此，巩固脱贫攻坚与乡村振兴并非一个静止的结果，而是要以脱贫地区的可持续

①《到 2019 年底西藏 62.8 万建档立卡贫困人口实现脱贫》，https://baijiahao.baidu.com/s?id=1680587591783498033&wfr=spider&for=pc，2023 年 5 月 1 日。

② 刘亚波、杨鹏星：《新发展阶段推动脱贫攻坚成果与乡村振兴有效衔接的现实路径》，《中国集体经济》2023 年第 9 期。

发展为导向，动态地进行政策调适。

一是建立以当地自然环境为基础的现代产业体系。以发展和壮大优势产业为基础，建立可持续的现代产业体系，从而不断增加农牧民的收入，提升农牧民的幸福感和获得感，进而为中华民族共同体意识的形成奠定坚实的物质基础。在农畜产品加工业、民族手工业、藏医药等富有西藏特色的产业中，要不断完善产业链，增加产品附加值，创新产品供给方式，实现产业可持续发展；在旅游方面，西藏自治区应抓住国内旅游消费市场日益活跃的特点，满足游客在视觉体验和精神领悟上的双重需求，促进第一、二、三产业的有机互动，打造独具特色的“文旅体验游”；在文化产业上，要充分挖掘文化载体背后的经济价值。如唐卡绘制、藏毯编织、藏装藏靴制作等传统工艺，通过保护、传承与创新转化为规模化的新兴产业。在文化与经济的有效转换中促进西藏人民与祖国各族人民间的相互尊重与认同，铸牢中华民族共同体意识。

二是聚焦农村集体经济，强化利益联结。西藏要走新型农村集体经济道路，不断完善产业发展的利益联结机制，在村庄利益共同体基础上塑造民族利益共同体，铸牢中华民族共同体意识。继续深化农村集体产权制度改革，通过代种代养、土地流转、入股分红等形式带动农户参与产业发展，发挥新型农村经营主体在新型农村集体经济中的引领作用，最大限度激发闲置资源效能。此外，积极探索“龙头企业+合作社+贫困户”模式，以股份合作、就业保障和收益分红等形式让农户共享集体经济收益成果。概言之，通过新型农村集体经济的联农带农维系脱贫地区的利益联结，让脱贫群众共享产业发展带来的红利，增强农牧民对村集体和政府的认同感，进而铸牢中华民族共同体意识。

2. 增强脱贫群众的内生发展动力

“乡村振兴，关键在人、关键在干。”① 实现巩固脱贫攻坚成果与乡村振兴有效衔接的关键也在“人”。因此，在这一进程中，要不断提升农牧民思想素养，充实精神生活，保障农牧民充分就业，稳定收入来源，更要通过人才引领，带动农牧民致富。

一是不断提升农牧民个人素养与职业素质。以充实农牧民精神生活为目标，开

① 习近平：《坚持把解决好“三农”问题作为全党工作重中之重 举全党全社会之力推动乡村振兴》，http://www.gov.cn/xinwen/2022-03/31/content_5682705.htm，2023 年 5 月 1 日。

设专门的讲习所、研习所和践习所等学习场所，让脱贫农牧民学习领会习近平总书记的扶贫思想，从基本意涵上了解巩固脱贫攻坚成果与乡村振兴有机衔接的重要意义。为提升农牧民的职业素养，要大力发展农民职业教育和各种形式的技术培训，拔高农民科技素质与职业素养，培育适应新时代发展的懂农业、懂技术、懂管理的新型职业农牧民。双重素养的养成为西藏脱贫农牧民提供了丰富的精神生活，是西藏农牧民铸牢中华民族共同体意识的精神根基。

二是持续拓宽农牧民的就业渠道。除了在新型农村集体经济组织实现就业以外，还可以发挥公益性岗位的就业兜底作用，通过合理设置乡村公益性岗位来实现脱贫人口就业；推广以工代赈方式带动就业，为有需要者提供稳定就业劳务补助和一次性交通补助。更重要的是，针对照顾家庭不便外出务工、对弹性工作时间有需求等特殊情况，加强就业信息平台建设，在提供灵活就业信息的同时拓展零工市场，以促进脱贫群众多渠道就业。就业是稳定收入来源的保障，在劳动与收益的过程中，脱贫群众不仅解决了温饱问题，更实现了人生价值，不断铸牢中华民族共同体意识。

三是要发挥党政人才、产业能人等能人引领效应。在巩固脱贫攻坚成果和乡村振兴有效衔接这一阶段，要借鉴脱贫攻坚战阶段摸索建立起来的干部选拔和培养模式，为实现有效衔接打下人才基础。积极宣传合作社负责人、返乡人才等实质性推动当地经济发展的参与主体事迹，鼓励他们深入农牧区传授致富经验，激发脱贫群众致富信心与积极性，为铸牢中华民族共同体意识增添动力。

3. 构建合理高效的防返贫帮扶机制

现阶段西藏乡村振兴的工作重点之一是防止返贫。为坚决守住不发生规模性返贫底线，实现巩固脱贫攻坚成果与乡村振兴有效衔接，西藏应在返贫动态监测、完善保障机制以及构建帮扶机制上接续探索。

一是以线上线下监测与帮扶有机结合为抓手。自治区要实现防止返贫动态监测常态化，确保帮扶措施精准到位。通过大数据系统整合扶贫、卫健、社保等部门的数据资源，以数据平台为根据，实现防返贫与帮扶同步监测、监督与引导同步推进，实现精准监测；线下则可以建立一支由村干部、村民代表、帮扶责任人等组成的防止返贫监测员队伍，定期入户监测和报告农户情况，及时掌握动态信息，探索出一条风险预警快速化、认定标准规范化、认定审批无纸化、决策分析精准化、数据清洗智能化的防返贫监测和帮扶体系。[1]由此，在防返贫实践中，可以增强西藏各族人民对党和国家、对中华民族的认同感。

二是建立健全保障性机制。自治区要继续提高脱贫群众的兜底保障水平，加大保障资金的投入力度，增加财政预算，持续加大困难群众救助补助资金投入，有效保障困难群众需求。要健全防范因病返贫、致贫机制，不断改进脱贫人口和监测对象的医疗保障政策，完善基本医保、大病保险、医疗救助“三重”医疗保障报销机制，进一步防范因病致贫、因病返贫，在保障日常生活基础上铸牢中华民族共同体意识。

三是构建多元主体参与的防返贫帮扶机制。防止返贫是一项长期且艰巨的任务，需要政府、市场、社会等多个主体共同参与。政府要不断优化防返贫帮扶机制的顶层设计，有效落实相关主体责任，统筹协调好政策配套与物质基础配套；各类市场主体作为实现巩固脱贫攻坚成果与乡村振兴有效衔接的核心力量，应持续加大对农村农业的投资力度，拓展农村产业业态，引导农村特色产业长足发展，增加农民就业与收入；农牧民等村庄主体宜增强主体意识，配合有关政策，积极投身于乡村振兴建设。在强力度、全方位的防返贫帮扶机制下，西藏脱贫地区的农牧民生活不断改善，精神境界持续提升，中华民族共同体意识得以有效铸牢。

（三）提高西藏基本公共服务均等化水平

基本公共服务均等化是坚持以人民为中心的具体体现，也是实现共同富裕的有力抓手，有助于促进社会和谐稳定和公平正义。共同富裕就是要让更多人共享经济发展的成果，将共富推向共识，有效铸牢中华民族共同体意识。目前，通过大力开展基础设施、医疗卫生、文化教育、社会保障、养老服务等领域的工作，西藏基本公共服务建设已取得一定成效，各族人民的生活质量大幅提高。但是，受制于落后的基础条件，西藏基本公共服务均等化水平仍存在不足，需要进一步提升基本公共服务的覆盖广度、强化服务配比精度、改善服务品质态度，全面提高基本公共服务的均等化水平，让每个人都能享受到公平、优质、便捷的基本公共服务，促进社会公平正义，实现共同富裕，进而铸牢中华民族共同体意识。

1. 提升基本公共服务覆盖广度

一是加强基础设施建设。西藏应持续加大对交通、电力、通信等领域的投入，扩大基本公共服务的覆盖范围。只有全面提升西藏基础设施水平，才能更好地促进

① 覃娟：《巩固脱贫攻坚成果同乡村振兴有效衔接高质量发展的广西实践》，《新西部》2023年第3期。

各民族之间的交融，推进中华民族共同发展。其次，要加快基础设施建设进度，采取加强项目规划、合理分配投资、加强工程管理等措施，确保基础设施建设项目有序推进。要提高基础设施的适应性和可持续性，应对好高原地区复杂的气候环境。加强基础设施运维，及时进行设施维保，确保基础设施的正常运转。

二是提高基本公共服务的普及率。自治区应从教育、医疗等方面入手，提升公共服务广度和效度。提升基本公共服务的普及率是保障各族人民共同发展、促进各族人民交融的重要保障。在教育方面，要继续增加教育投入，提高基础教育和职业教育的质量，促进教育资源的均衡化和优质化。同时，鼓励发展民族特色教育，促进各民族交融。在医疗卫生方面，应建立健全医疗服务体系，提高医疗服务水平和质量，扩大服务覆盖面。在社会保障方面，应加强社会保障体系建设，着力提升社会保障质量，促进社会公平稳定。

三是拓展基本公共服务的服务对象。西藏应逐步将基本公共服务的服务对象从城市延伸到农村和偏远地区，提升基本公共服务均等化水平。同时应加大政策扶持力度，政府应出台一系列政策鼓励农村及偏远地区的发展，采取差异化、灵活化的服务模式，根据不同地区、不同人群的实际情况制定相应的服务方案。加强宣传教育，政府通过媒体和社区活动向农村和偏远地区居民宣传相关政策和服务信息，鼓励他们积极利用基本公共服务资源，提高基本公共服务资源的利用率。

2. 强化基本公共服务配比精度

一是优化资源配置。自治区要建立科学的资源调配机制，合理配置各类资源，避免资源浪费和过度集中。合理配置资源可以更好地实现资源的有效利用，对改善西藏各族人民的生活大有裨益。应通过信息化技术手段，搭建资源配置信息平台，实现资源的共享和交流，避免信息不对称，提高资源配置的效率和准确性。针对不同类型的资源，采取不同的调配机制，如采取市场化方式对人力资源进行调配，通过政府购买服务的方式对公共资源进行调配，通过产权交易等方式对自然资源进行调配，以实现资源配置的最优化。加强对资源配置过程的监管和评估，确保资源调配的公平性和合理性，改善资源分配不合理现象，同时加强对资源利用效率的评估，及时发现和解决资源配置中存在的问题。

二是提高配套设施的精准性。西藏要建立完善的配套设施建设标准和管理机制，确保各项设施的精准性和有效性。精准是有效的前提，只有设施精准、服务精准，为西藏各族人民提供的服务才更有效。要加强对配套设施的规划和设计，根据不同场景和需求，科学制定配套设施的建设标准和设计方案，保证各项设施的精准匹配和有效性。完善配套设施的管理机制，建立健全运营维护机制和管理体系，实行分类管理和差异化服务，提高设施使用效率和服务质量。强化配套设施的监测和评估，建立配套设施的动态监测机制和评估体系，对设施的使用情况、服务质效进行评估，及时发现问题并定制应对措施，为不断优化设施提供抓手。

三是建立服务监管机制。自治区要加强对基本公共服务的监管，确保基本公共服务水平符合国家和地方标准。只有提供达标的基本公共服务才能有效提高西藏各族人民对服务的认可。政府应健全公共服务监管体系，完善监管法规，明确监管职责，确保监管有效。通过加大监管力度、加强执法力度、加强对服务问题的惩处力度，提升公众对基本公共服务的信任感和满意度。通过提高监管透明度，发布服务监管信息，加强与公众的沟通互动，提高公众对监管工作的理解和支持程度。同时，也可以通过健全投诉渠道、举报平台等方式，让公众可以及时反映问题，增强监管的针对性和精准度。

3. 改善基本公共服务品质态度

一是加强人员培训。自治区要提升基本公共服务从业人员的业务能力和服务态度，使服务更加规范和优质。好的服务品质和态度可以带给西藏各族人民更舒心的服务体验。为此，要健全从业人员培训制度，包括拟定从业人员岗位职责、规范培训内容、评估培训成效等，以确保培训质效。加强对基本公共服务从业人员的考评，开展常态化的服务满意度调查，及时了解各族人民对基本公共服务从业人员的评价和意见，推动从业人员提高服务质量，提升人民的满意度和信任度。

二是建立激励机制。西藏要建立合理的激励机制，鼓励基本公共服务从业人员提升服务质量和态度。政府应通过建立合理的激励机制，设立基本公共服务从业人员的奖励制度，通过表彰与奖励先进工作者，激发从业者的工作积极性，进而为各族人民提供更高质量的服务。通过设立科学合理的绩效考核机制，对基本公共服务从业人员的工作绩效进行全面考评，激励他们改善服务态度。为基本公共服务从业人员提供持续的培训和发展机会，帮助他们不断提高业务能力，增强自信心和归属感。根据基本公共服务工作者的工作表现，适当调整薪酬待遇，提高其收入水平和社会地位，以增强其工作动力。

三是落实责任机制。自治区要加强对基本公共服务品质的追责，做到责任落实到位，实现服务质量和服务态度的不断改善。不利于改善西藏各族人民生活质量、提高民族凝聚力的行为要及时纠正。要加强对基本公共服务从业人员的监管力度，健全监管体系，对服务存在问题的机构和个人进行问责，从而形成对服务品质的合理规范。要建立完善的考核机制，对基本公共服务从业人员的服务质量和服务态度进行量化考评，对考核结果进行公示和奖惩，形成考核推动改进的良性循环。要加强公众参与，让各族人民参与服务评价，建立公众反馈机制，及时收集用户意见和建议，促进服务质量和服务态度的改进。

三、系牢文化纽带：为西藏铸牢中华民族共同体意识凝聚价值共识

“文化认同是最深层次的认同，是民族团结的根本、是民族和睦的灵魂。”[①] 中华文化源远流长、博大精深，是各民族集体智慧的结晶，为各民族间建立深厚友谊，同时为各族人民牢固树立中华民族共同体意识提供源源不断的精神动力。作为意识形态领域的重要组成部分，中华民族共同体意识的“铸牢”必须借助文化的力量。习近平总书记指出，“加强中华民族大团结，长远和根本是增强文化认同，建设各民族共有精神家园。”[②] 在铸牢中华民族共同体意识上，中华文化与共同体意识密不可分，铸牢中华民族共同体意识需要强化文化认同，以中华优秀文化滋养人文精神、汇聚时代力量。西藏不断铸牢中华民族共同体意识，不断提高文化在西藏经济社会发展的作用，不断增强文化软实力。

（一）整合文化资源，增强各族人民对中华文化的强烈认同

文化是建设各民族共有精神家园的重要载体，是涵养西藏人民中华民族共同体意识的沃土。因此，西藏应坚持以社会主义核心价值观引领西藏文化建设，在大力传承弘扬中华优秀文化的同时，积极推动西藏优秀传统文化的创造性转化和创新性发展，同时不断加强与其他优秀文化的交流互鉴，以崭新时代内涵丰盈中华文化，不断增强中华文化的引领力、凝聚力，增强西藏各族群众对伟大祖国、中华民族、中华文化、中国共产党、中国特色社会主义的认同。

① 孔方斌：《民族交融好味道》，《人民日报》2015 年 9 月 30 日。

② 新华网：《中央民族工作会议暨国务院第六次全国民族团结进步表彰大会在京举行》，http://www.xinhuanet.com/pol — itics/2014-09/29/c_1112683008.htm，2023 年 5 月 2 日。

1. 坚持以社会主义核心价值观引领西藏文化建设

一是认清社会主义核心价值观凝聚中华民族的逻辑。任何一种价值观在社会的确立都是基于一定的文化孕育，并且任何一种价值观都代表着一定社会群体或者社会组织的价值诉求。[①]社会主义核心价值观充分汲取了中华优秀文化的营养，内化为中华儿女共同的价值追求，通过形式多样的方式呈现并被普遍认可接受，为提升中华民族的向心力提供了强大的聚合力。[②]

二是将社会主义核心价值观嵌入宣传教育体系。为了使西藏各族人民深刻认识社会主义核心价值观并将理论学习和理解融入社会生活实践和民族文化发展，需要将社会主义核心价值观纳入西藏各级各类教育体系的全过程。特别是要注重以各族群众喜闻乐见的形式展开宣传，并将社会主义核心价值观教育和各民族交往交流交融的舆论引导紧密结合。

三是紧抓中华优秀文化与精神建设。在西藏建设中国特色社会主义文化，广大党员要发扬中华民族优良传统，弘扬好老西藏精神，继承好红色基因，传承好革命文化，不断为它们注入新的时代内涵，着力构筑中国精神、中国价值、中国力量，为西藏各族人民提供精神指引。

2. 推进西藏传统文化的创造性转化与创新性发展

一是厘清西藏挖掘优秀传统文化的逻辑。党的十八大以来，习近平总书记多次指出“推动中华优秀传统文化的创造性转化、创新性发展”的要求，这是在继承中国共产党传统文化观念基础上的进一步发展，是根据时代特点、实践所需以及当代中国人民思想状况对文化建设所作出的部署。[③]因此，新时代应充分发掘西藏优秀传统文化底蕴，大力传承与弘扬西藏文化内涵，着力实现西藏传统文化的创造性转化与创新性发展。

二是梳理和保护西藏优秀传统文化。加强对西藏优秀民族文化的传承和保护，通过树立民族文化保护意识，开展重点文物古迹的保护和维护，加强对西藏传统手工艺、民间艺术、藏戏的保护，传承和发展西藏民族文化，增强西藏传统文化的生命力。

三是充分激发文化发展的活力。通过不断完善文化管理，不断拓展文化发展的渠道，提高各族人民投入到文化事业上的积极性，实现多元主体的共同治理；同时

---

① 陈胜锦、卢成观、黄德雄：《铸牢中华民族共同体意识的路径思考》，《西南石油大学学报（社会科学版）》2021 年第 6 期。

② 淦思明、王磊：《论中华民族共同体意识的科学内涵和铸牢路径》，《大连干部学刊》2020 年第 5 期。

③ 宫丽：《铸牢中华民族共同体意识的文化路径》，《中南民族大学学报（人文社会科学版）》2019 年第 4 期。

文化创造与发展要基于民众的切身需求，创造符合大众口味的文化产品，进行有力度、有质量、有高度的创新，激活内生力。

3. 加强西藏文化与其他优秀文化交流互动的体认

一是领悟强化西藏文化与其他优秀文化交流的逻辑。民族交流的本质是文化交流，它在中华民族共同体意识形成中起到纽带连接的作用。[①] 文化因交流而多彩，因融合而发展。费孝通教授曾提出："各民族各美其美，美人之美，美美与共，天下大同。"中华民族大家庭中的各民族成员正是在长期的交往交流中，获得了对"共同性"的认识、强化了"多元一体"的观念。[②] 西藏优秀文化拥有深厚的历史底蕴，是中华优秀传统文化不可分割的一部分。在社会信息化快速发展的今天，要以加强文化交流和文明互鉴为依托，以中国特色社会主义为指引，发挥文化交流和文化交融在增强西藏各民族铸牢中华民族共同体意识的重要作用。

二是加强西藏文化与祖国各民族文化的交流互鉴。每个民族都有自己独特的文化属性，中国特色社会主义文化深深植根于中华民族优秀传统文化之中。西藏应继续加强与祖国各民族文化的交流互鉴，深刻认识和正确把握中华文化与各民族文化的"主干"和"枝叶"关系，不断学习其他民族的优秀文化思想和理念。

三是重视与国外文化的交往交融。文化互鉴不仅仅指与祖国内地的互相学习，互相借鉴，同时涵盖海内外的优秀文化知识。首先要加强统筹规划，把西藏文化"走出去"与"一带一路"、文化产业长廊等国家发展战略相融合，实现文化发展与国家战略的互融互通；其次要加强宣传口、文化口与相关部门的合作交流，在重大的对外交流活动中，把西藏文化宣传作为重要内容；最后要引导西藏各族群众以更加开放包容的心态认识祖国、了解世界，以文化交流互鉴拓宽各族群众文化视野，夯实铸牢中华民族共同体意识的思想根基。

（二）构建文化符号，唤醒各族人民对共同体的情感与记忆

中华民族共同体是一个抽象的概念，很难被感知。通过各种具体的文化符号，可以将抽象的民族共同体具体化，让各族人民更加直观地感知。在千年的发展历史中，西藏创造了无数独特而有意义的中华文化符号，千百年来积淀下来的文化底蕴也深深地嵌入在各种文化符号所建构的意义空间中。因此，通过挖掘和构建时空符

---

① 郝亚明：《中华民族共同体意识视角下的民族交往交流交融研究》，《西南民族大学学报（人文社会科学版）》2019 年第 3 期。

② 方晓玲、周娟、宋博瀚：《在西藏如何铸牢中华民族共同体意识：指导原则与路径》，《西藏研究》2020 年第 3 期。

号，确保文化符号的空间在场，创新文化符号的传播方式，可以唤醒各族人民对中华民族共同体的情感和记忆。

1. 打造广泛认同的文化标识

一是认识构建文化符号的价值。文化符号将大量的历史信息浓缩，成为连接过去、现在和未来的纽带，为各族人民提供共同的历史记忆和共享的身份象征。通过构建文化符号，强化西藏各族人民对于中华文化符号的记忆和重构能力，树立和突出各民族共享的文化符号与民族形象，助力西藏铸牢中华民族共同体意识。

二是构建空间象征符号。建构物质形态的象征符号，并通过人的视觉和触觉的感官系统到达联想中象征符号的本体。围绕铸牢中华民族共同体意识大力建设博物馆、纪念馆、文化广场和雕塑、石刻造像、标识牌，连接过去、现在和未来，唤起各族人民共同的历史记忆，为中华民族塑造民族认同感，自觉维护国家统一和民族团结。

三是构建时间象征符号。节庆作为重要的时间符号，将抽象的时间与特定的事件结合起来形成有特殊意义的时间符号，能使无形的时间具体化、神圣化，并通过周期性的反复展演来强化时间的象征意义，凝聚民族意识。民族节庆为民族文化的展示与交流构建了一个大舞台，对外展示了各具特色的民族传统和民俗活动，体现了各民族的精气神和文化魅力，增强文化自信。通过举办民族节庆活动，能够调动各民族群众参与文化传承的积极性，唤起对本民族历史和传统的认知，在加深各民族对其自身文化内在情感的同时，促进了各民族人民对本民族文化的认同。民族节庆搭建了各民族沟通交流的平台，成为各民族共享的文化符号，在丰富多彩的节日活动和热闹的氛围中，增进各民族交往交流交融。

2. 确保文化符号的空间在场性

一是认识文化符号空间在场的深层价值。文化符号的空间在场，就是指人们在日常的生产生活空间中能够感受到一系列表征民族形象与精神的文化符号的程度。文化符号空间在场性强度能深刻影响整个族群的心理结构，形成群体性的稳固心理定势，进而使某种社会意识得以持续不断地产出。[①] 在西藏铸牢中华民族共同体意识的过程中要保证文化符号的空间在场性，使全区各族群众在潜移默化中实现对中华民族共同体意识的认同。

① 祖力亚提·司马义、刘庆斌：《文化符号视域下铸牢中华民族共同体意识研究》，《社会科学战线》2023年第4期。

二是确保文化符号在群众心理上的在场。自治区要不断探索与挖掘各类文化符号的创新型传播方式，对古老难懂的文化符号进行再处理，使其能够符合现代人群的心理接受标准，满足不同人群的文化符号需求，强化铸牢中华民族共同体意识的心理认同。

三是确保文化符号在社会空间中的在场。自治区要通过将通俗易懂的、引人注目的标语、宣传语、公益广告、广告横幅等与文化符号有机融合，打造出文化符号丰富的社会空间。

四是确保文化符号在网络空间中的在场。在全球化时代，互联网已经成为整合民族文化符号、铸牢中华民族共同体意识不可或缺的载体。因此，利用互联网打造一批能够广泛引起西藏各族群众兴趣的文化产品，对于提升中华文化符号的空间存在感和国家的文化软实力，展示国家形象和文化自信具有关键作用，是固化中华民族共同体意识的有效切入点。

3. 分层次推广文化符号

一是深刻认识推广文化符号的迫切性。在不同文明的交流中，传统文化本身的价值和内涵逐渐被遗忘和淡化。因此，西藏文化主管部门应将传统文化符号的传播与推广作为当前的工作重点。文化符号大众化的有效途径是分层次进行，提高文化符号大众化的科学性和普适性。

二是根据不同的文化符号和形象采取不同的推广方式。对于已受广泛认可的西藏文化符号和形象，要发挥其社会价值，加强宣传推广；对于仍然颇具地方特色的文化符号和形象，要加强挖掘培育，积极引导其建设，不断丰富其内涵。注重立足全局去考察地方的历史文化在中华民族形成发展中的地位和作用，在总结历史经验的基础上，赋予其新的时代内涵。

三是根据不同的受众群体采取不同的推广方式。准确把握不同受众群体的认知水平差异，利用科学的普及方式，涵盖文化符号推广和教育的方方面面，注重运用新媒体、新技术对表现形式进行创造性转化。赋予文化符号新的时代意义，塑造新时代中国文化符号和形象，激发共鸣。

（三）完善文化传播，构筑起各族人民共有的精神家园

文化传播以文化元素、精神信仰、利益关系、价值观念的传递、共享与融新，生成主体关于族属身份、自我认知、他者肯定的认同意识，构成了中华民族共同

体意识建构的重要途径。[①] 文化传播是一种以导引认同为目标的对象性活动，在西藏铸牢中华民族共同体意识的过程中，通过创新文化传播方式、打造特色文化品牌、完善融合发展体系等方式，结合西藏各族群众的生产生活与精神追求，融合文化发展传播与社会主义意识形态，从而不断推进西藏地区铸牢中华民族共同体意识的进程。[②]

1. 创新文化传播方式

一是理解创新文化传播方式的逻辑。随着文化产品及服务的生产、传播、消费的数字化与网络化发展，西藏文化产业要实现现代化发展，就必须结合自身特点，结合数字化传播方式，打造出新型文化产业的输出模式。西藏文化历史悠久而厚重、文化多彩而独特，既需要西藏各族群众代代守护、薪火相传，也要紧跟时代、推陈出新，让文化成为最富魅力、最吸引人、最具辨识度的西藏标识。

二是借助新媒体创新传统文化的传播方式。自治区要让传统文化"更接地气"。通过电视、手机、网络等工具搭建起文化传播的平台，将西藏多样的文化通过线上传播，让更多人能在碎片化的时间里感受到丰富多彩的西藏文化。

三是探索人民群众喜闻乐见的传统文化传播方式。西藏以往的文化传播多以文艺表演、博物馆、纪念馆等方式为主，方式普通且缺乏趣味性，难以使得西藏文化与各族群众产生有效共鸣。因此，文化传播可以通过动漫、拟人化等丰富多彩的文化表现形式，联合广电传媒，将经典的传统文化进行二次创作，打造新的文化 IP，最大限度地提高各族群众对于西藏文化的接受程度。

四是要根据传播受众群体采取差异化的传播方式。如对于不熟悉西藏传统或民俗的外来人员，在传播过程中要注意文化多样性与内容的持续性，最大程度上激发起受众对西藏文化的兴趣。

2. 打造特色文化品牌

一要厘清打造西藏特色文化品牌的目的。文化品牌蕴含着深厚的文化底蕴与文化理念，对于民族而言是一种外显的价值认同。打造反映出中华民族交往交流交融的文化品牌，可以充分发挥出文化品牌在铸牢中华民族共同体意识过程中的积极作用。

① 苏泽宇：《文化传播视域下的中华民族共同体意识建构》，《哈尔滨工业大学学报（社会科学版）》2020 年第 4 期。
② 陈瑶、王垚：《用民族文化凝聚中华民族共同体意识的文化路径研究》，《文化创新比较研究》2022 年第 31 期。

二要坚定文化自信。西藏拥有得天独厚、博大精深的历史文化资源，在国内外享有盛名，以唐卡、藏香、邦典、氆氇、藏毯、民族家具、民族服饰、金银首饰、藏刀等为代表的2000余种工艺美术产品，深受社会各界好评。所以，在铸牢中华民族共同体意识的文化实践过程中，应坚定文化自信，依托文化资源优势，突出特色内涵和精髓，传承创新优秀技艺，用精心打造出的西藏品牌传递出细腻质朴的人文乡土气息，增强人们对乡土文化的认同感。

三是深入了解、精准把握市场需求、消费层次和行业发展趋势。西藏要牢牢把握市场需求，以特色产品为依托，以创新驱动为发展动力，进一步扩大民族特色产品和服务供给，推动更多的西藏特色产品和服务走向全国、走向世界。不断提高西藏经济发展水平，刺激民族消费心理，以产业发展趋势为导向，不断创新发展新方式。

3. 完善文化融合发展体系

一是认识推动文化融合发展的必要性。实现文化产业融合发展是实现西藏文化有效传播的重要抓手。西藏的文化产业具有较强的渗透性与关联性，与多个产业存在着天然的耦合关系，通过突破产业边界、实现产业跨界融合发展，催生文化产业新形态，增加产品附加值与市场竞争力；同时，随着人们的精神文化需求越来越强烈，在注重产品功能性价值的同时更加关注产品的文化价值，通过文化融合发展，能够更加有效地满足人们的精神需求。

二是打造特色文化产业。依托文化品牌产品，不断拓展文化传播的渠道，发挥出文化产业在铸牢中华民族共同体意识方面的独特优势，不断推动全区文化产业的高质量发展。通过培育特色文化产业，不断推动产业的升级改造，让产业结构更加合理，让藏医药业、民族手工业等颇具特色的民族优势产业更大限度地发挥作用。

三是促进文化旅游产业的融合发展。目前，各地仍然存在文化产业和旅游产业的融合程度不深，多数旅游产品不能满足高端游客需求的问题，并且疫情冲击导致旅游产业出现了一定程度的脆弱性和不稳定性。因此，要加快制定和实施优惠政策，促进文化与旅游深度融合，大力构建文化旅游产业链，防止出现因为对文化产业的保护不够，导致文化产业损失严重以及旅游业快速发展而对文化发展滞后的不利结果。

四是不断提升完善政府服务。西藏要实现文化融合发展，需要市场和政府协调行动、共同发力。在完善文化融合发展体系过程中，要转变政府服务理念与职能，为企业提供有针对性的指导与政策扶持。继而调动企业员工积极性与创造性，为企业注入新鲜活力与创造性，为企业发展注入新鲜活力，加快企业发展步伐。

四、加强立德树人：为西藏铸牢中华民族共同体意识工作激发内生动力

百年大计，教育为本。教育是一个民族、一个国家发展的关键环节。只有大力发展教育，提高全民素质和思想，才能更好地为整体意义上的高品质铸牢中华民族共同体意识提供最大的人才保障。习近平总书记指出："育人的根本在于立德。要坚持社会主义办学方向，培养德智体美劳全面发展的社会主义建设者和接班人。"① 习近平总书记的重要讲话为落实立德树人的根本任务提供了根本遵循。通过加强立德树人，教育引导各族青年学生牢固树立休戚与共、荣辱与共、生死与共、命运与共的共同体理念，铸牢中国心、中华魂，深刻理解和全面把握铸牢中华民族共同体意识的精神实质、核心内容，不断增强对伟大祖国、中华民族、中华文化、中国共产党、中国特色社会主义的高度认同，增强各族青年学生铸牢中华民族共同体意识的思想自觉和行动自觉，培育新时代中国特色社会主义事业的建设者和接班人。

作为治藏事业的核心构成，西藏教育事业已经建立起较为完整的现代教育体系和较为成熟的教育模式。在新中国七十多年的发展过程中，西藏各族人民受教育程度普遍提升，各族人民的受教育权利得到根本保障，② 这为实现西藏高质量铸牢中华民族共同体意识奠定了坚实的社会教育基础。展望新征程，西藏要进一步铸牢中华民族共同体意识，仍需加强立德树人，激发西藏铸牢中华民族共同体意识的内生动力。

（一）优化课程设置，将中华民族共同体意识培育融入现代化教育体系

铸牢中华民族共同体意识，开启了新时代我国民族工作的新实践，同时赋予了学校课程新的任务和使命。课堂是铸牢各族学生中华民族共同体意识的主阵地、主渠道。完善的课程设置对于加强民族团结、引导学生增强民族认同具有重要的作用。

① 韩丽颖：《育人的根本在于立德》，《光明日报》2022 年 8 月 26 日。

② 西藏自治区教育厅：《西藏教育事业全面发展进步——庆祝中华人民共和国成立 70 周年》，《西藏教育》2019 年第 10 期。

西藏在优化课程设置的过程中，要以铸牢中华民族共同体意识为主线，加强课程建设，扩大课堂讲授覆盖面，增强课堂教学的思想嵌入性，充实学生的“四史”知识，完善课程正面引领，引导学生铸牢中华民族共同体意识。

1. 扩大课堂讲授覆盖面，引导各族学生自觉认同伟大祖国

一是要引导学生关注国事。除了讲授基础知识外，教师也应该采用通俗易懂的方式讲解复杂的中国历史和深刻的国家学说。“共享”的历史回忆有助于中华民族共同体意识的形成，树立“中国”历史观，有助于民族认同感的强化，铸牢中华民族共同体意识。教师在课堂上要讲清中国革命、建设、改革发展的历程，讲清马克思主义中国化理论成果的深刻内涵，讲清道路自信、理论自信、制度自信、文化自信，从而激发学生的民族自信心、自豪感和国家认同感，[①]使他们逐步认知、认同并践行习近平新时代中国特色社会主义思想，更加坚定马克思主义理想信念和国家认同。

二是要打破课程壁垒。将通识教育课程、专业课程纳入铸牢中华民族共同体意识的课程体系中，形成铸牢中华民族共同体意识的“大思政”格局。[②]要发挥思政课程的作用，依托《思想道德与法治》《中国近现代史纲要》《中华民族共同体概论》等课程，在课堂上开展三观教育、理想信念教育、国家认同教育，让学生在课堂学习的过程中不断强化“五个认同”，铸牢中华民族共同体意识。

2. 增强课堂教学的思想嵌入性，有效衔接中华民族共同体意识教材内容

一是要理解重视课堂思想嵌入性的必要性。中华民族是一个整体，它的理念早已被各民族所认同，但“中华民族共同体”这个概念却是近些年才被引入到民族理论和民族工作的话语体系中。因此，新时代西藏高质量铸牢中华民族共同体意识需注重课堂思想嵌入性，将概念从理论层面融入各族学生群体的社会生活实践，使铸牢中华民族共同体意识内化于心、外化于行。

二是要在课堂上加强中华民族共同体意识的教育。自治区在进行教育教学工作时，应在课堂上融入中华民族共同体意识教育。要使用铸牢中华民族共同体意识的相关读本和教材，通过教材、课堂等不同渠道让学生感受中华民族团结奋斗、共同繁荣发展、共创美好生活的精神力量，促进各族青少年像石榴籽一样紧紧抱在一起，

①《思政小课堂融入社会大课堂，提升学生的国家认同感》，https://www.fx361.com/page/2020/0831/6995769.shtml，2023年5月2日。

②蒋文静、祖力亚提·司马义：《学校铸牢中华民族共同体意识的逻辑层次及实践路径》，《民族教育研究》2020年第1期。

共同创造美好明天。

三是要在课堂上将社会主义核心价值观融入各族学生的价值选择中。西藏要把社会主义核心价值观的理念和精神贯穿于思政课教学内容与活动中，而不是满足于个别章节内容的讲解。通过教学活动使学生对党和国家的路线、方针、政策产生更加直观的认识，在学习和思考中将社会主义核心价值观“内化于心”。社会主义核心价值观与中华民族共同体意识都属于社会主义意识形态范畴，根植于深厚的中华文化，萌芽于改革开放和社会主义现代化建设新时期中国建设社会主义的继续探索中，形成于中国共产党人团结带领全党全国各族人民创造新时代中国特色社会主义伟大成就的实践中，深化于中国共产党人创立习近平新时代中国特色社会主义思想、实现马克思主义中国化新的飞跃的伟大进程中，二者相辅相成、相得益彰，具有内在的逻辑自洽联系。[①] 在课堂教学中融入社会主义核心价值观教育，对于铸牢中华民族共同体建设的思想根基具有重要影响。

3. 充实学生的“四史”知识，增强对中国共产党史的学习和理解

一是要明确增强“四史”教育的逻辑。习近平总书记指出，只有坚持思想建党、理论强党，不忘初心才能更加自觉，担当使命才能更加坚定，要把学习贯彻党的创新理论作为思想武装的重中之重，[②] 并同学习“四史”结合起来。西藏地区在铸牢中华民族共同体意识的过程中要引导学生学习“四史”，做到不忘历史、不忘初心，知史爱党、知史爱国。

二是要加强教育引导，凝聚思想共识。西藏地区应该持续在学校中开展“四史”学习教育，解读中国共产党 100 多年来取得的伟大成就、伟大精神和宝贵经验，阐释中国共产党为什么“能”、马克思主义为什么“行”、中国特色社会主义为什么“好”，引导学生深入了解中国共产党的历史。同时，在开展“四史”教育时要坚决抵制历史虚无主义，警惕威胁党的执政地位的思想隐患。

三是要创新方式方法，提升教育实效。在引导学生学习“四史”时要超越传统教育形式，提升教育工作创新性。学校应发挥“头雁”作用，通过开展主题班会、党团课、知识问答、大学生宣讲团等丰富多彩的学习活动，用生动活泼的形式充实

① 孟凡丽、王国宁：《以社会主义核心价值观引领中华民族共同体意识培育》，《西北师大学报（社会科学版）》2022 年第 4 期。

②《把学习贯彻党的创新理论作为思想武装重中之重——论学习贯彻习近平总书记在主题教育总结大会上重要讲话》，https://baijiahao.baidu.com/s?id=1655376843353860119&wfr=spider&for=pc，2023 年 5 月 3 日。

学生的“四史”知识，使他们深刻认识到红色政权来之不易、新中国来之不易、中国特色社会主义来之不易，深刻认识到我们党先进的政治属性、崇高的政治理想、高尚的政治追求和纯洁的政治品质。

（二）以主题教育增进中华民族共同体意识培育的浓厚氛围

民族团结是我国各族人民的生命线，中华民族共同体意识是民族团结之本。加强中华民族共同体意识教育是西藏高校贯彻中央民族工作会议和中央第七次西藏工作座谈会精神的必然要求。增进中华民族共同体意识所培育的浓厚氛围，对于加强民族团结、增强民族认同具有重要作用。

1. 调动各方力量，汇聚中华民族共同体意识宣教合力

一是西藏大中小学要不断深化对中华民族共同体意识内涵与核心要义的认识。可以通过举办相关的研讨会、主题讲座、文化节等活动，引导青年学生深刻领会中华民族是休戚与共、荣辱与共、生死与共、命运与共的大家庭，深刻理解中华民族是多元一体的，清楚认识中华民族一百多年来矢志不渝的理想和每个儿女心中锻造的信念。

二是西藏大中小学教师要以榜样示范作用促进学生铸牢中华民族共同体意识。大中小学的教师要主动学习先进典型，加强自身师德师风的建设，增强自身民族认同感，培养过硬本领，为起到榜样示范作用奠定基础。同时，大中小学教师可以在校园开展“深化民族团结进步教育，铸牢中华民族共同体意识”主题文化活动，培养浓厚校园氛围，推动学生围绕中华民族共同体意识的道德基因自觉进行知行合一，以道德力量维系铸牢中华民族共同体意识的可持续发展。[①]

三是西藏社会要加强民族团结进步宣传教育。宣教工作是一种资源，也是一种生产力，能起到鼓舞、引导、促进、提升的作用。社会教育对铸牢中华民族共同体意识可以起到同样重要的作用，可以为经济社会发展注入不竭的思想动力。在社会层面不仅要开展民族团结进步宣教，也要创建相关活动，使各族群众在参与活动的过程中将中华民族一家亲的理念入脑入心，引导西藏社会各界人士铸牢中华民族共同体意识。

2. 科学设置中华民族共同体意识宣传教育内容

一是要将“五个认同”作为宣传教育内容的核心。中华民族共同体意识是一

① 李静：《铸牢中华民族共同体意识背景下高校教师素质提升路径》，《民族教育研究》2021 年第 1 期。

个相对开放的意识体系，各族人民的亲和感知、精神信仰、行为意愿都是其构成要素。[①]“五个认同”是一个有机统一的整体，其实质不仅与马克思主义国家观、民族观、文化观、历史观、宗教观高度契合，还能从理论层面剖析新时代铸牢中华民族共同体意识的基本内涵，从实践层面凸显思想意识因素对民族工作的导向作用。[②]在高质量铸牢中华民族共同体意识的实践中，西藏要将“五个认同”作为教育核心贯穿于高质量铸牢中华民族共同体意识教育的始终，将理论融于实践。

二是要增强“三个意识”的宣教。打造各类宣讲团、讲师团和各级干部宣讲队伍、民间宣讲队伍等，让“三个意识”宣教进单位、进企业、进社区、进学校、进寺庙。通过“三个意识”宣教活动的深入开展，引导各族群众树立增强国家意识、公民意识、法治意识的文明新风，树牢国家意识，铸牢中华民族共同体意识。

3. 采取丰富多样的中华民族共同体意识宣传教育方式

一是要采用线下宣教方式。通过召开主题班会、参观爱国主义教育基地、成立“铸牢中华民族共同体意识宣讲团”等方式，组织师生进行理论学习。同时，在民族团结教育月期间，要进一步加强学校全体师生的马克思主义民族理论、党和国家民族政策的学习，助力西藏各族师生铸牢中华民族共同体意识教育实现从思想革命到行动自觉再到实践发展的转变，促进各民族在理想、信念、情感、文化上的团结统一，让民族团结之花常开常盛。

二是要利用线上平台。西藏各学校在宣教过程中要强化互联网思维，充分利用新技术、新手段、新媒体，不断增强宣教的吸引力和影响力。要充分利用校园广播、黑板报、LED 电子屏、校信通、微信、QQ 群等宣传手段，深入开展维护民族团结和热爱祖国的宣传教育。各类主题教育的学习和宣传活动要深入学生群体，潜移默化地影响西藏各族学生的思想，提高其科学文化水平和素养，不断增进对伟大祖国、中华民族、中华文化、中国共产党、中国特色社会主义的认同。

（三）优化教育布局形成中华民族共同体意识培育合力

中华民族共同体意识的培育是一个系统连贯性的教育实践过程。西藏高质量铸牢中华民族共同体意识离不开学校教育。在进行立德树人的实践中，作为中华民族共同体意识培育主阵地的学校，应该充分发挥其重要作用。西藏要拓展学校铸牢中华民族共同体意识教育的广度，提高学校铸牢中华民族共同体意识教育的精度，增

① 张镇涵：《铸牢中华民族共同体意识视阈下增进“五个认同”路径探索》，《集宁师范学院学报》2021 年第 4 期。
② 张镇涵：《铸牢中华民族共同体意识视阈下增进“五个认同”路径探索》，《集宁师范学院学报》2021 年第 4 期。

强学校铸牢中华民族共同体意识教育的效度，优化铸牢中华民族共同体意识的教育布局，形成育人合力。

1. 系统考量，拓展西藏大中小学铸牢中华民族共同体意识教育的广度

一是在区域上拓展广度。铸牢中华民族共同体意识教育对民族团结的凝聚功能日益凸显，西藏要高度重视学校教育发挥的重要性。不仅要在城市地区的学校开展铸牢中华民族共同体意识教育，更要在一些农村中小学开展铸牢中华民族共同体意识教育。教育投入进一步向农牧区和边远农村地区倾斜，不断缩小义务教育城乡、区域、校际差距，加快形成全社会范围内的教育合力。

二是在对象上拓展广度。铸牢中华民族共同体意识教育的对象应包括各民族在内的全体成员。要在大中小学中进行中华民族共同体意识的教育，把铸牢中华民族共同体意识贯彻到大中小学办学治校的全过程。要提高政治站位，将中华民族共同体意识教育纳入干部教育、青少年教育、社会教育，也要与时俱进地编写民族团结进步教材，进一步推动中华民族共同体意识进课堂、进头脑。

2. 整体谋划，提高西藏大中小学铸牢中华民族共同体意识教育的精度

一是要准确把握教育的内容。西藏各学校开展铸牢中华民族共同体意识教育，要紧密围绕中华民族、中华民族大家庭、中华民族共同体意识的概念，中华民族共同体的形成与发展、中华民族共同体的结构与特征等开展教育教学工作，特别是要深入学习领会习近平总书记关于加强和改进民族工作的重要思想。铸牢中华民族共同体意识教育不仅要在思政课程上进行，还要融入基础课、专业课、选修课、实践课等课程关键环节，多渠道、全过程、全方位开展。要在学校里强化对学生的铸牢中华民族共同体意识的教育，就要把提高学生的教学连贯性作为指导方针，将其与中小学的道德建设以及大学的思想政治工作进行有机地结合起来。

二是要优化教育的方式方法。西藏各学校在开展铸牢中华民族共同体意识教育的过程中应尽量避免口号化、命令化的方式，要反对假大空的形式主义。应该采用引导和分享的方式，使中华民族共同体意识的教育更加有温度、有感情，让学生更加容易接受。同时，铸牢中华民族共同体意识教育要关注学生的个性化需求，因人制宜，增强教育针对性，从而切实铸牢各族学生的中华民族共同体意识。

3. 协同推进，增强西藏大中小学铸牢中华民族共同体意识教育的效度

一是要健全协同育人机制。学校是教书育人的主阵地，要充分发挥协同育人的

主导作用。教育行政部门和学校两个层面共同关注和推动，是保证协同育人工作有效、均衡、持续推进的前提和基础，两者缺一不可。要由学校主导，建立健全校内外、家校社全要素育人资源同频共振的协同育人机制。聚焦铸牢中华民族共同体意识，积极搭建家校协同、校地合作、校社联动等共建共育平台，拓展开放式、多向度的育人空间。

二是要构建铸牢中华民族共同体意识教育的大中小学一体化建设。构建大中小学一体化铸牢中华民族共同体意识的教育体系，是完整准确全面地把握和贯彻习近平总书记关于加强和改进民族工作重要思想的坚决行动。青少年是祖国的未来，是我国实现“两个一百年”奋斗目标的主体力量，也是新时代中华民族共同体建设的主体力量。在大中小学广泛开展铸牢中华民族共同体意识教育，事关中华民族复兴伟业，事关国家统一、民族团结，事关培养什么人这一教育首要问题。要明确大中小学学校教育的职责边界，在遵循学生认知规律及思想政治教育要求的基础上，参照年龄特征、教育内容、教育形式等维度进行一体化构建，使铸牢中华民族共同体意识教育既具有学段特色，又能打通学段壁垒，不错位、不缺位、不越位。[①] 在大中小学循序渐进、螺旋上升地开设有关铸牢中华民族共同体意识的课程，推动各学段有机融合，使学生在积累的过程中对中华民族共同体理念形成体系化的认知，并逐渐外化为自觉行为，持续连贯地铸牢中华民族共同体意识。

五、创新社会治理：为西藏高质量铸牢中华民族共同体意识营造稳定环境

铸牢中华民族共同体意识是新时代党的民族政策与民族工作的最新理论成果，为边疆民族地区的社会治理指引了总体发展方向。[②] 边疆社会的稳定与繁荣也可为持续推进铸牢中华民族共同体意识提供保障和动力。经过长期探索实践，西藏社会治理取得显著成效，积累了具有中国特色、西藏特点的社会治理经验。[③] 同时西藏地处祖国边陲，与多国接壤，地缘政治格局复杂，面临着反华分裂势力的渗透风险。

---

①《加强铸牢中华民族共同体意识教育》，https://baijiahao.baidu.com/s?id=1760323728062985993&wfr=spider&for=pc，2023 年 5 月 3 日。

② 徐俊六：《铸牢中华民族共同体意识与边疆民族地区社会治理关系研究》，《宁夏社会科学》2018 年第 6 期。

③ 吴超：《西藏社会治理现代化的发展历程、经验和路径》，《西藏民族大学学报（哲学社会科学版）》2018 年第 3 期。

外部挑战与西藏当地的地理、民族、宗教等复杂要素交织，传统安全与非传统安全问题叠加，其社会治理具有特殊性、复杂性、尖锐性和长期性的特点，这也为西藏铸牢中华民族共同体意识带来了风险与挑战。西藏需要创新社会治理，增强社会治理效能，为高质量铸牢中华民族共同体意识营造稳定的社会环境。

（一）着眼西藏特点，优化社会治理的多元要素

西藏地处祖国边陲，民族、宗教与边疆三要素相互交叉和影响，集中体现了自治区社会治理的特殊性与复杂性。因此在社会治理过程中，以铸牢中华民族共同体意识为行动指引，处理好宗教、边疆与民族工作间的关系，不断优化其发展模式，是西藏推进社会治理现代化的着力点。高效的社会治理可以为铸牢中华民族共同体意识营造团结稳定的社会环境。

1. 推进民族团结创建活动，促进民族交融

一是要加大对民族团结进步教育活动的投入。各族群众在生活、文化和思想上的交往交流交融是培育中华民族共同体意识的关键环节，各族群众共同参与社会化活动，能够为中华民族共同体意识的培育构建和谐互信的社会氛围。西藏要以民族互嵌式社会结构建设为抓手，加大资金、人才和精力的投入力度，创新创建活动的方式与载体，打造民族团结活动的优质社会空间，让创建活动逐步成为贯彻落实党和国家民族政策的重要方式，成为凝聚各方力量共同推进民族团结进步事业的一大平台，成为各族群众在参与中自我教育自我提高的有效途径。[①]

二是要重视宣传引导工作。西藏要注重对先进典型的宣传，创新多种形式开展挖掘典型、表彰典型、宣扬典型、学习典型的相关活动，通过在全民族全社会牢固树立榜样和典型的光辉形象，讲好新时代西藏民族团结的故事，充分发挥典型的引领作用，激励和引导各族人民积极参与创建活动，将榜样精神品质内化于心、外化于行。

2. 完善边疆治理体系，建设稳定边疆

一是给予边境居民充分的物质激励和资源保障。边疆稳定本质上是一种社会政治稳定的复合形态，对中华民族共同体建设有重要的辐射功能和保障意义。[②] 现代化的边疆治理除了加强政府和国防力量外，更要发动和依靠边境地区的各族人民群众，

㉓① 国家民族事务委员会编：《中央民族工作会议精神学习辅导读本》，北京：民族出版社，2015 年，第 37 页。

② 高永久、冯辉：《边疆治理视域下铸牢中华民族共同体意识的现实路径》，《中南民族大学学报（人文社会科学版）》2023 年第 2 期。

激发其对国家、边界、领土的认同，提升其守土固边的积极性与责任感，将守卫边疆的国家使命融入其日常的生产生活中。首先就要加大投入力度改善边疆地区人民的生产生活设施，强化与祖国内地发展市场的联系互动，使得边境居民生活有保障、致富有途径、发展有支持、守边有动力，积极主动地投入到边疆建设的事业当中。

二是发挥边境基层党组织的引领示范作用。在西藏边疆地区要不断加强基层党组织建设，提升党组织对边疆基层社会的穿透力、影响力和引领力，有效发挥基层党组织宣传、教育、动员和统筹协调的作用，紧密联系群众，铸牢党与边疆人民的血脉联系，使各族群众团结在党的周围，共同守卫边疆稳定。

三是推广联防联控的创新经验与先进做法。在西藏边疆地区要观察好、总结好、提炼好、推广好联防联控的创新经验，如“五户联防”“十户联防”等邻里守望模式，并接续探索联防联控新模式，持续完善边疆治理体系，铸牢维护边疆地区稳定发展的安全屏障。

3. 健全宗教工作机制，打造和谐社会

一是要完善基层宗教工作架构，强化组织建设。藏传佛教在西藏的信徒众多，在基层社会影响力巨大，西藏要完善基层宗教工作架构，妥当处理宗教工作。要建立县、乡、村三级宗教工作网络，如在乡镇（街道）设立专门的统战员岗位，在村委班子中设立熟悉当地情况的宗教工作管理岗，明确其工作职能和责任，加强工作人员的配备和培训，将宗教工作纳入基层社会综合治理当中。

二是要完善宗教法规体系，加强思想引领。西藏要完善宗教工作的相关法律法规，为健全西藏宗教工作的体制机制提供指引。要以国务院颁布的《宗教事务条例》为指引，结合当地的实际情况制定并不断完善地方性的《宗教事务条例》，通过专题研讨、系统培训等方式向宗教团体和宗教工作干部进行教育培训，增强其法律意识和爱国意识，推动宗教工作及其活动规范化。

三是要引导宗教工作与中国特色社会主义事业相适应。宗教团体积极贯彻落实我国宗教发展本土化的工作规划，不断做出符合社会主义核心价值观和我国发展进步要求的宗教教义阐释，并将宗教中国化的自觉行动贯穿于宗教工作的全过程，从而不断推进宗教治理体系和治理能力的现代化。

（二）围绕西藏现实，提升社会治理的文化氛围

文化是社会治理的重要力量支撑，针对西藏的实际状况，推动国家通用语言文

字高质量普及，加强法治文化建设，并利用网络打造积极健康的舆论环境，有利于在全社会范围营造各民族休戚与共、手足相亲、守望相助的文化氛围，从而为铸牢中华民族共同体意识提供强大的精神动力。

1. 营造积极健康的网络文化空间

一是充分发挥主流媒体的宣传引领作用。在信息化网络化的时代，人们获取信息的渠道日趋便捷和多元，主流媒体通过新宣传渠道发布信息的传播速度和社会影响力逐步扩大。西藏要动员各级宣传部门参与到新媒体平台的建设和应用中，采取各族人民喜闻乐见的形式展示民族工作的伟大成就，发挥新媒体作为宣传党的民族政策的重要舆论作用。①

二是加强网络舆情管理。自治区要利用好大数据技术，整合各网络平台数据，建立网络舆情信息库，对网络舆情数据进行准确、全面的分析，有关部门要深入了解网络舆情与社会事件的深层次关系，对舆情采取适当的处置措施，解决群众焦虑、不安的问题，安抚群众情绪，弘扬团结奋进的正能量。

三是加快打造成增进民族团结、培育中华民族共同体意识的网络阵地。西藏要通过网络信息平台以图、文、声、画等生动丰富多样的形式，全面展示西藏经济、政治、文化、教育、卫生等各项事业的发展成就，提高西藏各族人民对西藏发展进步的认知度，激发群众自豪感和幸福感。

2. 推动国家通用语言文字普及

一是提升西藏农村地区国家通用语言的推广。拉萨、昌都、林芝、日喀则等较大城市的城区汉语资源比较丰富，当地少数民族群众汉语水平整体较高。而受制于西藏地广人稀的自然环境，偏远的乡村和牧区缺少推广通用语言文字的资源和氛围，因此需要制定特殊的推普模式，着力提升西藏农村地区国家通用语言文字的普及质量。具体而言，一要制定“省（区）、市、县、乡、村”五级一体的国家通用语言文字推广方针，发挥政府机关、事业单位、驻村干部等不同主体的作用，创新和利用“推普周”等活动，覆盖基础薄弱的农牧区群众，切实有效落实通用语言文字政策。二要树立学习国家通用语言、文字的典范并给予一定奖励，以此激发和带动当地群众学习运用普通话的积极性。

二是全面加强西藏大中小学校国家通用语言文字教育。学校是推广国家通用语

① 高永久、冯辉：《边疆治理视域下铸牢中华民族共同体意识的现实路径》，《中南民族大学学报（人文社会科学版）》2023 年第 2 期。

言文字的专门化场所，一要制定“小学、初中、高中、大学”相衔接和连贯的教育培养体系，使得国家通用语言的教育推广具有有效性。二要创新学校国家通用语言文字的教育环境，包括普通话广播、汉语角、课前三分钟等有声环境和汉字黑板报、手抄报等有形环境。三要在国家通用语言普及的过程中，也要科学保护少数民族的语言文字，不断完善双语教育体系，最终使学生达到双母语认同，语言生态和谐发展。

3. 加强西藏法治文化建设

我国社会主义法治文化，塑造着公民精神，凝聚着国家认同，聚合着中华民族共同体的认识。[①] 然而，当前西藏广大农牧地区还存在一定程度的封建农奴制文化残余，群众的法治意识相对薄弱，制约着西藏社会的有序稳定发展，因此探索一条适应西藏实际情况的法治文化建设道路，有利于维护西藏社会稳定和谐与长治久安，进而为铸牢中华民族共同体意识提供法律保障。

第一，与时俱进地健全和完善民族区域自治法律制度。以国家法治的最新理论成果为指导，结合西藏社会发展的新形势，不断完善地方性法规，使各项社会治理行为有法可依。

第二，坚持严格执法和公正司法，强化法律威信，提升公共权力机关公信力。一方面，要通过不断地培训学习，提高执法司法工作者的业务水平和思想素质；另一方面，要推进执法规范化、制度化建设，接受群众监督。

第三，要做好普法工作。要创新普法形式，找准群众易于接受和理解的切入点，运用农牧民能够听懂的语言进行普法，使西藏各族群众知法、懂法、学法、用法，不断增强群众的法律意识。

（三）立足西藏实践，发掘社会治理的本土资源

西藏的社会治理有其自身的独特性与复杂性，不仅要关注普适性的治理理论，同时本土的、传统的治理资源也是西藏实现社会治理现代化不可或缺的要素。自治区在多元价值取向之间保持合理张力，倡导建立国家核心治理文化与当地少数民族本土治理文化的一元主导、双向互动的特有模式，[②] 有利于实现民族意识与铸牢中华民族共同体意识的内在耦合。

1. 积极发挥西藏社会组织的作用

---

① 何剑锋：《长治久安战略下西藏法治文化建设的路径分析》，《湖北民族学院学报（哲学社会科学版）》2014 年第 6 期。

② 牛丽云：《青藏高原藏区社会治理的本土资源及其价值》，《西藏大学学报（社会科学版）》2018 年第 3 期。

一是加快社会组织发展制度化建设。社会组织具有整合、协调、维护利益、实现目标的功能，对优化社会治理十分重要。[①]西藏要不断完善社会组织发展制度的修订和落实，保障其合法权益不受侵犯，运行有制度可依。合理利用社会组织的优势功能，为社会治理注入新动力。

二是理顺社会组织与政府的关系。在监管与评估的基础上，政府将一些公共服务职能让渡给社会组织，扩展其发挥作用的空间，发挥其整合利用西藏特色社会治理资源的优势，激发其发展的内生动力。

三是推动本土社会组织创新发展。西藏以阿吉拉姆、格萨尔王传等西藏本土优秀文化为载体，在政策上给予支持，大力发展具有特色的民间艺术团体、文学团体、藏医社会组织等。西藏各族人民通过参与社会组织的活动和享受社会组织提供的服务，进一步深化同全国各族人民的交往交流交融，有利于健全社会各界广泛参与的社会治理体系，形成共建共治共享的良好局面。

2. 借鉴与利用西藏本土治理经验

一是强化村规民约的作用。村规民约是民众基于本地实情，维护地方秩序，处理户婚田土、道德教化和纠纷解决等方面的重大问题，经过集体讨论自发制定的民间规约，[②]这与群众的日常生活紧密贴合，能反映出各个乡村的历史文化传统，对农牧民的伦理观念、价值判断及社会行为都具有一定的规范和引导作用。然而当前越来越多的村规民约呈现出象征性文本的发展态势，西藏要发掘好、保留好村规民约中有效的机制，将其运用于社会治理现代化过程中。

二是利用民族习惯法中的积极因素。西藏独特的历史文化、自然环境和生产方式孕育了以民族习惯法为代表的社会治理经验，其蕴含着可汲取的治理智慧。藏族习惯法融合了藏族的宗教习俗、道德规范、伦理价值、文化观念等传统内容，形成了藏族地区社会成员共同遵守的行为准则和法律观念，并以习惯法为载体传承下来。[③]作为民族精神和价值观念的集中体现，习惯法对藏民族有内在的控制和规范作用。西藏要将民族习惯法中的优秀资源继承和发展，使其服务于现代法治社会的建设。

---

① 张大卫、张婧琳：《民族地区社会治理面临的问题与实践路径》，《西藏科技》2017 年第 6 期。
② 李可：《习惯如何进入国法——对当代中国习惯处置理念之追问》，《清华法学》2012 年第 2 期。
③ 何剑锋：《长治久安战略下西藏法治文化建设的路径分析》，《湖北民族学院学报（哲学社会科学版）》2014 年第 6 期。

参考文献

一、党和国家重要文献

[1] 习近平 . 在庆祝中国共产党成立 100 周年大会上的讲话 [M]. 北京：人民出版社，2021.

[2] 国家民族事务委员会 . 铸牢中华民族共同体意识：全国民族团结进步表彰大会精神辅导读本 [M]. 北京 : 民族出版社，2021.

[3] 中共中央宣传部编 . 习近平新时代中国特色社会主义思想学习纲要 [M]. 北京 : 学习出版社，2019.

[4] 国家民族事务委员会 . 中央民族工作会议精神学习辅导读本 增订版 [M]. 北京 : 民族出版社，2019.

[5] 中共中央党史和文献研究院 . 十九大以来重要文献选编 上 [M]. 北京 : 中央文献出版社，2019.

[6] 中共中央党史和文献研究院编 . 十八大以来重要文献选编 下 [M]. 北京 : 中央文献出版社，2018.

[7] 中共中央文献研究室编著 . 实现中华民族伟大复兴的科学理论指导和行动指南 [M]. 北京 : 中央文献出版社，2016.

[8] 中共中央文献研究室编 . 十八大以来重要文献选编 中 [M]. 北京 : 中央文献出版社，2016.

[9]《中国工农红军长征史料丛书》编审委员会编 . 中国工农红军长征史料丛书 [M]. 北京 : 解放军出版社，2016.

[10] 中共中央文献研究室编 . 习近平关于协调推进“四个全面”战略布局论述摘编 小字本 [M]. 北京 : 中央文献出版社，2015.

[11] 国家民族事务委员会 . 中央民族工作会议精神学习辅导读本 [M]. 北京 : 民族出版社，2015.

[12] 全国人大常委会办公厅，中共中央文献研究室编 . 人民代表大会制度重要文献选编 全 4 册 [M]. 北京 : 中国民主法制出版社，2015.

[13] 陕西省档案馆，陕西省社会科学院编 . 陕甘宁边区政府文件选编 全 13 册 [M]. 西安 : 陕西人民教育出版社，2015.

[14] 中共中央文献研究室编 . 十八大以来重要文献选编 上 [M]. 北京 : 中央文献出版社，2014.

[15] 中共中央文献研究室编 . 习近平关于实现中华民族伟大复兴的中国梦论述摘编 [M]. 北京 : 中央文献出版社，2014.

[16] 中央文献研究室，国家宗教事务局编 . 新时期宗教工作文献选编 [M]. 北京 : 宗教文化出版社，2014.

[17] 中共中央文献研究室，中共新疆生产建设兵团委员会编 . 新疆生产建设兵团工作文献选编 1949–2014[M]. 北京 : 中央文献出版社，2014.

[18] 中央档案馆，中共中央文献研究室编 . 中共中央文件选集 1949 年 10 月 –1966 年 5 月全 50 册 [M]. 北京 : 人民出版社，2013.

[19] 中共中央文献研究室编 . 十七大以来重要文献选编 下 [M]. 北京 : 中央文献出版社，2013.

[20] 中共中央党校出版社党务书编写组 . 中国共产党章程汇编 : 一大——十八大 [M]. 中共中央党校出版社，2013.

[21] 中共中央文献研究室编 . 十五大以来重要文献选编 上中下 [M]. 北京 : 中央文献出版社，2011.

[22] 中共中央文献研究室编 . 三中全会以来重要文献选编 上 [M]. 北京 : 中央文献出版社，2011.

[23] 中共中央文献研究室编 . 建国以来重要文献选编 全 20 册 [M]. 中央文献出版社，2011.

[24] 中共中央文献研究室，中央档案馆编 . 建党以来重要文献选编 1921–1949 全 26 册 [M]. 北京 : 中央文献出版社，2011.

[25] 中共中央文献研究室编 . 十七大以来重要文献选编 中 [M]. 北京 : 中央文献出版社，2011.

[26] 国家民族事务委员会研究室 . 中国共产党民族工作九十年 [M]. 北京：民族出版社，2011.

[27] 国家民族事务委员会，中共中央文献研究室 . 民族工作文献选编 2003–2009 年 [M]. 北京：中央文献出版社，2010.

[28] 国家民委政策研究室 . 民族工作文献选编（1979–2009）[M]. 北京：中央文献出版社，2010.

[29] 中共中央文献研究室编 . 十七大以来重要文献选编 上 [M]. 北京：中央文献出版社，2009.

[30] 政协全国委员会办公厅，中共中央文献研究室编 . 人民政协重要文献选编 上中下 [M]. 北京：中国文史出版社，2009.

[31] 中共中央文献研究室编 . 改革开放三十年重要文献选编 上下册 [M]. 北京：中央文献出版社，2008.

[32] 中共中央统战部研究室 . 中央领导同志论统一战线 [M]. 北京：中央编译出版社，2007.

[33] 中共中央文献研究室编 . 十六大以来重要文献选编 [M]. 北京：中央文献出版社，2006.

[34] 中共中央文献研究室，中共西藏自治区委员会编 . 西藏工作文献选编 1949–2005 年 [M]. 北京：中央文献出版社，2005.

[35] 中共西藏自治区委员会党史研究室编著 . 中国共产党西藏历史大事记 1949–2004 第 1 卷 [M]. 北京：中共党史出版社，2005.

[36] 海峡两岸关系协会编 . 两岸对话与谈判重要文献选编 [M]. 北京：九州出版社，2004.

[37] 国家民族事务委员会，中共中央文献研究室编 . 民族工作文献选编 1990–2002 年 [M]. 北京：中央文献出版社，2003.

[38] 中共中央文献研究室编 . 十四大以来重要文献选编 上中下 [M]. 北京：人民出版社，1999.

[39] 全国政协民族和宗教委员会办公室编 . 新时期人民政协的民族工作：全国政协民族和宗教委员会七、八两届民族工作回眸 [M]. 北京：中国文史出版社，1998.

[40] 中共中央党史研究室第一研究部 . 共产国际、联共（布）与中国革命文献资料选辑 [M]. 北京 :121 北京图书馆出版社，1998.

[41] 中共中央文献研究室编．“一国两制”重要文献选编 [M]. 北京 : 中央文献出版社，1997.

[42] 台湾事务办公室．台湾问题重要文献资料汇编 1978–1996[M]. 北京 : 红旗出版社，1997.

[43] 中共中央文献研究室编．十一届三中全会以来党的历次全国代表大会中央全会重要文件选编 上中下 [M]. 北京 : 中央文献出版社，1997.

[44] 中共中央统一战线工作部，中共中央文献研究室编．新时期统一战线文献选编 续编 [M]. 北京 : 中共中央党校出版社，1997.

[45] 国家民委办公厅等编．中华人民共和国民族政策法规选编 [M]. 北京 : 中国民航出版社，1997.

[46] 中共中央文献研究室编．建国以来重要文献选编 第 1 册 [M]. 北京 : 中央文献出版社，1997.

[47] 中共中央文献研究室编．社会主义精神文明建设文献选编 [M]. 北京 : 中央文献出版社，1996.

[48] 中共中央宣传部办公厅，中央档案馆编研部编．中国共产党宣传工作文献选编（1915–1992）[M]. 北京 : 学习出版社，1996.

[49] 中共中央文献研究室编．十三大以来重要文献选编 上中下 [M]. 北京 : 人民出版社，1991.

[50] 中共中央统战部．民族问题文献汇编（1921.7–1949.9）[M]. 北京 : 中共中央党校出版社，1991.

[51] 国家民族事务委员会,中共中央文献研究室编．新时期民族工作文献选编 [M]. 北京 : 中央文献出版社，1990.

[52] 共青团中央青运史研究室，中央档案馆编．中共中央青年运动文件选编 1921 年 7 月 –1949 年 9 月 [M]. 中国青年出版社，1988.

[53] 中共中央文献研究室编．十二大以来重要文献选编 上中下 [M]. 北京 : 人民出版社，1986.

[54] 中共中央统一战线工作部，中共中央文献研究室编．新时期统一战线文献选编 [M]. 北京 : 中共中央党校出版社，1985.

[55] 人民出版社编．民族政策文件汇编 全 3 册 [M]. 北京 : 人民出版社，1958.

二、专著类

[1] 中共中央宣传部 . 中国共产党的历史使命与行动价值 [M]. 北京 : 人民出版社，2021.

[2] 习近平 . 论中国共产党历史 [M]. 北京 ：中央文献出版社，2021.

[3] 何中华 . 马克思与孔夫子 ：一个历史的相遇 [M]. 北京 : 中国人民大学出版社，2021.

[4] 习近平 . 习近平谈治国理政第 3 卷 [M]. 北京外文出版社，2020.

[5] 中共中央党史研究室第一研究部译 . 联共（布）、共产国际与中国苏维埃运动（1–17 卷）[M]. 北京 ：中共党史出版社，2020.

[6] 习近平 .2019 年论坚持党对一切工作的领导 [M]. 北京 : 中央文献出版社，2019.

[7] 吴海江 . 中国共产党与中国文化 [M]. 上海 : 上海人民出版社，2019.

[8] 张健 . 中国共产党构筑中华民族共同体的历程与道路研究 [M]. 北京 : 中国社会科学出版社，2019.

[9] 项英 . 项英文集（上下）[M]. 北京 : 人民出版社，2019.

[10] 虎有泽，尹伟先 . 铸牢中华民族共同体意识研究 [M]. 北京 : 中国社会科学出版社，2018.

[11] 郝时远 . 中国共产党怎样解决民族问题 [M]. 南昌 : 江西人民出版社 .2018.

[12] 杨志明 . 中华民族共同体意识研究 [M]. 云南人民出版社，2018.

[13] 童建挺 . 国际共产主义运动历史文献（1–64 卷）[M]. 北京 : 中央编译出版社，2018.

[14] 朱伦 . 五十国民族政策研究 [M]. 北京 : 中国社会科学出版社，2018.

[15] 习近平 . 习近平谈治国理政第 2 卷 [M]. 北京 : 外文出版社，2017.

[16] 林尚立 . 中国共产党与国家建设 [M]. 天津 : 天津人民出版社，2017.

[17] 林尚立 . 当代中国政治基础与发展 [M]. 北京 : 中国大百科全书出版社，2017.

[18] 黄兴涛 . 重塑中华近代中国“中华民族”观念研究 [M]. 北京 : 北京师范大学出版社，2017.

[19] 李维汉 . 统一战线问题与民族问题 [M]. 北京 : 中共党史出版社，2016.

[20] 牙含章 . 郑信哲选编 . 牙含章文集 [M]. 北京 : 社会科学文献出版社，2016.

[21] 中国社会科学院民族学与人类学研究所民族理论室编 . 马克思主义经典作家民族问题文选列宁卷 上下 [M]. 北京 : 社会科学文献出版社，2016.

[22] 中国社会科学院民族学与人类学研究所民族理论室编 . 马克思主义经典作家民族问题文选马克思恩格斯卷 上下 [M]. 北京 : 社会科学文献出版社，2016.

[23] 中国社会科学院民族学与人类学研究所民族理论室编 . 马克思主义经典作家民族问题文选斯大林卷 [M]. 北京 : 社会科学文献出版社，2016.

[24] 郝时远 . 中国特色解决民族问题之路 [M]. 北京 : 中国社会科学出版社，2016.

[25] 刘格平传记编委会编著 . 寻觅真实的刘格平 [M]. 北京 : 中国发展出版社，2016.

[26] 胡锦涛 . 胡锦涛文选（1–3 卷）[M]. 北京，人民出版社，2016.

[27] 林尚立 . 论人民民主 [M]. 上海 : 上海人民出版社，2016.

[28] 习近平 . 习近平谈治国理政 第 1 卷 [M]. 北京 : 外文出版社，2014.

[29] 邓中夏 . 邓中夏全集（上中下）[M]. 人民出版社，2014.

[30] 恽代英 . 恽代英全集（1–9 卷）[M]. 人民出版社，2014.

[31] 林育南 . 林育南文集 [M]. 北京 : 人民出版社，2014.

[32] 吕振羽 . 吕振羽全集（1–10 卷）[M]. 北京 : 人民出版社，2014.

[33] 康基柱 . 中国共产党民族纲领政策文献导读 1921 年 7 月 –1949 年 9 月 [M]. 北京 : 中央民族大学出版社，2013.

[34] 乌兰夫 . 乌兰夫文选 上下 [M]. 中央文献出版社，2013.

[35]《人民日报社论全集》编写组 . 人民日报社论全集（1949–2012）[M]. 北京 : 人民日报出版社，2013.

[36] 瞿秋白 . 瞿秋白文集（1–8 卷）[M]. 人民出版社，2013.

[37] 彭湃 . 彭湃文集 [M]. 北京 : 人民出版社，2013.

[38] 张太雷 . 张太雷文集 [M]. 北京 : 人民出版社，2013.

[39] 苏兆征 . 苏兆征文集 [M]. 北京 : 人民出版社，2013.

[40] 赵世炎 . 中共中央党史研究室科研管理部编 . 赵世炎文集 [M]. 北京 : 人民出版社，2013.

[41] 中共中央统战部 . 中共中央文献研究室 . 习仲勋论统一战线 [M]. 北京 : 中央文献出版社，2013.

[42] 杨松，刘晶芳 . 杨松文集 [M]. 北京 : 人民出版社，2013.

[43] 邓恩铭 . 邓恩铭文集 [M]. 北京 : 人民出版社，2013.

[44] 方志敏 . 方志敏全集 [M]. 北京 : 人民出版社，2012.

[45] 刘志丹 . 刘志丹文集 [M]. 北京 : 人民出版社，2012.

[46] 胡乔木 . 胡乔木文集（1–3 卷）[M]. 北京 : 人民出版社，2012.

[47] 周平 . 多民族国家的族际政治整合 [M]. 北京 : 中央编译出版社，2012.

[48] 王希恩 .20 世纪的中国民族问题 [M]. 北京 : 中国社会科学出版社，2012.

[49] 朱伦 . 民族共治民族政治学的新命题 [M]. 北京 : 中国社会科学出版社 .2012.

[50] 江泽民 . 江泽民文选（1–3 卷）[M]. 外文出版社，2012。

[51] 向警予，戴绪恭，姚维斗 . 向警予文集 [M]. 北京 : 人民出版社，2011.

[52] 高君宇 . 高君宇文集 [M]. 北京 : 人民出版社，2011.

[53] 罗亦农 . 罗亦农文集 [M]. 北京 : 人民出版社，2011.

[54] 王尽美 . 王尽美文集 [M]. 北京 : 人民出版社，2011.

[55] 司永成 . 民族教育政策法规选编 [M]. 北京 : 民族出版社，2011.

[56] 柳建辉，肖甡主编 . 中国共产党史稿 全 12 册 [M]. 成都 : 四川人民出版社，2011.

[57] 中共延安市委统战部组编，延安时期统一战线史料选编 [M]. 北京 : 华文出版社，2010.

[58] 任建树主编，陈独秀著作选编（1–3 卷）[M]. 上海 : 上海人民出版社，2009.

[59] 中共中央文献研究室，中共西藏自治区委员会，中国藏学研究中心编 . 毛泽东西藏工作文选 [M]. 北京 : 中国藏学出版社，2008.

[60] 中共中央文献研究室，中共湖南省委《毛泽东早期文稿》编辑组编 . 毛泽东早期文稿 1912 年 6 月 –1920 年 11 月 [M]. 长沙 : 湖南人民出版社，2008.

[61] 翦伯赞 . 翦伯赞全集（全 10 册）[M]. 石家庄 : 河北教育出版社，2008.

[62] 林尚立 . 统一战线与国家建设 [M]. 上海 : 上海人民出版社，2008.

[63] 中共中央文献研究室，中央档案馆编 . 建国以来周恩来文稿（1–13 册）[M]. 北京 : 中央文献出版社，2008.

[64] 白钢 . 中国政治制度史 [M]. 北京 : 社会科学文献出版社，2007.

[65] 沈其新 . 中国共产党与中华民族凝聚力 [M]. 北京 : 红旗出版社，2007.

[66] 韦建维 . 广西民族工作文件资料选编 1951–1986[M]. 广西壮族自治区事务委员会，2007.

[67] 张丰清，周苏玉 . 中国共产党与当代中华民族凝聚力 [M]. 武汉 : 湖北人民出版社，2007.

[68] 沙健孙 . 中国共产党史稿（全五卷）[M]. 北京 : 中央文献出版社，2006.

[69] 金炳镐 . 民族纲领政策文献选编 [M]. 北京 : 中央民族大学出版社，2006.

[70] 中共中央文献研究室编 . 陈云文集（1–3 卷）[M]. 北京 : 中央文献出版社，2005.

[71] 王建娥，陈建樾 . 族际政治与现代民族国家 [M]. 北京 : 社会科学文献出版社，2004.

[72] 金炳镐，青觉 . 中国共产党三代领导集体的民族理论与实践 [M]. 哈尔滨 : 黑龙江教育出版社，2004.

[73] 青觉 . 马克思主义民族观的形成与发展 [M]. 北京 : 民族出版社，2004.

[74] 邓小平 . 邓小平文选 套装全 3 册 [M]. 北京 : 人民出版社，2004.

[75] 任一飞，周竞红 . 中华人民共和国民族关系研究 [M]. 沈阳 : 辽宁民族出版社，2003.

[76]《华岗选集》编辑委员会选编 . 华岗选集 全 4 卷 [M]. 济南 : 山东大学出版社，2003.

[77] 胡绳 . 胡绳全书（1–7 卷）[M]. 北京 : 人民出版社，2003.

[78] 范文澜 . 范文澜全集（1–10 卷）[M]. 石家庄 : 河北教育出版社，2002.

[79] 吴泽，邬国义整理 . 吴泽文集（1–4 卷）[M]. 上海 : 华东师范大学出版社，2002.

[80] 国家民族事务委员会 . 中国共产党关于民族问题的基本观点和政策 [M]. 北京 : 民族出版社，2000.

[81] 刘春 . 刘春民族问题文集 续集 [M]. 北京 : 民族出版社，2000.

[82] 李大钊，《李大钊全集》编委会编 . 李大钊全集（1–5 卷）[M]. 石家庄 : 河北教育出版社，1999.

[83] 中共沧州市委党史研究室编 . 刘格平文集 [M]. 北京 : 中央民族大学出版社，1999.

[84] 中共中央文献研究室，南开大学编 . 周恩来早期文集 [M]. 北京 : 中央文献出版社，天津，南开大学出版社，1998.

[85] 江宜桦 . 自由主义、民族主义与国家认同［M]. 台北 : 扬智文化事业股份有限

公司，1998.

[86] 中共中央文献研究室，中央档案馆编 . 建国以来毛泽东文稿（1–13 册）[M]. 北京 : 中央文献出版社，1996.

[87] 刘春 . 刘春民族问题文集 [M]. 北京 : 民族出版社，1996.

[88] 叶剑英 . 叶剑英选集 [M]. 北京 : 人民出版社，1996.

[89] 林伯渠文集编辑组 . 林伯渠文集 [M]. 北京 : 华艺出版社，1996.

[90] 徐特立，武衡等主编 . 徐特立文存（1–5 卷）[M]. 广州 : 广东教育出版社，1995.

[91] 万里 . 万里文选 [M]. 北京 : 人民出版社，1995.

[92] 江平主编 . 中国民族问题的理论与实践 [M]. 北京 : 中共中央党校出版社，1994.

[93] 刘先照主编 . 中国共产党主要领导人论民族问题 [M]. 北京 : 民族出版社，1994.

[94] 张闻天 . 张闻天选集编辑组编 . 张闻天文集（1–4 卷）[M]. 北京 : 中共党史出版社，1994.

[95] 黄光学等 . 当代中国的民族工作 [M]. 北京 : 当代中国出版社，1993.

[96] 何干之 . 何干之文集（1–3 卷）[M]. 北京 : 北京出版社，1993.

[97] 赛福鼎・艾则孜 . 郭丽娟等译 . 赛福鼎回忆录 [M]. 北京 : 华夏出版社，1993.

[98] 周维仁著 . 贾拓夫传 [M]. 北京 : 中共党史出版社，1993.

[99] 中共中央文献研究室编 . 毛泽东文集（1–6 卷）[M]. 人民出版社，1993.

[100] 程宝山主编 . 中国共产党组织工作大辞典 [M]. 济南 : 济南出版社，1992.

[101] 王革主编 . 全国人民代表大会民族委员会法案室，调研室编 . 中华人民共和国民族自治地方自治条例汇编 1985–1988[M]. 北京 : 海洋出版社，1992.

[102] 王丰主编 . 全国人民代表大会民族委员会法案室调研室编 . 中华人民共和国民族自治地方自治条例汇编 1989–1991[M]. 北京 : 海洋出版社，1992.

[103] 李富春 . 李富春选集 [M]. 北京 : 中国计划出版社，1992.

[104] 陆定一 .《陆定一文集》编辑组编 . 陆定一文集 [M]. 北京 : 人民出版社，1992.

[105] 中共中央文献研究室，中共中央党校编 . 刘少奇论党的建设 [M]. 北京 : 中央文献出版社，1991.

[106] 彭真 . 彭真文选 1941–1990[M]. 北京 : 人民出版社，1991.

[107] 毛泽东 . 毛泽东选集（1–4 卷）[M]. 北京 : 人民出版社，1991.

[108] 费孝通 . 中华民族多元一体格局 [M]. 北京 : 中央民族大学出版社，1990.

[109] 王稼祥 .《王稼祥选集》编辑组编 . 王稼祥选集 [M]. 北京 : 人民出版社，1989.

[110] 谢觉哉 . 谢觉哉文集 [M]. 北京 : 人民出版社，1989.

[111]《李达文集》编辑组 . 李达文集（1–4 卷）[M]. 北京 : 人民出版社，1988.

[112] 中共中央统战部研究室编 . 历次全国统战工作会议概况和文献 [M]. 档案出版社，1988.

[113] 中共中央统一战线工作部，中共陕西省委统一战线工作部，中国人民解放军西安政治学院编 . 郭志民，任涛 . 毛泽东论统一战线 [M]. 北京 : 中国文史出版社，1988.

[114] 中共四川省委党史工作委员会《吴玉章传》编写组 . 吴玉章文集 [M]: 重庆 : 重庆出版社，1987.

[115] 李维汉 .《李维汉选集》编辑组编 . 李维汉选集 [M]. 北京 : 人民出版社，1987.

[116] 邓拓 . 邓拓文集（1–4 卷）[M]. 北京 : 北京出版社，1986.

[117] 李维汉 . 回忆与研究（上下）[M]. 北京 : 中共党史资料出版社，1986.

[118] 安徽大学苏联问题研究所，四川省中共党史研究会编译 . 苏联《真理报》有关中国革命的文献资料选编辑（1–3 册）[M]. 四川省社会科学院出版社，1985.

[119] 周恩来 . 中共中央统一战线工作部，中共中央文献研究室编 . 周恩来统一战线文选 [M]. 北京 : 人民出版社，1984.

[120] 陈独秀 . 三联书店编辑 . 陈独秀文章选编 [M]. 北京 : 生活 · 读书 · 新知三联书店，1984.

[121] 牙含章 . 民族问题与宗教问题 [M]. 北京 : 中国社会科学出版社 . 成都 : 四川民族出版社，1984.

[122] 中共中央党校党史教研室《中国共产党史稿》(全 3 册) [M]. 人民出版社，1983.

[123] 清华大学中共党史教研组编 . 赴法勤工俭学运动史料（1–3 册）[M]. 北京 : 北京出版社，1981.

[124] 艾思奇 . 艾思奇文集（1–2 卷）[M]. 北京 : 人民出版社，1981.

[125] 李维汉 . 关于民族理论和民族政策的若干问题 [M]. 北京 : 民族出版社，1980.

[126] 牙含章 . 西藏历史的新篇章 [M]. 成都 : 四川民族出版社，1979.

[127] 中国共产党对中华民族的贡献 [M]. 辽东建国书社，1944.

[128] 中国共产党与中华民族 [M]. 八路军留守兵团政治部，1943.

三、期刊文献

[1] 俞祖华，江洋 . 百年来中共中华民族共同体观念的演进 [J]. 东岳论丛，2021(07).

[2] 张志远 . 中国共产党 100 年推进中华民族共同体建设的云南实践与经验 [J]. 学术探索，2021（05）.

[3] 何星亮 . “铸牢中华民族共同体意识”理念的形成与创新 [J]. 中央民族大学学报（哲学社会科学版），2021（04）.

[4] 穆兆勇 . 以党的政治建设为统领，推进党的建设新的伟大工程 [J]. 马克思主义与现实，2021（04）.

[5] 杨燕 . 新时代党领导国家治理现代化发展的三重论域 [J]. 北方民族大学学报(哲学社会科学版），2021（04）.

[6] 曹为 . 中国共产党推动中华民族共同体建设的百年历程 [J]. 上海行政学院学报（哲学社会科学版），2021（04）.

[7] 郎维伟，黎雪，黄钰 . 中国共产党与铸牢中华民族共同体意识 [J]. 北方民族大学学报》2021（04）.

[8] 邓斯雨，杜仕菊 . 中国共产党推动中华民族共同体建设的历史贡献——基于“背景·问题·使命·实践”的四维分析 [J]. 新疆大学学报（哲学·社会科学版），2021（02）.

[9] 王希恩 . 中国共产党的中华民族建设实践及理论创新 [J]. 西北民族研究，2021（02）.

[10] 张福强 . 中国共产党铸牢中华民族共同体意识的成功实践——以中央民族访问团为中心的考察 [J]. 中南民族大学学报（人文社会科学版），2021（01）.

[11] 青觉 . 从政治凝聚到心灵认同 : 新时代各民族共有精神家园建设——基于国家的分析视角 [J]. 西北师大学报（社会科学版），2021（01）.

[12] 青觉，徐欣顺 . 新时代多民族国家建设与铸牢中华民族共同体意识——以人民为中心的理论与实践 [J]. 民族研究，2021（01）.

[13] 李资源，向驰 . 中国共产党对铸牢中华民族共同体意识的核心作用 [J]. 中南民族大学学报（人文社会科学版），2021（01）.

[14] 梁端，陈建樾 . 作为共同体的中华民族：中国共产党的思考 [J]. 青海民族研究，2021（01）.

[15] 商爱玲，邓钢 . 中国共产党对中华民族共同体构建的认知与实践 [J]. 中国治理评论，2021（01）.

[16] 周平 ."两个结合"：民族区域自治制度的圭臬 [J]. 社会科学研究，2020（03）.

[17] 青觉 . 中华民族共同体意识的内生性基础研究 [J]. 中央民族大学学报（哲学社会科学版），2020（05）.

[18] 齐卫平 . 中国共产党政治建设的近百年探索：理论与实践 [J]. 新疆师范大学学报（哲学社会科学版），2020（02）.

[19] 陈建樾 ."建设一个中华民族的新社会和新国家"——中华人民共和国民族政策话语体系形成的历史脉络 [J]. 中南民族大学学报（人文社会科学版），2020（04）.

[20] 王星，王孟 . 新中国成立 70 周年中国共产党推动中华民族共同体建设的理论与实践研究 [J]. 齐齐哈尔大学学报（哲学社会科学版），2020（02）.

[21] 孙洲 . 现状与图景：十八大以来国内学术界"中华民族共同体"研究 [J]. 广西民族研究，2020（03）.

[22] 商红日 . 国家统一、人民团结、民族复兴：国家治理中的统一战线能力论说 [J]. 上海市社会主义学院学报，2020（03）.

[23] 青觉，赵超 . 中国共产党"中华民族多元一体"话语的构建历程及其逻辑——以《人民日报》文本为中心的考察 [J]. 广西民族大学学报（哲学社会科学版），2020（01）.

[24] 方堃 . 新中国 70 年中华民族共同体建设的历史逻辑与基本经验 [J]. 西南民族大学学报（人文社会科学版），2019（10）.

[25] 冯育林 . 新时代中华民族共同体建设的几个着力点 [J]. 云南行政学院学报，2019（02）.

[26] 常安 . 缔造社会主义的中华民族大家庭——新中国民族区域自治制度的奠基历程 [J]. 学术月刊，2019（09）.

[27] 裴圣愚，余扬 . 新时代中国共产党中华民族观的基本内涵 [J]. 广西民族研究，

2019（06）.

[28] 张淑娟 . 抗战时期中国共产党对中华民族共同体意识的纵向传布及其当代启示 [J]. 新疆大学学报（哲学·社会科学版），2019（06）.

[29] 张淑娟，陈宪章 . 论中国共产党中华民族共同体意识的确立与文化自觉 [J]. 广西民族研究，2019（04）.

[30] 李春晖，丁瑞雪 . 中国共产党边疆治理中的中华民族共同体意识 [J]. 民族教育研究，2019（04）.

[31] 青觉 . 制度自信视阈下的中西民族团结制度比较 [J]. 中央民族大学学报（哲学社会科学版），2019（04）.

[32] 何一民，刘杨 . 从"恢复中华"到"中华民族命运共同体"——百年来"中华民族"概念内涵演变的历史审视 [J]. 民族学刊，2019（04）.

[33] 夏文斌，易佳乐 . 中华民族共同体视域下的民族团结 [J]. 新疆大学学报（哲学社会科学版），2019（03）.

[34] 李春晖，丁瑞雪 . 中国共产党边疆治理中的中华民族共同体意识 [J]. 民族教育研究，2019（04）.

[35] 张淑娟，陈宪章 . 论中国共产党中华民族共同体意识的确立与文化自觉 [J]. 广西民族研究，2019（04）.

[36] 牟成文 . 论党的领导与国家治理现代化之间的内在关联 [J]. 党政研究，2018（06）.

[37] 青觉，徐欣顺 . 中华民族共同体意识：概念内涵、要素分析与实践逻辑 [J]. 民族研究，2018（06）.

[38] 白利友 . 中华民族伟大复兴视域中的中华民族共同体建设——学习习近平关于中华民族共同体的重要论述 [J]. 社会主义研究，2018（04）.

[39] 齐卫平，柴奕 . 论新时代统一战线工作与中华民族共同体意识 [J]. 上海市社会主义学院学报，2018（03）.

[40] 张淑娟 . 论中华民族共同体意识对近代中国民族主义的形塑与修正——以中国共产党为例 [J]. 广西民族研究，2018（03）.

[41] 冯育林 . 从"中华民族"到"中华民族共同体"的概念考察及其建设析论 [J]. 西北民族大学学报（哲学社会科学版），2018（03）.

[42] 李海青 . 使命型政党的治党逻辑——十九大全面从严治党的内在理路 [J]. 经

济社会体制比较，2018（02）.

[43] 朱碧波 . 再论中华民族共同体的多维建构 [J]. 贵州师范大学学报（社会科学版），2018（04）.

[44] 张会龙，冯育林 . 共同体视阈下的中华民族意涵分析及其可能限度 [J]. 思想战线，2017（03）.

[45] 李赞 . 从中华民族共同体到社会主义大家庭——中华民族共同体的历史考察和结构分析 [J]. 毛泽东邓小平理论研究，2017（10）.

[46] 关凯 . 建构中华民族共同体：一种新的文化政治理论 [J]. 中央社会主义学院学报，2017（05）.

[47] 严庆 . 本体与意识视角的中华民族共同体建设 [J]. 西南民族大学学报（人文社会科学版），2017（03）.

[48] 林尚立 . 论以人民为本位的民主及其在中国的实践 [J]. 政治学研究，2016(03).

[49] 郑长忠 . 国家治理体系和治理能力现代化与党的建设制度发展 [J]. 江西社会科学，2015（04）.

[50] 郝时远 . 民族区域自治：中央民族工作会议讲了什么 ?[J]. 中央民族大学学报（哲学社会科学版），2015（02）.

[51] 林尚立 . 现代国家认同建构的政治逻辑 [J]. 中国党政干部论坛，2014（05）.

[52] 林尚立 . 现代国家认同建构的政治逻辑 [J]. 中国社会科学，2013（08）.

[53] 林尚立 . 团结与民主：人民政协在中国共产党领导与执政中的地位和作用 [J]. 中共党史研究，2011（05）.

[54] 林尚立 . 中国政党制度与国家建设 [J]. 毛泽东邓小平理论研究，2009（09）.

[55] 林尚立 国家建设：中国共产党的探索与实践 [J]. 毛泽东邓小平理论研究，2008（01）.

[56] 周维衍 . 谈谈中华民族共同体的主要完成形式——兼与黎澍同志商榷 [J]. 复旦学报（社会科学版），1987（03）

附 录

附录1：调查问卷

新时代西藏高校大学生铸牢中华民族共同体意识教育问卷

亲爱的同学

您好，诚挚邀请您参与填答新时代铸牢中华民族共同体意识问卷。本次填答需要占用您几分钟时间。您的答案没有对错之分,请您根据自己的实际情况作出填答。数据仅用于政策分析与学术研究，我们将对您的个人信息以及填答情况进行保密。非常感谢您的支持与合作。

一、基本信息

1. 学校		2. 性别	①男 ②女
3. 民族		4. 生源地	①本地 ②非本地
5. 是否学生干部	①是 ②否	6. 学历层次	①专科 ②本科
7. 年级	①大一 ②大二 ③大三 ④大四 ⑤大五		
8. 专业	①文史类 ②理工类 ③艺术类 ④医学类 ⑤农学		
9. 政治面貌	①中共党员 ②中共预备党员 ③共青团员 ④无党派人士 ⑤群众		

二、了解中华民族共同体意识的途径

10. 了解途径 (可多选)	①课堂教育②老师同学日常交流③网络媒体④电视媒体⑤手机推送⑥其他 :_______
11. 了解相关信息的网络媒体途径 (可多选)	①学校官网②政府官网③新闻网站④微信⑤微博⑥ B 站⑦知乎⑧抖音⑨小红书⑩其他 :_________
12. 主动搜索相关信息频率	①经常②很少③几乎不会

三、铸牢中华民族共同体意识课程建设

13. 在学校是否上过铸牢中华民族共同体意识教育的相关讲解课程？	①是 ②否 ③不记得了
14. 大学几年级上过相关课程？	①大一 ②大二 ③大三 ④大四 ⑤大五 ⑥不记得了
15. 一周上几次相关课	① 1 次 ② 2 次 ③ 3 次 ④ 3 次以上 ⑤不记得了
16. 一般教师授课方式？（可多选）	①老师讲解 ②小组讨论 ③ 全班辩论 ④其他
17. 您比较感兴趣方式（可多选）	①课堂学习 ②观看影片 ③自主学习 ④网上学习
18. 上课是否有相应教材、材料或讲义？	①有 ②没有 ③不记得了
19. 上课过程中印象最深刻（可多选）	①板书②视频③图片④教师⑤板书⑥不记得了
20. 是否能理解教材内容？	①全部都能②大部分能 ③少部分能④一点都不能
21. 您是否对铸牢中华民族共同体意识教育课的内容感兴趣？	①不感兴趣 ②有点兴趣③兴趣一般 ④特别感兴趣
22. 现在能记忆起上课内容程度	①全部都能 ②大部分③小一部分④基本不能
23. 您所在学校开展关于“铸牢中华民族共同体意识”的社会实践活动吗？	①经常开展②偶尔开展③没有开展③不清楚
24. 您参加过关于“铸牢中华民族共同体意识”的社会实践活动吗？	① ______ 次 ②没有参加过 ③不记得了
25. 学校开展过哪些铸牢中华民族共同体意识教育的校园文化活动？	①论文征稿 ②演讲比赛 ③知识竞赛 ④文化活动 ⑤其他 ______
26. 参加过铸牢中华民族共同体意识教育的校园文化活动次数	① ______ 次 ②没有参加过 ③不记得了
27. 在学校专门开展铸牢中华民族共同体意识教育的必要性	①非常必要 ②比较必要③一般④不太必要⑤不记得了

四、您是否认同下列说法

	非常认同	比较认同	一般	不太认同	不认同
28. 作为中国人，我感觉非常自豪					
29. 中国是一个有着悠久历史和灿烂文化的国家					
30. 中华民族是一个命运共同体					
31. 各民族优秀传统文化都是中华文化的组成部分					
32. 各民族共同缔造了伟大的祖国					

33. 中华民族是个大家庭，各民族像石榴籽一样紧紧抱在一起					
34. 汉族离不开少数民族					
35. 少数民族离不开汉族					
36. 各少数民族之间互相离不开					
37. 各民族要始终把中华民族利益放在首位					
38. 本民族意识要服从和服务于中华民族共同体意识					
39. 西藏自古以来就是中国不可分割的一部分					
40. 中国史就是各民族交融汇聚成多元一体的中华民族的历史					
41. 促进各民族团结进步，需要加强各民族交往交流交融					

附录 2：党和国家有关铸牢中华民族共同体意识的重要会议内容摘要

情境	时间	相关内容
中国共产党第一次全国代表大会	1921.07	我们应当团结所有的人，竭尽全力与共同的敌人作斗争。
中国共产党第二次全国代表大会宣言	1922.07	推翻国际帝国主义的压迫，达到中华民族完全独立。
共青团中央关于学生爱国运动宣言	1935.10	为民族解放的事业，是神圣光荣的事业！……以我地大物博的中国，占有四万万人口的中华民族，与区区一小岛日本决战，其最后胜利，自非难事。……只要中国四万万人民团结起来，全体武装起来，战胜强盗日本帝国主义是有把握的。
中共中央为创立全国各党各派的抗日人民阵线宣言	1936.04	全中国亡国灭种的紧急关头，中国共产党中央委员会特向全中国各党各派郑重宣言：不管我们相互间有着怎样不相同的主张与信仰，不管我们相互间过去有着怎样的冲突与斗争，然而我们都是大中华民族的子孙，我们都是中国人，抗日救国是我们的共同要求。为抗日救国而大家联合起来，为抗日救国而共赴国难，是所有我们中国人的神圣的义务。
抗日根据地的政权问题（毛泽东）	1939.12	中华民族是一个有光荣革命传统和优秀历史遗产的民族。
新民主主义论（毛泽东）	1940.01	我们共产党人，多年以来，不但为中国的政治革命和经济革命而奋斗，而且为中国的文化革命而奋斗；一切这些的目的，在于建设一个中华民族的新社会和新国家。……建立中华民族的新文化，这就是我们在文化领域中的目的。 这种新民主主义的文化是民族的。它是反对帝国主义压迫，主张中华民族的尊严和独立的。它是我们这个民族的，带有我们民族的特性。
在延安文艺座谈会上的讲话（毛泽东）	1942.05	中华民族的最大部分，就是最广大的人民大众。
中华人民共和国第五届全国人民代表大会第五次会议	1982.11	中华人民共和国是全国各族人民共同缔造的统一的多民族国家。平等、团结、互助的社会主义民族关系已经确立，并将继续加强。在维护民族团结的斗争中，要反对大民族主义，主要是大汉族主义，也要反对地方民族主义。国家尽一切努力，促进全国各民族的共同繁荣。
中国人民政治协商会议第六届全国委员会第一次会议	1983.06	今后爱国统一战线的方针任务，就是要高举爱国旗帜，发展和加强中华民族的大团结大统一，为实现社会主义现代化建设、完成祖国统一大业、维护世界和平作出新的贡献。
各省、自治区、直辖市民委主任会议（司马义·艾买提）	1987.04	各民族在本世纪末达到小康水平，到下个世纪把我们国家建设成为社会主义现代化国家，将来走向共产主义，是我们 56 个民族的共同理想。这个共同理想把我们 56 个民族团结在一起，携手并肩，共同前进。

续表：

情境	时间	相关内容
中国共产党第十三次全国代表大会	1987.10	中华民族的振兴，美好未来的创造，社会主义现代化事业的胜利，要靠全体人民的努力，归根到底，要靠广大青年继往开来，脚踏实地，艰苦奋斗。
中华人民共和国第七届全国人民代表大会第三次会议	1990.03	中华民族一百多年来为民族解放、国家独立、人民幸福进行斗争的全部历史都证明了一条真理：只有社会主义能救中国，只有社会主义才能发展中国。
第一次中央民族工作会议（江泽民）	1992.01	加强各民族的大团结，为建设有中国特色的社会主义携手共进。
中国共产党第十四次全国代表大会	1992.10	在建设有中国特色社会主义理论的指导下，我们党形成了社会主义初级阶段的基本路线，这就是：领导和团结全国各族人民，以经济建设为中心，坚持四项基本原则，坚持改革开放，自力更生，艰苦创业，为把我国建设成为富强、民主、文明的社会主义现代化国家而奋斗。
中华人民共和国第八届全国人民代表大会第一次会议	1993.03	要用建设有中国特色社会主义的理论武装广大干部和群众，加强爱国主义、集体主义、社会主义思想教育，增强中华民族的凝聚力，努力形成良好的社会风尚。
中央统战工作会议（江泽民）	1993.11	各族人民在彼此交往特别是近百年反对共同敌人的斗争中，发展了休戚与共、相互依存的亲密关系，各民族同呼吸，共命运，心连心，谁也离不开谁。
国务院第二次全国民族团结进步表彰大会	1994.09	实现祖国的繁荣富强，将是中华民族历史上灿烂的新篇章。要完成这个崇高使命，一个基本条件就是，各族人民要更加紧密地团结一致，心心相连，艰苦奋斗，共图大业。 中华民族的振兴，就是 56 个民族的共同振兴。
中国共产党第十五次全国代表大会	1997.09	社会主义初级阶段……是逐步缩小同世界先进水平的差距，在社会主义基础上实现中华民族伟大复兴的历史阶段。
内蒙古自治区成立六十周年庆祝大会（曾庆红）	2007.08	进一步加强各民族大团结，巩固和发展平等、团结、互助、和谐的社会主义民族关系。国家的统一，人民的团结，国内各民族的团结，这是我们的事业必定要胜利的基本保证。
宁夏回族自治区成立五十周年庆祝大会（贺国强）	2008.09	宁夏各民族大团结，是我国各族人民大团结的典型缩影，是中华民族强大凝聚力的重要体现。
国务院第五次全国民族团结进步表彰大会（胡锦涛）	2008.09	我国民族团结进步事业反映了全国各族人民共同意志，符合全国各族人民根本利益。要大力增强我国各民族对中华民族的归属感、对中华文化的认同感、对伟大祖国的自豪感，大力促进我国各民族在社会主义大家庭中和衷共济、和睦相处、和谐发展，不断形成实现国家兴旺发达、人民幸福安康的强大力量，不断形成实现社会和谐稳定、国家长治久安的强大力量，不断形成实现中华民族伟大复兴、为人类作出更大贡献的强大力量。

续表：

情境	时间	相关内容
中央第一次新疆工作座谈会（胡锦涛）	2010.05	新疆发展和稳定，关系全国改革发展稳定大局，关系祖国统一、民族团结、国家安全，关系中华民族伟大复兴。
中央第二次新疆工作座谈会（习近平）	2014.05	要高举各民族大团结的旗帜，在各民族中牢固树立国家意识、公民意识、中华民族共同体意识，最大限度团结依靠各族群众，使每个民族、每个公民都为实现中华民族伟大复兴的中国梦贡献力量，共享祖国繁荣发展的成果。
第四次中央民族工作会议暨国务院第六次全国民族团结进步表彰大会（习近平）	2014.09	加强中华民族大团结，长远和根本的是增强文化认同，建设各民族共有精神家园，积极培养中华民族共同体意识。
中央第六次西藏工作座谈会（习近平）	2015.08	要大力培育中华民族共同体意识，广泛开展民族团结进步宣传教育和创建活动。
西藏自治区成立五十周年庆祝大会（俞正声）	2015.09	要把维护民族团结作为生命线，……不断巩固和发展中华民族共同体意识，增强各族群众对伟大祖国、中华民族、中华文化、中国共产党、中国特色社会主义的认同。
新疆维吾尔自治区成立六十周年庆祝大会（俞正声）	2015.10	加强民族团结，是新疆社会稳定和长治久安的根基。要坚定不移贯彻党的民族政策，深入开展民族团结进步创建活动，大力培育和践行社会主义核心价值观，构筑各民族共有精神家园，牢固树立国家意识、公民意识、中华民族共同体意识。
中国共产党第十九次全国代表大会报告（习近平）	2017.10	全面贯彻党的民族政策，深化民族团结进步教育，铸牢中华民族共同体意识，加强各民族交往交流交融，促进各民族像石榴籽一样紧紧抱在一起，共同团结奋斗、共同繁荣发展。
宁夏回族自治区成立六十周年庆祝大会（汪洋）	2018.09	我们要始终坚持打牢中华民族共同体的思想基础。中华民族共同体意识，是维系中华民族团结统一的精神纽带，是推动中华民族发展进步的精神动力
广西壮族自治区成立六十周年庆祝大会（汪洋）	2018.10	各族人民要牢固树立正确的祖国观、历史观、民族观，不断铸牢中华民族共同体意识，汗流在一起，情融在一起，像石榴籽一样紧紧抱一起。
政府工作报告——2019年3月5日在第十三届全国人民代表大会第二次会议上（李克强）	2019.03	我们要坚持和完善民族区域自治制度，全面贯彻党的民族政策，深化民族团结进步教育，铸牢中华民族共同体意识，促进各民族和睦相处、和衷共济、和谐发展。
国务院第七次全国民族团结进步表彰大会（习近平）	2019.09	坚持促进各民族交往交流交融，不断铸牢中华民族共同体意识。各族人民亲如一家，是中华民族伟大复兴必定要实现的根本保证。实现中华民族伟大复兴的中国梦，就要以铸牢中华民族共同体意识为主线，把民族团结进步事业作为基础性事业抓紧抓好。

续表：

情境	时间	相关内容
党的十九届四中全会（习近平）	2019.10	坚持各民族一律平等，铸牢中华民族共同体意识，实现共同团结奋斗、共同繁荣发展的显著优势
政府工作报告——2020年5月22日在第十三届全国人民代表大会第三次会议上（李克强）	2020.05	我们要坚持和完善民族区域自治制度，支持少数民族和民族地区加快发展，铸牢中华民族共同体意识。
中央第七次西藏工作座谈会（习近平）	2020.08	面对新形势新任务，必须全面贯彻新时代党的治藏方略，……铸牢中华民族共同体意识，提升发展质量，保障和改善民生，推进生态文明建设，加强党的组织和政权建设，确保国家安全和长治久安，确保人民生活水平不断提高，确保生态环境良好，确保边防巩固和边境安全，努力建设团结富裕文明和谐美丽的社会主义现代化新西藏。
中央第三次新疆工作座谈会（习近平）	2020.09	党的十八大以来，党中央深化对治疆规律的认识和把握，形成了新时代党的治疆方略，……坚持铸牢中华民族共同体意识，坚持我国宗教中国化方向，坚持弘扬和培育社会主义核心价值观，坚持紧贴民生推动高质量发展，坚持加强党对新疆工作的领导。
政府工作报告——2021年3月5日在第十三届全国人民代表大会第四次会议上（李克强）	2021.03	要坚持和完善民族区域自治制度，全面贯彻党的民族政策，铸牢中华民族共同体意识，促进各民族共同团结奋斗、共同繁荣发展。
第五次中央民族工作会议（习近平）	2021.08	必须以铸牢中华民族共同体意识为新时代党的民族工作的主线，推动各民族坚定对伟大祖国、中华民族、中华文化、中国共产党、中国特色社会主义的高度认同，不断推进中华民族共同体建设。铸牢中华民族共同体意识，就是要引导各族人民牢固树立休戚与共、荣辱与共、生死与共、命运与共的共同体理念。
政府工作报告——2022年3月5日在第十三届全国人民代表大会第五次会议上（李克强）	2022.03	要坚持和完善民族区域自治制度，以铸牢中华民族共同体意识为主线，促进各民族交往交流交融，推动民族地区加快现代化建设步伐。
政府工作报告——2023年3月5日在第十四届全国人民代表大会第一次会议上（李克强）	2023.03	要以铸牢中华民族共同体意识为主线，坚持和完善民族区域自治制度，促进各民族共同团结奋斗、共同繁荣发展。

附录 3：党和国家有关铸牢中华民族共同体意识的重要政策文件

政策文件	时间	相关内容
《关于加快发展民族教育的决定》	2015.08	打牢各族师生中华民族共同体思想基础。
《“十三五”促进民族地区和人口较少民族发展规划的通知》	2016.12	培育中华民族共同体意识（需要）深入开展爱国主义和民族团结教育，引导各族群众牢固树立“三个离不开”思想，不断增强“五个认同”，树立正确的国家观、民族观、宗教观、历史观、文化观。
《兴边富民行动“十三五”规划》	2017.05	深入开展爱国主义和民族团结宣传教育，牢固树立“三个离不开”思想，培育中华民族共同体意识和国家意识。
《全国少数民族传统体育运动会组织管理办法》	2018.05	全国民族运动会以“平等、团结、拼搏、奋进”为宗旨，围绕铸牢中华民族共同体意识，加强各民族交往交流交融。
《关于全面深入持久开展民族团结进步创建工作铸牢中华民族共同体意识的意见》	2019.10	新时代民族团结进步创建工作要坚持以铸牢中华民族共同体意识为根本方向，坚持以加强各民族交往交流交融为根本途径，坚持以“中华民族一家亲，同心共筑中国梦”为总目标，坚持依法治理民族事务促进民族团结，遵循社会团结规律，坚持正面引导，坚持齐抓共管、形成合力。
修订后的《中国共产党统一战线工作条例》	2020.12	坚定不移走中国特色解决民族问题的正确道路，以铸牢中华民族共同体意识为主线，坚持各民族一律平等，全面贯彻党的民族政策，坚持和完善民族区域自治制度，深化民族团结进步教育，促进各民族交往交流交融，实现各民族共同团结奋斗、共同繁荣发展。
《中华人民共和国国民经济和社会发展第十四个五年规划和 2035 年远景目标纲要》	2021.03	聚焦铸牢中华民族共同体意识，加大对民族地区发展支持力度，全面深入持久开展民族团结进步宣传教育和创建，促进各民族交往交流交融。全面贯彻党的民族政策，坚持和完善民族区域自治制度，铸牢中华民族共同体意识，促进各民族共同团结奋斗、共同繁荣发展。
《深化新时代学校民族团结进步教育指导纲要》	2021.04	遵循育人为本、德育为先原则，……让中华民族共同体意识根植各族师生心灵深处。 深入学习领会习近平总书记关于民族工作的重要论述，通过扎实有效的民族团结进步教育，教育引导各族师生切实铸牢中华民族共同体意识，树立正确的国家观、历史观、民族观、文化观、宗教观，不断增强对伟大祖国、中华民族、中华文化、中国共产党、中国特色社会主义的认同。

续表：

政策文件	时间	相关内容
《关于进一步加强非物质文化遗产保护工作的意见》	2021.08	工作原则：坚持党对非物质文化遗产保护工作的领导，巩固党委领导、政府负责、部门协同、社会参与的工作格局；坚持马克思主义祖国观、民族观、文化观、历史观，铸牢中华民族共同体意识。
《关于全面加强新时代语言文字工作的意见》	2021.12	以习近平新时代中国特色社会主义思想为指导，……为铸牢中华民族共同体意识、建设社会主义现代化强国贡献力量。
《"十四五"城乡社区服务体系建设规划的通知》国务院办公厅	2021.12	推进建设各民族相互嵌入式的社会结构和社区环境，铸牢中华民族共同体意识。加强对社区工作者的民族、宗教政策法规培训，不断促进民族团结，铸牢中华民族共同体意识。
《国家通用语言文字普及提升工程和推普助力乡村振兴计划实施方案》	2021.12	以习近平新时代中国特色社会主义思想为指导，……坚持以服务铸牢中华民族共同体意识为主线，按照"聚焦重点、全面普及、巩固提高"的新时代推广普通话工作方针，全面推行国家通用语言文字教育教学，实现巩固拓展推普脱贫攻坚成果同乡村振兴有效衔接，全面提高国家通用语言文字普及程度和质量，推动国家语言文字事业高质量发展。
《"十四五"城乡社区服务体系建设规划》国务院办公厅	2022.01	加强对社区工作者的民族、宗教政策法规培训，不断促进民族团结，铸牢中华民族共同体意识。
政府工作报告——2022 年 3 月 5 日在第十三届全国人民代表大会第五次会议上（李克强）	2022.03	我们要坚持和完善民族区域自治制度，以铸牢中华民族共同体意识为主线，促进各民族交往交流交融，推动民族地区加快现代化建设步伐。
《关于实施各族青少年交流计划的意见》中央统战部、国家民委、国家发展改革委、教育部、共青团中央	2022.07	要坚持突出铸牢中华民族共同体意识主线，坚持东西协作，坚持动员社会，坚持分类指导，坚持注重实效。到"十四五"末，……促进各族青少年相互理解尊重、相互包容欣赏、相互学习帮助，铸牢中华民族共同体意识。
《关于健全完善村级综合服务功能的意见》	2022.07	指导村级组织培育发展社会组织，组织开展志愿服务和慈善活动，助力发展公益事业。……加强铸牢中华民族共同体意识宣传教育，推进建设各民族相互嵌入式的社会结构和社区环境。普及科学文化知识，引导农民崇尚科学，推进移风易俗、抵制陈规陋习。整治公共空间和庭院环境，消除私搭乱建、乱堆乱放，开展绿化美化，建设绿色生态村庄。
中国共产党第二十次全国代表大会报告（习近平）	2022.10	以铸牢中华民族共同体意识为主线，加强和改进党的民族工作。

续表：

政策文件	时间	相关内容
《关于铸牢中华民族共同体意识扎实推进民族地区巩固拓展脱贫攻坚成果同乡村振兴有效衔接的意见》	2022.11	促进各族群众在实现乡村振兴进程中不断铸牢中华民族共同体意识，提出五个方面的具体举措。一是坚持一个民族不能少，巩固拓展脱贫攻坚成果。二是坚持产业驱动，增强发展内生动力。三是坚持改善民生，推进民族地区乡村建设。四是坚持共同发展，推动各民族广泛交往交流交融。五是坚持凝心铸魂，构筑中华民族共有精神家园。
《关于进一步加强新时代中小学思政课建设的意见》	2022.11	扎实推进习近平新时代中国特色社会主义思想进教材进课堂进学生头脑……有针对性地进行中国特色社会主义和中国梦教育、社会主义核心价值观教育、法治教育、铸牢中华民族共同体意识教育、劳动教育、生态文明教育、心理健康教育等。
《关于加强高等学校服务国家通用语言文字高质量推广普及的若干意见》	2022.11	以习近平新时代中国特色社会主义思想为指导……立足服务铸牢中华民族共同体意识，坚持服务国家发展大局和人民群众需求、坚持立德树人根本任务、坚持特色示范引领、坚持数字化赋能和创新驱动，聚焦高质量推广普及国家通用语言文字，将语言文字工作与高校人才培养、科学研究、社会服务、文化传承创新和国际交流合作等有机融合，更好服务教育和语言文字事业高质量发展，为教育强国和文化强国建设贡献力量。 引导高校围绕国家通用语言文字普及质量提升、推普与铸牢中华民族共同体意识关系、网络空间语言新现象、社会领域应用新需求、面向区域协调发展的语言服务等重大问题开展研究，重点从法理、学理、事理角度做好推广国家通用语言文字政策的研究阐释。
《国家语言文字推广基地管理办法》国家语言文字工作委员会	2022.11	推广基地应围绕服务铸牢中华民族共同体意识，落实立德树人根本任务，聚焦推广普及国家通用语言文字，立足自身优势创新实践，为国家和区域语言文字事业发展提供人才保障、智力支持和专业服务。
《关于加强铸牢中华民族共同体意识理论研究体系建设的意见》	2023.02	要准确把握铸牢中华民族共同体意识理论研究的方向和重点，要建立和完善铸牢中华民族共同体意识理论研究的学科体系、学术体系和话语体系。《意见》提出，要加强铸牢中华民族共同体意识理论研究新型智库和人才队伍建设。
《关于在援藏援疆工作中加强乡镇（街道）社工站建设的通知》	2023.02	各对口援藏援疆省（市）和受援地民政部门要将支持西藏、新疆乡镇（街道）社工站建设作为铸牢中华民族共同体意识，促进各民族广泛交往交流交融，改善民生和凝聚人心，提升西藏、新疆群众获得感、幸福感、安全感的可行路径，纳入本地援藏援疆工作整体规划，统一部署、统筹协调，进一步加大项目、资金、人才等援助，力争到“十四五”末，支持西藏、新疆基本实现乡镇（街道）社工站全覆盖。

附录 4：西藏铸牢中华民族共同体意识相关政策文件

文件	时间	内容
《西藏自治区人民政府关于贯彻国务院关于加快发展现代职业教育决定的实施意见》	2016.07	坚持把德育和思想政治工作放在首位……构建积极健康向上的校园文化，铸牢中华民族共同体意识思想基础。
《西藏自治区人民政府关于统筹推进县域内城乡义务教育一体化改革发展的实施意见》	2017.04	创新活动载体，丰富活动内容……促进各民族交往交流交融，打牢中华民族共同体意识思想基础。
《西藏自治区老年教育发展规划（2016—2020 年）》	2017.08	贯彻“治国必治边、治边先稳藏”的重要战略思想，将培育和践行社会主义核心价值观、弘扬中华民族传统文化、反分裂斗争教育作为老年教育的重要内容，编写相关读本，加强安全维稳教育，进一步强化中华民族共同体意识。
《西藏自治区教育事业发展“十三五”规划》	2018.11	认真落实中央关于加强教材建设的意见，统一组织规划藏语言文字教材建设，强化教材思想性，充分体现“五个认同”“三个离不开”的思想，把中华民族共同体意识融入教材。
《西藏自治区人民政府关于促进民办教育健康发展的实施意见》	2018.12	民办学校要强化思想引领……不断巩固广大师生的中华民族共同体意识，牢牢把握党对民办学校意识形态工作的领导权和话语权，切实维护民办学校的和谐稳定。
《西藏自治区民族团结进步模范区创建条例》	2020.01	发展平等团结互助和谐的社会主义民族关系，铸牢中华民族共同体意识，把西藏建成全国民族团结进步模范区。 民族团结进步模范区创建，以“中华民族一家亲、同心共筑中国梦”为总目标，以共同团结奋斗、共同繁荣发展为主题，以铸牢中华民族共同体意识为主线……充分展现中国精神、中国价值、中国力量。 铸牢中华民族共同体意识，让中华文化始终是西藏各民族的情感依托、心灵归宿和精神家园，西藏各民族文化是中华文化不可分割的一部分的思想深深扎根在群众心中。 开展中华民族共同体意识教育，以中国历史特别是中华民族发展史、中华文化发展史、……树立正确的祖国观、民族观、文化观、历史观、宗教观。
《西藏自治区国家生态文明高地建设条例》	2021.02	保护好青藏高原生态事关中华民族生存和长远发展，事关铸牢中华民族共同体意识，事关西藏长治久安和高质量发展，事关全区各族人民的民生福祉。

续表：

文件	时间	内容
《西藏自治区实施〈宗教事务条例〉办法》	2021年4月30日公布自2021年11月1日起施行	各宗教坚持中国化方向，践行社会主义核心价值观，铸牢中华民族共同体意识，继承和发扬中华优秀传统文化，坚持独立自主自办原则，不受外国势力和境外分裂势力的支配。
《西藏自治区关于全面加强和改进新时代学校体育工作的实施意见》	2021.08	以习近平新时代中国特色社会主义思想为指导，……铸牢中华民族共同体意识，培养德智体美劳全面发展的社会主义建设者和接班人。
西藏自治区人民政府关于印发西藏自治区贯彻落实《国家职业教育改革实施方案》行动方案的通知	2021.12	以铸牢中华民族共同体意识为主线，把爱国主义教育和民族团结教育贯穿职业教育全过程 。
《西藏自治区网络通信活动管理规定》	2021年12月3日公布自2022年2月1日起施行	鼓励公民、法人和其他组织使用网络通信工具引导各族群众树立正确的国家观、历史观、民族观、文化观、宗教观，铸牢中华民族共同体意识。
《西藏自治区全民科学素质行动计划纲要实施方案（2021—2025年）》	2022.04	以习近平新时代中国特色社会主义思想为指导，……坚持以人民为中心，以铸牢中华民族共同体意识为主线，以提高全民科学素质为目标，以深化科普供给侧改革和减小地区差距为重点，按照“四个创建”、“四个走在前列”的要求，针对六大人群开展科学素质提升行动和重点工程，努力构建我区科学素质工作发展的新格局。 寺庙僧尼科学素质提升行动（要）坚持党对宗教工作的全面领导，积极引导藏传佛教与社会主义社会相适应，推动藏传佛教中国化，铸牢中华民族共同体意识，努力促进宗教为经济发展、社会和谐、文化繁荣、民族团结、祖国统一服务。 实施科普助力“四个创建”工程。加强中华民族共同体意识、可持续发展、生态环境、爱国主义等科普宣传工作，加大科教融合成果转移转化，逐步建立全社会共同参与的科普工作体系，助力我区创建“全国民族团结进步模范区、高原经济高质量发展先行区、国家生态文明高地、国家固边兴边富民行动示范区”的目标。
《西藏自治区网络信息安全管理条例》	2022.12	自治区鼓励公民、法人和其他组织制作、传播有关铸牢中华民族共同体意识，建设中华民族共有精神家园的信息。

附录 5：全国部分省市铸牢中华民族共同体意识相关政策文件

文件名称	时间	内容
《新疆维吾尔自治区民族团结进步模范区创建条例》	2021.02	民族团结进步模范区创建，应当以铸牢中华民族共同体意识为主线，……让中华民族共同体意识根植心灵深处。 各级人民政府应当推动各级各类学校、幼儿园实行混合编班、混合住宿，推进中华民族共同体意识教育从少年儿童抓起，让各族儿童和青少年共同学习生活，共同成长进步。 民族团结进步模范区创建是全社会的共同责任。各族群众应当增强国家意识、公民意识、法治意识、中华民族共同体意识，自觉维护国家利益和民族团结大局。 父母或者其他监护人应当以民族团结进步理念教育子女，子女应当用民族团结进步知识和现代文明思想影响家庭成员。家庭成员相互间应当以良好的品行树立优良家风，培育中华民族共同体意识。 民族团结进步宣传教育应当以铸牢中华民族共同体意识为主线，长期坚持，讲求实效、贴近生活、贴近群众，增强吸引力、感染力、影响力和说服力。 学习宣传贯彻新时代党的治疆方略，以铸牢中华民族共同体意识为主线，引导各民族爱护、珍视民族团结；开展中华民族共同体意识教育，……教育引导各族群众铸牢中华民族共同体意识，树立正确的国家观、历史观、民族观、文化观、宗教观。 教育行政部门应当将铸牢中华民族共同体意识和民族团结、社会主义核心价值观等内容编入教材，纳入学前教育、义务教育、职业教育、高等教育的全过程。 各类教育培训机构、教育基地、图书馆、博物馆、文化馆（站）、少年宫、纪念馆等应当将铸牢中华民族共同体意识列入宣传教育内容。
《青海省国民经济和社会发展第十四个五年规划和二〇三五年远景目标纲要任务分工方案》	2021.04	铸牢中华民族共同体意识。……实施中华民族视觉形象工程，建设青海省铸牢中华民族共同体意识教育馆、研究基地。建设“社区石榴籽家园”服务平台，强化少数民族人口就业、子女入学、法律援助等服务管理。做好单设青海省社会主义学院各项工作。
《青海省反对拐卖人口行动实施方案（2021—2023 年）》	2021.11	结合铸牢中华民族共同体意识宣传，充分发挥宗教界积极作用，开展多种形式反拐宣传，扩大反拐宣传受众群体，提高群众反拐知晓率。
《青海省人民政府关于印发青海省全民健身实施计划（2021—2025 年）的通知》	2021.12	紧扣创建全国民族团结进步示范省，打造高原特色的民族体育示范区，以铸牢中华民族共同体意识为主线，制定青海省新周期民族传统体育发展的专项政策。

续表：

文件名称	时间	内容
《青海省儿童发展规划（2021—2030年）》	2022.02	坚持社会主义办学方向，落实立德树人根本任务，实施素质教育，完善德智体美劳全面培养的教育体系。提高思想道德素质，引领儿童坚定理想信念，热爱党、热爱社会主义、热爱祖国，铸牢中华民族共同体意识，践行社会主义核心价值观。提升智育水平，培养认知能力，刻苦学习知识，促进思维发展，激发创新意识。
《青海省人民政府办公厅关于印发青海省“十四五”文物事业发展规划的通知》	2022.04	以习近平新时代中国特色社会主义思想为指导，……使文物更好融入生活、服务人民，更好发挥文物在弘扬中华优秀传统文化、铸牢中华民族共同体意识，坚定历史自信、文化自信方面的重要作用，着力探索具有青海特点的文物保护利用路径，为建设更加富裕文明和谐美丽新青海贡献力量。
《黄河青海流域生态保护和高质量发展规划》	2022.06	坚持和完善民族区域自治制度，以铸牢中华民族共同体意识为主线，以率先创建民族团结进步示范省为目标，夯实各族群众“三个离不开”“五个认同”的思想基础，……继续保持民族团结进步事业走在全国前列。
《青海省人民政府关于印发青海省碳达峰实施方案的通知》	2022.12	全面贯彻党的民族政策，铸牢中华民族共同体意识，将生态文明教育融入民族团结进步示范省建设。
《关于建设铸牢中华民族共同体意识示范区推进新时代全区民族工作高质量发展的实施意见》广西壮族自治区党委、政府	2022.02	要坚持把铸牢中华民族共同体意识作为新时代全区民族工作主线，充分认识铸牢中华民族共同体意识的重大意义和深刻内涵，加强理论研究和宣传教育。
《广西壮族自治区人民政府办公厅关于印发广西边境地区教育提升工程实施方案的通知》	2022.03	以铸牢中华民族共同体意识为主线，将爱国主义教育、革命传统教育、国防教育、民族团结进步教育、民族文化传承教育与学校德育、体育、美育、劳动教育以及教育教学改革有机结合，融入边境地区教育全过程。
《贵州省“十四五”民族团结进步事业规划》省民宗委 省发展改革委	2021.11	全面正确贯彻党的民族政策，健全推进铸牢中华民族共同体意识的工作体制机制，以铸牢中华民族共同体意识为主线高质量推进民族工作，进一步加强中华民族共同体意识宣传教育，深入开展铸牢中华民族共同体意识实施行动，不断夯实铸牢中华民族共同体意识的政治、文化、经济、社会、法制基础，不断增进各民族成员对中华民族这一共有身份的认同。

续表：

文件名称	时间	内容
《中共云南省委统战部 省民族宗教委 省发展改革委 省教育厅 省乡村振兴局 共青团云南省委关于贯彻落实各族青少年交流计划的实施意见》	2022.09	以习近平新时代中国特色社会主义思想为指导，……以铸牢中华民族共同体意识为主线，以双向交流、立德树人、实践育人为抓手，积极组织开展跨区域、全方位、多样化的交流活动，教育引导各族青少年增强对伟大祖国、中华民族、中华文化、中国共产党、中国特色社会主义的认同，牢固树立国家意识、公民意识、法治意识，努力把各族青少年培养成为中国特色社会主义合格建设者和可靠接班人。 要创建教育实践活动基地。布局和创建一批铸牢中华民族共同体意识教育示范学校，支持和建设一批中小学生研学实践教育基地，打造和优化一批中华优秀文化传承基地、现代化建设成就展示基地、红色教育基地。
云南省《关于铸牢中华民族共同体意识 扎实推进巩固拓展脱贫攻坚成果同乡村振兴有效衔接的实施意见》	2023.02	坚持共同富裕方向，紧扣铸牢中华民族共同体意识主线，扎实推进巩固拓展脱贫攻坚成果同乡村振兴有效衔接，赋予民族地区乡村振兴各项政策举措以彰显中华民族共同体意识的意义，维护统一、反对分裂的意义，改善民生、凝聚人心的意义。深入开展铸牢中华民族共同体意识宣传教育。将铸牢中华民族共同体意识教育落实到学校办学治校、教书育人全过程。抓好基层干部铸牢中华民族共同体意识教育培训。充分发挥铸牢中华民族共同体意识教育实践基地、乡村宣传栏、群众文化活动、农民丰收节、民族节庆活动以及融媒体等载体作用，广泛宣传脱贫攻坚伟大成就和乡村振兴伟大实践。 实施铸牢中华民族共同体意识进乡村行动，开展“富口袋＋富脑袋”乡村行动试点。 实施中国传统节日振兴工程，……讲好铸牢中华民族共同体意识的故事。
内蒙古自治区党委办公厅 自治区人民政府办公厅印发《关于全面深入持久开展民族团结进步创建工作铸牢中华民族共同体意识的实施意见》	2019.02	适应新时代发展历史方位，以各族群众为主体，以铸牢中华民族共同体意识为根本方向，以加强各民族交往交流交融为根本途径，全面深入持久开展民族团结进步创建工作，是做好新时代我区民族工作的生命线工程，是决胜全面建成小康社会、建设现代化内蒙古的基础性工程。 坚持党对民族工作的集中统一领导，坚持以铸牢中华民族共同体意识为根本方向，坚持以加强各民族交往交流交融为根本途径，坚持以“中华民族一家亲，同心共筑中国梦”为总目标，坚持依法治理民族事务促进民族团结，坚持遵循社会团结规律和加强正面引导。

续表：

文件名称	时间	内容
《内蒙古自治区促进民族团结进步条例》	2021.01	促进民族团结进步，应当以铸牢中华民族共同体意识为主线，坚持中华民族多元一体格局，增进共性、促进一体，尊重差异、包容多样，引导各族群众树立正确的国家观、历史观、民族观、文化观、宗教观，加强各民族交往交流交融，促进各民族和睦相处、和衷共济、和谐发展。 围绕立德树人根本任务，将铸牢中华民族共同体意识纳入国民教育、干部教育、青少年教育、社会教育，深化中华民族共同体理论研究，引导各族群众深刻认识中华民族是政治共同体、利益共同体、文化共同体、命运共同体。
《内蒙古自治区国民经济和社会发展第十四个五年规划和2035年远景目标纲要》	2021.02	以社会主义核心价值观为引领，以铸牢中华民族共同体意识为主线，统筹推进大中小学思政课一体化建设，深化全员全过程全方位育人改革。实施文化润心工程，以文艺创作铸牢中华民族共同体意识。 加强“滴灌式”宣传和全媒体产品生产，制作一批民族团结进步优秀网络文化作品、公益广告、微电影等，唱响互联网平台铸牢中华民族共同体意识主旋律。铸牢中华民族共同体意识，扎实推进民族团结。
《宁夏回族自治区教育事业发展“十四五”规划》	2021.09	加强马克思主义祖国观、民族观、历史观、文化观、宗教观宣传教育，建立健全大中小学民族团结进步教育一体化体系，铸牢广大师生中华民族共同体意识。
《宁夏回族自治区人民政府办公厅关于深化新时代高等教育学科专业体系改革的实施意见》	2021.12	大力弘扬中华优秀传统文化，培育践行社会主义核心价值观，铸牢中华民族共同体意识，建强做优哲学、文学、历史学、艺术学等学科专业，保护和发展具有重要文化价值和传承意义的“绝学”、冷门学科。
《宁夏回族自治区巩固拓展脱贫攻坚成果同乡村振兴有效衔接“十四五”规划的通知》	2021.12	促进社会融入。深入开展新时代文明实践活动，广泛开展文明村镇、文明家庭、和谐社区创建，讲好移民群众“黄河水甜，共产党亲”的真情实感。常态化开展铸牢中华民族共同体意识教育，大力开展“结对子”“手拉手”“心连心”“一家亲”活动，促进移民群众交往交流交融、共建美好家园，实现“我是移民”到“我是居民”的根本转变。弘扬和践行社会主义核心价值观，开展铸牢中华民族共同体意识教育。